LES NOUVEAUX UTOPISTES DE L'ÉCONOMIE

Autrement**Frontières**

Collection dirigée par Henry Dougier

www.autrement.com

Suivi éditorial : Marie-Pierre Lajot

Illustration de couverture : © Harry Gruyaert/Magnum Photos

SYLVAIN ALLEMAND

LES NOUVEAUX UTOPISTES DE L'ÉCONOMIE

Produire, consommer, fabriquer… différemment

Éditions Autrement**Frontières**

INTRODUCTION

Comme M. Jourdain pratique la prose sans le savoir, on peut changer l'économie à son insu, en participant à de nouvelles manières de produire, de consommer, d'investir, d'épargner, d'entreprendre, et même de voyager, d'habiter... des manières respectueuses de l'environnement, mais aussi utiles au lien social. C'est ce que se propose de montrer cet ouvrage en explorant, à partir de témoignages vivants et de l'analyse de chercheurs, différentes initiatives qui sortent des sentiers battus de l'économie marchande sans nécessairement s'opposer à elle. Certains y participent d'ailleurs ouvertement. Quand opposition il y a, c'est davantage avec la logique du profit et la quête de rentabilité immédiate.

Un nouveau modèle économique ?

Si certaines initiatives s'inscrivent dans des courants de pensée explicites (solidarisme, économie solidaire, etc.), d'autres relèvent du système D et du bricolage, voire de l'économie informelle ou d'une autre économie dont la désignation reste à inventer. Elles n'en sont pas moins intéressantes à étudier de près, car c'est souvent d'initiatives en apparence marginales ou insolites qu'émergent les solutions à des problèmes de société. À défaut de s'imposer, elles servent d'aiguillon aux modèles existants.

Au-delà de leurs spécificités, ces initiatives sont l'occasion de renouer avec des valeurs qu'elles tentent de concilier avec la logique économique ou entrepreneuriale : l'équité (cf. le commerce équitable), la solidarité (cf. l'économie solidaire), la gratuité (cf. sa revalorisation au sein de la netéconomie), la réciprocité (cf. les SEL), la durabilité (cf. les initiatives relevant du développement durable)...

Toutes à leur façon reviennent aussi à contester, sinon à interroger, le pouvoir de l'expert et des institutions déjà existantes. Pour autant, doit-on renoncer à celles-ci ? C'est l'enjeu des débats actuels autour de la gouvernance et des nouvelles manières de gouverner ou de manager. L'enjeu n'est pas de remettre en cause les organisations nationales ou internationales existantes, mais de les réformer, d'en démocratiser le fonctionnement ou de leur opposer des contre-pouvoirs.

Plus fondamentalement, c'est la science économique elle-même que ces initiatives amènent à contester, sinon à réinterroger, quant à sa capacité à rendre compte de manière réaliste du fonctionnement de l'économie. Significatives à cet égard sont les tentatives de jeter les bases d'une économie sociale et solidaire *(voir entretien avec Jean-Louis Laville p. 224)*, d'une économie humaine consistant à fonder l'analyse économique sur une vision plus réaliste de l'homme *(voir entretien avec Jacques Généreux p. 214)*, d'une alteréconomie ou encore d'une « économie heureuse », selon les termes de l'économiste Serge Latouche.

Considérant que les indicateurs habituellement utilisés par les économistes (PIB, PNB...) sont trop réducteurs, différents penseurs participent par ailleurs à l'élaboration de nouveaux outils de mesure de la richesse, mais aussi d'analyse (cf. les travaux de Dominique Méda, Bernard Perret, Jean Gadrey et Patrick Viveret). L'enjeu est d'importance : il vise à une meilleure prise en compte des initiatives évoquées plus haut grâce à l'utilisation de nouvelles lunettes permettant de mieux les percevoir. Dans cette perspective, les activités de la sphère domestique ou informelle, ou encore artistique, sont mieux prises en considération.

Toutefois, si enthousiasmantes soient-elles, ces initiatives sont-elles en mesure de modifier la donne en l'absence de volonté politique ? Quel est leur degré de transposition d'un pays à l'autre ? Certes, *small is beautiful*, mais face à l'urgence de certaines situations, peut-on s'en tenir à ces initiatives qui, pour la plupart, sont locales ou parcellaires ? Autant de questions qui reviendront de façon lancinante à travers les entretiens effectués avec des spécialistes, sociologues, économistes ou anthropologues, mais aussi à travers les témoignages d'acteurs des mondes associatif et de l'entreprise, ou encore de représentants d'institutions qui participent concrètement à ces initiatives. Si certains ne doutent pas d'une possible rupture avec le modèle dominant, d'autres fondent davantage leur espoir sur la capacité des initiatives à en appeler d'autres. Autrement dit, à changer de l'intérieur le mode de production capitaliste et à restreindre ses nuisances à l'égard de la société et de l'environnement.

Le débat n'est pas nouveau

On le voit : le débat n'est pas nouveau. Si nouveauté il y a, elle réside dans cette posture qui consiste à porter davantage attention aux expériences en émergence plutôt qu'à dessiner *a priori* un modèle qu'il s'agirait de faire advenir en l'imposant. Un changement d'attitude qui suppose un effort aussi bien des chercheurs que des acteurs, en vue de forger de nouvelles catégories pour prendre la mesure de ces initiatives qui, sinon, passeraient inaperçues.

Tout au long de ce livre, on veillera cependant à déjouer les effets d'analyse : sous l'apparence de la nouveauté, il y a souvent de l'ancien. De fait, l'attention portée à des innovations éclaire d'un jour nouveau des expériences anciennes, mais passées jusqu'ici inaperçues.

Pas plus que ces innovations ne cherchent à rompre avec l'économie marchande, elles ne sont dépourvues d'un certain utilitarisme. Mais d'un utilitarisme au sens strict, c'est-à-dire au sens où le concevait le philosophe britannique Jeremy Bentham (1748-1832) ; à savoir, qui considère qu'une action est bonne dès lors qu'elle profite au plus grand nombre. Dans cette perspective, la gratuité peut se concevoir d'autant plus facilement qu'en profitant à autrui elle contribue indirectement au bien-être général, donc aux autres. Cette vision utilitariste de la société, du vivre ensemble, peut avoir d'autres implications concrètes comme, par exemple, l'acceptation de payer un bien, un service à son juste prix. Car en ne rémunérant pas les personnes qui interviennent dans sa conception, sa fabrication, on leur porte un préjudice qui ne peut qu'affecter le bien-être général, et donc le sien propre. Bien-être général... On pourrait tout aussi bien dire « intérêt général », mais en se gardant de l'opposer, comme on le fait souvent en France, à l'intérêt particulier. Une vision utilitariste incline en effet à envisager l'un et l'autre dans un continuum ou, si l'on veut, une relation de réciprocité.

En explorant ces nouvelles manières de « faire de l'économie », ce livre n'entend pas, on l'aura compris, militer pour un modèle d'économie alternative à l'économie marchande, ni œuvrer à la définition d'une alteréconomie. À défaut d'exhaustivité, il se propose de dresser un panorama d'initiatives qui, si elles attirent l'attention croissante des médias et des chercheurs, n'en sont pas moins le plus souvent présentées de manière éclatée.

Le retour de l'économie politique

Au fil des pages, le lecteur rencontrera des notions plus ou moins connues (économie et finance solidaires, mais aussi tourisme ou voyage solidaires, ou éthique, développement durable, etc.), qui accordent une place de choix au principe de solidarité, de responsabilité, de partage ou à des considérations éthiques. En revanche, si la notion de citoyenneté n'est pas absente, elle ne s'impose pas en toutes circonstances, hormis pour des formes alternatives de consommation (cf. la thématique de la consommation citoyenne). Ce constat reflète autant la réalité que la prévention de l'auteur de ces lignes qui a pu constater l'usage abusif de cette notion depuis au moins les années 1980. Celle-ci ne saurait être cependant interprétée comme une réticence à mêler économie et politique. Au contraire, s'il y a une nécessité que l'ouvrage met en évidence, c'est, encore une fois, celle d'un retour à l'économie politique pour relayer les transformations auxquelles chacun peut œuvrer au quotidien, avec ou sans posture citoyenne. Parler d'économie politique est une manière de rappeler que l'économie ne saurait être seulement une affaire de science, et donc de lois ou de régularités réductibles à des modèles mathématiques. Elle est aussi affaire d'arbitrages individuels et collectifs, et donc de politique.

Un mot sur le titre, dont l'évocation à l'utopie pourra en surprendre plus d'un tant cette notion paraît galvaudée, renvoyant à des temps révolus, celui des grandes idéologies. Pour le justifier, on pourrait se borner à constater que, parmi les nombreux anonymes que nous avons approchés, beaucoup n'auraient pas récusé cette appellation d'utopiste, leur initiative s'inscrivant dans des traditions de pensée dont ils se réclament peu ou prou. Cependant, ils le font en affichant leurs spécificités. C'est d'utopistes et non d'utopie communément partagée qu'il est question ; des utopistes qui puisent dans des sources variées, parfois contradictoires.

En outre, force est de constater – et sans doute est-ce là le principal motif – un regain d'intérêt pour la notion d'utopie, bien au-delà du seul cercle des militants. Après lui avoir dénié toute valeur sur le plan heuristique, des chercheurs en soulignent les vertus dans le processus d'innovation, y compris les plus ordinaires. Revenant sur l'histoire d'Internet, le sociologue Patrice Flichy, par exemple, a mis en évidence, dans *L'Imaginaire d'Internet*[1], les utopies (et les mythes) véhiculées par la littérature de science-fiction et les écrits d'ingénieurs (à commencer par le cyberspace

1. Paris, La Découverte, 2001.

qui, à bien des égards, s'apparente à une cité idéale car soustraite aux contingences du monde matériel), ainsi que leur rôle dans la genèse de cette technologie et sa diffusion. On fait ici l'hypothèse qu'il en va des technologies et des projets de société comme des nouvelles manières de pratiquer et de concevoir l'économie : elles émergent et se diffusent en étant portées par des visions qui paraissent sur le moment irréalisables, sinon incongrues, parce que « idéalistes ». Pour autant, les utopistes d'aujourd'hui sont-ils comparables à ceux du XIXe siècle ? Rien n'est moins sûr. De nos jours, ils se font d'autant mieux entendre qu'ils montrent qu'ils tirent les leçons de l'histoire, en combinant leur utopisme à plus de pragmatisme, sinon d'individualisme.

Ouvrage, mode d'emploi

L'ouvrage s'organise en plusieurs chapitres déclinant les différentes activités qui sont directement liées à l'économie (produire/fabriquer, investir/épargner, commercer/échanger, entreprendre, consommer) ou qui y contribuent (voyager, habiter). Ce parti pris permet une vision non pas tant exhaustive que panoramique des expériences et initiatives dont l'abondante littérature qui leur est consacrée ne rend compte le plus souvent, répétons-le, que de manière éclatée.

Pour autant, le lecteur ne doit pas perdre de vue le caractère autrement plus complexe de la réalité : la frontière n'est pas toujours facile à établir entre des initiatives touchant, par exemple, au mode de production et celles qui concernent le mode de consommation. Le commerce équitable en témoigne : en promouvant de nouvelles manières d'échanger, il induit de nouvelles manières de produire et de consommer, mais aussi de voyager. Plus généralement, la tendance est à l'hybridation des initiatives et aux partenariats. Un exemple parmi d'autres : la manifestation Equit-Eco organisée conjointement par l'association Agir solidairement pour le quartier Popincourt (ASPQ) et les Cigales d'Île-de-France, avec le soutien de la mairie du XIe arrondissement, autour du thème « Entreprendre et consommer autrement », et dont la première édition s'est déroulée au début du mois d'octobre 2004. On pourrait naturellement multiplier les exemples.

Le présent ouvrage combine encadrés et témoignages d'acteurs sur leur expérience avec des contributions de chercheurs, spécialistes de telle ou telle forme d'économie alternative ou « autre ». Les initiatives et expériences qui renouvellent les manières de faire de l'économie s'accompagnent de l'émergence de nouveaux concepts, sigles ou acronymes. Chaque chapitre est donc complété d'un glossaire des concepts et sigles clés, d'une présentation des principaux acteurs et de références bibliographiques relatives au domaine concerné.

En conclusion, nous reviendrons sur les enseignements que l'on peut tirer de ces nouvelles manières d'envisager l'économie. Enseignements que nous espérons utiles à ceux qui veulent les penser ou y participer.

Précision : les symboles * et ** renvoient respectivement à la liste de mots clés et à la liste d'acteurs clés situées en fin de chaque partie.

I. Produire/fabriquer

Qui dit produire autrement pense spontanément à l'agriculture bio* apparue dans les années 1960-1970. Depuis, cette agriculture s'est imposée jusque dans les étals des enseignes de la grande distribution au prix d'une industrialisation qui n'est pas sans entrer en contradiction avec l'esprit de l'agriculture bio que défendaient ses pionniers soixante-huitards. On ne compte plus en effet les produits bio vendus sous des marques de l'industrie agroalimentaire. L'agriculture bio n'en a pas moins sa place dans ce livre, des agriculteurs pratiquant une agriculture bio non productiviste. Ce ne sont pas tous des soixante-huitards en rupture de ban avec la société à laquelle on continue d'associer l'agriculture bio et ses praticiens. En fait, aux agriculteurs qui n'ont jamais fait que du bio se sont ajoutées deux autres catégories : les convertis (des agriculteurs qui ont renoncé à l'agriculture productiviste pour des raisons éthiques ou économiques) et les néoruraux (anciens citadins ou cadres d'entreprise) qui ont fait le choix de changer de vie.

Reste que l'industrialisation de l'agriculture bio à laquelle on a assisté dans le même temps n'est pas sans mettre en évidence les limites de cette agriculture. De même que les motivations des consommateurs qui affichent leur préférence pour le bio. Plus que l'intérêt général, c'est son bien-être personnel ou celui de ses proches qu'on recherche d'abord *(voir entretien avec Robert Rochefort p. 150)*.

Quoi qu'il en soit, d'autres approches prennent en compte l'impact des activités humaines sur l'environnement tout en intégrant la dimension sociale. Illustration avec l'agro-écologie* à travers l'entretien avec Pierre Rabhi, auquel on doit son introduction en France *(voir p. 14)*. Comme son nom l'indique ou presque, elle va au-delà des principes de l'agriculture bio en prenant en compte l'environnement social.

D'autres approches encore s'emploient à réconcilier écologie et... industrie. C'est l'écologie industrielle*, qui se propose d'appliquer les principes des écosystèmes naturels à la sphère économique. Biologiste et philosophe de formation, Suren Erkman s'est imposé, avec Dominique Bourg, comme l'un de ses plus éminents vulgarisateurs francophones. Il nous rappelle l'origine et les principes de l'écologie industrielle, ainsi que les limites auxquelles elle se heurte dans les pays développés *(voir p. 21)*.

Pour être soucieuses de l'impact des systèmes de production (agricole ou industriel) sur l'environnement et la société, ces manières différentes de produire et de fabriquer ne s'inscrivent pas forcément dans la logique du développement durable*. Pour autant, elles ne prétendent pas systématiquement être des alternatives à l'économie marchande, ni s'inscrire dans une démarche militante ; elles visent à renouer avec des approches, voire des philosophies, anciennes que l'on a eu tendance à oublier durant cette longue parenthèse qu'a représentée la révolution industrielle des sociétés modernes.

L'AGRO-ÉCOLOGIE, OU COMMENT RÉCONCILIER AGRICULTURE ET ÉCOLOGIE

Entretien avec Pierre Rabhi

Né en 1938, dans le désert sud-algérien, Pierre Rabhi est le pionnier de l'agro-écologie en France. Son parcours est digne d'un roman. C'est d'ailleurs à travers des récits à la fois romanesques et autobiographiques qu'il a exposé les principes de cette agriculture, la philosophie qui l'anime et les étapes qui l'y ont conduit. Orphelin à l'âge de 5 ans, il émigre à Paris en 1958 avant de s'installer dans les Cévennes comme ouvrier agricole et d'y acquérir sa propre ferme. Un parcours qu'il relate dans *Du Sahara aux Cévennes*. C'est là qu'il découvre en autodidacte les principes de l'agriculture biologique. Malgré les terres sèches et rocailleuses de la région, Pierre Rabhi parvient à faire pousser diverses plantes et à gérer avec sa femme un élevage caprin. Le succès de ses expériences lui vaut une notoriété internationale. À partir de 1981, il participe à plusieurs programmes d'action dans les pays du tiers-monde (Burkina Faso, Niger, Mali) qui l'amènent à prendre davantage en considération l'environnement social et culturel. De l'agriculture biologique Pierre Rabhi en vient ainsi à l'agro-écologie, une approche qu'il appliquera dans plusieurs pays du Sud. En 1992, il entreprend avec succès la réhabilitation de l'oasis de Chenini-Gabès (Tunisie). Depuis 1999, il intervient aussi au Niger (région d'Agadez), au Mali (région de Gao) et au Maroc, où un programme de formation de paysans est en cours.

Entre-temps, en 1994, il fonde l'association Terre et Humanisme**, un centre d'expérimentation et de formation à l'éthique et aux techniques agro-écologiques qui assure également la gestion des programmes internationaux. Sa notoriété est telle que beaucoup le poussent à se porter candidat à l'élection présidentielle de 2002. Une expérience qui, suite à la mobilisation qu'elle aura suscitée, débouchera sur la création d'un parti politique, « non conventionnel », précise-t-il.

Le 9 février 2005, il a accepté de répondre à nos questions, quelques heures avant la première de *Parole de terre*, inspiré de son roman éponyme paru en 1996, au théâtre Glob à Bordeaux. Outre les ouvrages cités, Pierre Rahbi est également l'auteur du *Recours à la terre* et de *L'Offrande au crépuscule* (voir bibliographie).

« Là où n'y a plus d'humus, il n'y a plus de vie. »

Qu'est-ce que l'agro-écologie ?

L'appellation dit bien ce qu'elle veut dire : c'est une agriculture soucieuse de respecter l'environnement. Mais cet environnement ne se limite pas à la nature. L'agro-écologie prend en considération l'ensemble des interactions du vivant avec l'environnement, mais aussi l'économie, la société, etc. Dit autrement, c'est une méthode d'approche écologique qui essaie d'associer les nécessités de la production avec les nécessités de la sauvegarde de l'environnement. C'est un antidote au modèle de production agricole industrielle.

Sur le plan agronomique, elle propose une solution aux problèmes de fertilité des sols provoqués par l'usage d'engrais chimiques par l'agriculture conventionnelle, appelée aussi agriculture NPK du fait de son usage de produits combinant nitrate, phosphore et potassium. Précisons que, dans le cadre de cette agriculture, on considère que la fertilité des sols est amoindrie par les prélèvements effectués par les plantes et que, pour rétablir cette fertilité, il suffit d'y ajouter des fertilisants artificiels. Ce qui est vrai, mais seulement à court terme ; dans un premier temps, on assiste à une augmentation de la productivité ; à long terme, elle contribue à la dégradation des sols.

Très vite, d'autres approches ont été proposées qui consistaient à appréhender le sol comme un organisme vivant. L'anthroposophe autrichien Rudolf Steiner (1861-1925) est l'un des premiers à l'avoir fait dans les années 1920, en démontrant qu'un sol ne peut se contenter de l'apport de substances chimiques.

Comment y êtes-vous venu vous-même ?

C'est mon expérience d'ouvrier agricole qui m'a conduit par réaction à l'agro-écologie. Mais avant de la découvrir, je participais à l'agriculture productiviste. Comme les autres ouvriers agricoles, je manipulais à la demande de mon patron des produits chimiques pour traiter les arbres. Je devais, pour ce faire, m'équiper de masque et de gants. Il ne fallait pas être grand clerc pour comprendre la dangerosité de ces produits. L'un d'eux – le métasystemox –, qu'on diluait dans plusieurs centaines de litres d'eau et qu'on pulvérisait, avait des effets particulièrement nocifs. Tout cela m'apparaissait en contradiction flagrante avec mon attachement à l'harmonie de la nature. En tant qu'ouvrier agricole, je faisais tout l'inverse de ce à quoi je croyais : j'empoisonnais ni plus ni moins la terre.

Il se trouve que j'avais un ami médecin, le Dr Richard, avec lequel j'avais de longues discussions. Il était au fait de l'impact des pesticides sur la santé publique. Il me faisait état de cas de personnes devenues paralysées ou décédées suite à des contacts prolongés avec ces substances. C'est comme cela que j'en suis venu à réfléchir à une autre agriculture.

Un ouvrage, passé inaperçu lors de sa sortie, devait également me marquer : *Le Printemps silencieux*, d'une certaine Rachel Carson. Je l'ai découvert en 1963. Il s'agissait d'un rapport sur l'impact de l'agriculture sur l'environnement que cette scientifique avait été chargée de réaliser par le gouvernement américain, sous Kennedy. Elle soulignait déjà les ravages de la pulvérisation des pesticides par avion ou par hélicoptère pratiquée aux États-Unis sur les insectes et les micro-organismes, la faune, les oiseaux. Non seulement c'était dangereux, mais encore, expliquait-elle, nous pouvions nous passer de ces pesticides de synthèse tout comme des engrais chimiques, même pour l'exploitation de sols pauvres.

Dès les années 1960, une dissidence a commencé à apparaître au sein de la communauté scientifique : des agronomes reconnaissaient les effets néfastes de l'agriculture moderne qui ne pouvait produire sans détruire ; ils s'employaient à proposer une agriculture alternative : l'agriculture biologique. Mais force est de constater qu'ils ne parvenaient pas à se faire entendre. À mon échelle, je me suis employé à démontrer plusieurs années durant le bien-fondé de cette agriculture biologique, à partir de l'exploitation que j'avais acquise dans les Cévennes.

Comment en avez-vous pris connaissance ?

J'ai été un autodidacte. J'appliquais les principes de l'agriculture biologique avec pour seule assistance les quelques ouvrages disponibles. Il y eut, par exemple *La Fécondité de la terre* d'un certain Pfeiffer, qui rendait compte de l'application de la biodynamie* aux États-Unis. Je lisais aussi assidûment la revue *Nature et Progrès*. Malgré la pauvreté des sols, nous sommes parvenus à améliorer leur fertilité à partir de pratiques naturelles.

Cela étant dit, j'avais très tôt acquis la conviction qu'il fallait respecter les sols et la vie qu'ils recelaient. Quand je bêchais mon jardin ou que je labourais avec mon tracteur, j'avais devant moi le spectacle de ces vers de terre qui n'étaient pas autre chose que la démonstration du caractère vivant de la terre. Pour moi, il était évident que cette vie devait être préservée.

Comment cela se passait-il avec les autres paysans des Cévennes ?

Longtemps, les pratiques agro-écologiques leur ont paru bizarres, irréalistes et même rétrogrades. Nous avons suscité beaucoup de moquerie, y compris de la part des agronomes. Mais nous nous sommes obstinés. D'autant que les résultats étaient là : le sol aride et difficile que nous exploitions était devenu progressivement fertile grâce à ces pratiques agrobiologiques.

Quelles distinctions faites-vous avec l'agro-écologie ? Qu'est-ce que celle-ci apporte de plus ?

L'idée d'agro-écologie m'est venue à l'occasion du séjour que j'ai entrepris au Burkina Faso, au début des années 1980, pour assister des populations paysannes. Je me suis rendu compte qu'elles étaient confrontées à plusieurs catégories de problèmes : agronomiques et économiques, mais aussi écologiques (la déforestation, la désertification, la sécheresse). Le terme d'agro-écologie m'a paru se justifier pleinement : il fallait intervenir à la fois sur les sols et sur l'environnement, par exemple reboiser, lutter contre l'érosion, etc.

C'est un terme que vous avez forgé ou que vous avez fait vôtre ?

Je suis incapable de vous le dire. Parfois, j'ai l'impression de l'avoir forgé moi-même ; à d'autres moments que je n'ai fait que me l'approprier après l'avoir découvert au gré de mes lectures. Je l'ai en tout cas introduit fortement en Afrique.

Toujours est-il que vous y ajoutez une dimension humaniste qui n'est guère présente dans la conception anglo-saxonne...

En effet, l'agro-écologie telle que je la conçois n'est pas seulement un mode de production agricole. Pour moi, c'est aussi une philosophie qui peut avoir une influence importante sur les mutations de nos sociétés. On peut en rester à la technique ; c'est l'agriculture biologique. Mais ainsi que j'aime à le dire, on peut produire ou consommer bio et exploiter son prochain ! Devant les menaces qui pèsent sur nos sociétés et l'espèce humaine, on ne peut se borner à des changements biologiques ou techniques. Une nouvelle conscience s'impose.

Cette dimension humaniste (je dis bien humaniste et non humanitaire, lequel, selon moi, n'est qu'un palliatif au manque d'humanisme) n'est pas gratuite. Elle ne fait que renouer avec une commune origine étymologique entre l'humanisme, l'humanité et l'humus.

Que voulez-vous dire ?

L'humus est l'élément clé de la vie : là où n'y a plus d'humus, il n'y a plus de vie. Voyez comme elle se manifeste dans une forêt. Déchets organiques, brindilles, feuilles mortes, troncs, tout cela entre dans un processus de transformation qui aboutit à un produit parfumé, l'humus, qui va ensuite se combiner à la matière minérale avec le concours des vers de terre et des micro-organismes. Cette association entre matières organiques et matières minérales donne le complexe argilo-humique qui, à son tour, donnera la terre féconde. C'est dire l'importance de cet humus issu des rebuts de la nature. C'est un élément clé de la fertilité qui n'a cessé de me fasciner tant il illustre la capacité d'engendrer la vie à partir de la mort. Il n'y a pas d'antagonisme entre la mort et la vie : ce sont deux éléments complémentaires. Avec la fumure organique plus ou moins brute les paysans l'ont déjà bien compris. Le compostage des déchets organiques par fermentation aérobie est un procédé qui donne un préhumus de grande valeur pour fertiliser les terres cultivées et les vitaliser durablement. Mais il ne suffit pas de composter, il faut aussi « se » composter en transformant nos toxines intérieures en humus psychique !

N'est-ce pas cette dimension humaniste qui peut expliquer les réticences du monde académique à l'égard de l'agro-écologie ?

Et pourtant, l'agro-écologie promeut une agriculture hautement scientifique qui contribue à mieux comprendre le métabolisme du sol, le rôle des micro-organismes et autres bactéries dans la fertilité des sols. Mon livre sur la question, *L'Offrande au crépuscule*, a d'ailleurs reçu le prix des sciences sociales du ministère de l'Agriculture. De leur côté, les expérimentations menées en Afrique ont été validées dans leur aspect économique, scientifique, technique, écologique et énergétique par l'université de Milan.

Un autre motif de réticence des agronomes, du monde académique n'a-t-il pas tenu à l'approche pluridisciplinaire de l'agro-écologie ?

En effet, l'agro-écologie implique une approche agronomique, mais aussi sociologique, économique, ethnologique. C'est dire si elle constitue un défi au cloisonnement qui caractérise encore le monde universitaire.

L'agro-écologie est une des tentatives de restituer les rapports entre l'homme et le milieu dans leur complexité.

Où en est-elle aujourd'hui ?

Il y a des évolutions indéniables. La crise de la « vache folle » y est pour quelque chose. Elle a fait prendre conscience des aberrations du système de production agroalimentaire. On dispose par ailleurs d'une batterie de mesures concernant l'impact négatif de l'agriculture industrielle sur la fertilisation des sols : le taux d'humus, le taux de nitrate dans les eaux, le nombre d'espèces animales et végétales en voie de disparition, etc.

Longtemps, le fait d'avoir été autodidacte suscitait la défiance de mes interlocuteurs scientifiques. À leurs yeux, je n'avais aucune légitimité. Reste que j'ai pu vérifier le bien-fondé de mes théories à partir des résultats de mon exploitation. Les expériences menées à l'étranger ont achevé de convaincre de nombreux scientifiques. D'autant que je n'avais fait qu'appliquer le protocole scientifique, hors des stations expérimentales, avec des paysans qui avaient accepté de prendre le risque d'expérimenter les méthodes agro-écologiques.

Une autre clé de la reconnaissance dont l'agro-écologie a fait l'objet, c'est l'effort en matière de communication. Je n'ai pas fait qu'expérimenter, j'ai aussi écrit et débattu avec toutes sortes de publics. Cela vous oblige à étayer votre argumentaire.

L'adaptation théâtrale de *Parole de terre* participe-t-elle de cet effort de communication ?

Oui, à ceci près que je n'y suis pour rien. C'est une troupe qui a eu un coup de cœur pour cet ouvrage et qui m'a demandé l'autorisation de l'adapter. J'en suis ravi, car cela diversifie le mode de transmission du message.

Que dites-vous à ceux qui objectent que l'agro-écologie n'est pas en mesure de satisfaire les besoins d'une population mondiale de plus de 6 milliards de personnes ?

Je dirais que l'agriculture conventionnelle, qui a bénéficié d'applications planétaires, est loin d'avoir résolu le problème ! Elle a même aggravé la situation alimentaire de la planète. À l'inverse, de nombreux exemples montrent combien l'agro-écologie, avec des techniques simples, permet de tripler et quadrupler les rendements sans porter atteinte à l'environnement et en évitant les dépenses excessives pour les paysans pauvres qu'implique l'usage des intrants chimiques et des semences sélectionnées.

S'initier à l'agro-écologie en France, c'est possible

Situé en Ardèche méridionale, le mas de Beaulieu, siège de l'association Terre et Humanisme (coordonnées complètes p. 37), propose trois sessions de stages d'initiation à l'agro-écologie, sur un hectare de terres en terrasses valorisées par des cultures vivrières :

– « Initiation à la terre » (IALT), qui dispense les bases élémentaires en agro-écologie et invite à une réflexion plus large sur la problématique de la sécurité alimentaire et du respect de la terre nourricière ;

– « Mon potager agro-écologique » (MPAE), pour acquérir savoirs et savoir-faire permettant la réalisation d'un jardin potager vivant, respectueux de l'environnement ;

– « La terre nourricière », pour ceux qui veulent transmettre les principes de l'agro-écologie, après un stage IALT ou MPAE.

• Pour tout renseignement

Terre et Humanisme
Mas de Beaulieu, BP 19
07230 Lablachère
Tél. : 04 75 36 64 01
http://terrehumanisme.free.fr
terrehumanisme@free.fr

L'ÉCOLOGIE INDUSTRIELLE
Entretien avec Suren Erkman

Les déchets des uns peuvent servir de ressources aux autres. Tel est l'un des enseignements de l'écologie industrielle, qui propose plus généralement d'envisager le système industriel comme un écosystème.

Spécialiste de cette écologie, Suren Erkman, de nationalité suisse, est une personnalité atypique : philosophe de formation, il a également poursuivi des études de biologie et a été journaliste scientifique et économique, notamment au *Journal de Genève*... Il n'en fallait pas moins pour promouvoir une approche qui bouscule les frontières disciplinaires. En 1993, il crée l'Institut pour la communication et l'analyse des sciences et des technologies (Icast)**, par l'intermédiaire duquel il a contribué à vulgariser le concept d'écologie industrielle. Issu d'un rapport commandé dès 1993 par la Fondation Charles Léopold Mayer pour le progrès de l'homme (FPH)**, basée à Paris, l'ouvrage qu'il a consacré à cette dernière *(Vers une écologie industrielle)* est la première synthèse en langue française sur ce domaine en plein essor.

Depuis la publication de cet ouvrage, il est sollicité à travers le monde pour exposer les principes de l'écologie industrielle à des industriels et à de futurs ingénieurs. Depuis plusieurs années, il enseigne également l'écologie industrielle dans diverses institutions académiques : École polytechnique fédérale de Lausanne (EPFL), université de technologie de Troyes (UTT), École des mines de Paris, etc.

Ainsi qu'il prend soin de le préciser, « industrielle » ne doit pas être pris au sens étroit mais au sens large, désignant l'ensemble des activités économiques dans la société technologique moderne, y compris l'agriculture et les services. Les applications de l'écologie industrielle vont donc bien au-delà du traitement des déchets et même des seuls systèmes de production. Écologue industriel, on peut en outre l'être au quotidien, en améliorant ses modes de consommation.

« L'écologie industrielle se propose de penser la totalité des activités industrielles comme un cas particulier d'écosystème. »

« Écologie » d'une part, « industrielle » d'autre part, voilà deux termes qu'on n'a pas l'habitude de voir ensemble...

Oui, à première vue, c'est une contradiction dans les termes. En fait, il faut simplement s'accorder sur leurs significations respectives. Par « écologie », il faut entendre l'étude scientifique des écosystèmes, « industrielle » renvoyant aux systèmes de production et de consommation dans la société industrielle. En une première approche, on peut définir l'écologie industrielle comme une application de l'analyse en termes d'écosystèmes à la sphère industrielle. En un sens plus large, l'écologie industrielle se propose de repenser les activités économiques à partir des flux de ressources physiques (énergie et matières) afin d'améliorer, voire de réduire, leur consommation. Une telle approche implique de dépasser les cloisonnements qui distinguent les secteurs pour mieux les penser dans leurs interdépendances.

À quand remonte la genèse de l'écologie industrielle ?

Dès les années 1960, on en trouve des traces plus ou moins explicites dans les réflexions de certains écologues. Mais ces tentatives sont longtemps restées marginales. Il faut attendre la fin des années 1980 pour que la piste soit plus systématiquement explorée. Le point de départ clairement identifié est l'article de Robert Frosch et Nicholas Gallopoulos publié en septembre 1989 dans la revue de vulgarisation *Scientific American* (*Pour la science*, en version française). Les auteurs invitaient à dépasser les approches traditionnelles de protection de l'environnement du fait de l'augmentation de la population et du niveau de vie. Ils recommandaient une autre vision du système industriel, moins cloisonnée, expliquant qu'il ne suffisait plus de se contenter de traiter la pollution. Ils recommandaient ainsi d'envisager le système industriel sous un autre jour, en faisant une analogie avec les

Il n'y a aucune raison de se laisser intimider par ce genre de progressisme péremptoire. Cela dit, si on s'inscrit dans la perspective de l'écologie scientifique, l'idée d'un retour en arrière n'a pas de pertinence, puisqu'on est précisément dans un modèle d'irréversibilité. De surcroît, l'écologie industrielle ne rejette pas d'emblée et en bloc la logique industrielle en tant que telle, contrairement à certaines prises de position écologistes radicales. L'écologie industrielle ne s'oppose donc pas à la société industrielle par principe. Mais cela ne l'empêche pas de remettre fondamentalement en cause son fonctionnement actuel...

En particulier, l'écologie industrielle entre en contradiction avec le modèle de pensée économique néoclassique dominant. Qui dit écologie dit forcément système évolutif, soumis aux lois de la thermodynamique, et donc de l'entropie. Alors que le modèle néoclassique reste très influencé par la physique de Newton : réversible, au sens où on ne se préoccupe pas de la dissipation progressive et irrémédiable des ressources.

L'écologie industrielle est une stratégie d'innovation qui prend à la fois en compte les contraintes socio-économiques et les contraintes biosphériques. Elle procède à partir d'une étude du métabolisme d'un territoire, autrement dit un bilan de ses ressources énergétiques et matérielles disponibles, afin de détecter des ressources inexploitées ou mal exploitées. Elle peut déboucher sur la création de nouvelles activités fondées sur des interactions entre les agents économiques (producteurs, entreprises, etc.), qui n'ont guère l'habitude de travailler ensemble. Ces interactions sont en règle générale aussi locales que possibles. C'est dire si l'écologie industrielle va plutôt dans le sens d'une relocalisation des activités économiques, c'est-à-dire d'une prise en compte de leur ancrage territorial.

Quelles sont les implications concrètes pour le chef d'entreprise ?

L'écologie industrielle invite à penser davantage en termes de développement local, de coopération, y compris avec des entreprises concurrentes. Or la pression pour la survie et l'obsession du profit immédiat sont telles que le chef d'entreprise finit par ignorer son environnement proche. Même au sein d'une zone industrielle, un entrepreneur ignore souvent ce que font ses voisins... Il se prive ainsi d'opportunités de partenariats et de mutualisation qui pourraient lui être profitables.

Par exemple ?

Je citerai la première étude que nous avons faite en France, avec Jean-Claude Ray, pour Gaz de France et la municipalité de Grande-Synthe, près de Dunkerque. L'étude des flux de matière et d'énergie d'une trentaine de PME sur une zone industrielle a permis de détecter des ressources mal ou peu utilisées, par exemple des surfaces bâties non valorisées. Après une période d'expectative, les entreprises se sont convaincues de l'intérêt d'une telle approche et ont créé une association *ad hoc*, l'association Écopal[1]. Depuis, elles fourmillent d'idées pour exploiter les moindres synergies. Un système de collecte des vieux pneus est à l'étude ; certaines entreprises se sont organisées pour chercher le courrier à tour de rôle, d'autres pour détruire leurs archives en commun (tout en garantissant la confidentialité), etc. Ces initiatives peuvent paraître frappées au coin du bon sens. Et pourtant, personne ne les avait mises en œuvre, faute de prendre le temps de rencontrer les entreprises de son voisinage et de se concerter avec elles.

Les applications de l'écologie industrielle ne sont pas toujours aussi modestes ; elles portent aussi sur des flux qui peuvent atteindre des centaines de milliers de tonnes par an, comme dans le cas fameux de la Symbiose de Kalundborg, au Danemark[2].

Fondamentalement, l'écologie industrielle implique que les acteurs économiques apprennent à coopérer de manière systématique avec des partenaires très divers, y compris avec des concurrents potentiels. Elle invite l'entreprise à s'intéresser à son environnement immédiat, à mieux exploiter les ressources de son territoire. C'est pourquoi elle encourage la cogestion et la relocalisation de la production.

Ce que vous décrivez là s'apparente beaucoup à la logique des milieux innovateurs mise en évidence par des géographes dès la fin des années 1960...

Effectivement. À ceci près qu'il y a en plus un cadre conceptuel en arrière-plan qui est celui de l'écologie scientifique. Alors que la théorie classique du milieu innovateur s'inscrit dans un cadre économique classique, sans se préoccuper particulièrement des externalités négatives.

L'écologie industrielle reste-t-elle pertinente dans le contexte des sociétés dites postindustrielles ?

Encore une fois, l'écologie industrielle ne se limite pas au monde industriel au sens étroit que ce terme a aujourd'hui en français. Les services sont de gigantesques consommateurs de ressources matérielles et énergétiques.

---

1. www.ecopal.org
2. www.symbiosis.dk

L'écologie industrielle prend le contre-pied de l'idéologie de la société postindustrielle ou encore de la société de l'information, selon laquelle nous entrerions dans l'ère de l'immatériel. En réalité, à l'heure d'Internet, nos sociétés consomment des quantités toujours plus considérables de ressources matérielles et énergétiques. Prenez l'exemple du commerce électronique qui fait augmenter le trafic routier et aérien lié aux livraisons rapides. Comment faire en sorte que ces services consomment moins d'énergie, tel est un autre enjeu de l'écologie industrielle. Une des pistes serait la coopération des entreprises, bien que concurrentes, par le biais d'une logistique partagée, afin d'éviter une explosion de la livraison de biens de consommation. Autre piste : l'économie de fonctionnalité, l'idée étant non pas de vendre le produit matériel en tant que tel, mais sa fonction. La marge n'est plus réalisée sur la vente d'un produit, mais sur le service qu'il rend. En bref, les services sont au cœur de la réflexion de l'écologie industrielle.

Y a-t-il des pays plus avancés que d'autres ?

L'écologie industrielle a trouvé de nombreuses applications aux États-Unis, mais aussi au Japon, qui a été le premier à en tirer les conséquences sur le plan des politiques publiques. Il est vrai que c'est un pays où la dépendance en énergie et en matières premières se pose avec plus d'acuité que dans d'autres pays industrialisés. Elle a eu ensuite des échos au Canada, puis en Europe. Les premières actions se sont focalisées sur la gestion des zones et des parcs industriels qui génèrent d'importants flux de déchets, mais sans se limiter à cela. Par exemple, en Suisse, à Genève, l'écologie industrielle a été inscrite dans la loi relative au développement durable. La démarche a débuté avec une étude des flux et des stocks de ressources consommés par l'ensemble des activités économiques sur tout le territoire du canton, ce que l'on nomme, dans le langage de l'écologie industrielle, une étude de « métabolisme des activités économiques » ou de « métabolisme territorial ». Cette étude avait pour but de comprendre le système que l'on entend faire évoluer, et surtout de déterminer des priorités. On a ainsi eu confirmation, chiffres à l'appui, que les ménages et le tertiaire sont de loin les plus gros consommateurs de ressources, et donc constituent des domaines prioritaires pour l'action.

L'écologie industrielle fait son chemin. Au cours de ces dix dernières années, on est passé de la simple curiosité industrielle à des applications concrètes.

Et en France ?

Hormis quelques réflexions pionnières dès les années 1980, j'ai constaté une longue période de latence... Les choses ont commencé à évoluer à partir de la seconde moitié des années 1990, vers 1997-1998, sous l'impulsion notamment de Dominique Bourg[3]. Depuis cette époque, plusieurs grands groupes industriels manifestent un intérêt croissant ; certains, tels EDF, GDF, Véolia, Suez, Dagris, Lafarge ou Calcia, ont inscrit l'écologie industrielle dans leur agenda. Ils ont pris conscience des possibilités de vendre des services à haute valeur ajoutée, notamment dans la gestion plus intégrative des flux de ressources. Un spécialiste de la gestion des flux liés à l'eau peut valoriser son savoir-faire pour la gestion de flux d'autres ressources. À leur tour, des collectivités territoriales manifestent un intérêt. Une association spécialisée dans le conseil auprès des collectivités territoriales, Auxilia, a été créée avec l'aide d'EDF. Il faut aussi souligner le dynamisme de la Fondation Charles Léopold Mayer, qui a joué un rôle pionnier en ce domaine, aussi bien en France qu'à l'international, par le biais d'une initiative de grande ampleur lancée au début des années 1990[4].

L'écologie industrielle est-elle adaptée aux pays en développement ?

Dès le début, j'ai considéré que c'est dans ces pays que l'écologie industrielle devait être appliquée en priorité, contrairement à ce qu'on pourrait croire. Grâce au soutien de la Fondation Charles Léopold Mayer, j'ai d'ailleurs initié plusieurs projets, en Inde et en Chine notamment. Sur la base d'expériences de terrain, nous avons eu la confirmation de la pertinence de l'écologie industrielle dans le contexte des pays en développement. D'autant que, dans le contexte de globalisation, les pays du Nord ont eu tendance à externaliser l'exploitation des ressources primaires dans ces pays... Les Chinois, en particulier, manifestent un intérêt croissant. Outre la traduction de mon ouvrage, dès 1999 l'écologie industrielle y a trouvé des applications ; au point que le ministère de l'Environnement a publié en 2002 un ouvrage sur cette thématique. Les discussions actuelles en Chine sur l'élaboration d'une loi favorisant l'émergence d'une « économie circulaire » s'inspirent directement de la philosophie de l'écologie industrielle.

---

3. Dominique Bourg dirige le Centre de recherches et d'études interdisciplinaires sur le développement durable (CREIDD) de l'université de technologie de Troyes, où il a lancé le premier DESS (puis mastère) en France sur l'écologie industrielle.
4. www.alliance21.org

Au final, je serais tenté de dire que l'écologie industrielle rencontre plus d'obstacles dans les pays industrialisés que dans les pays en développement, où l'on ressent plus fortement les pressions sur les ressources. En Asie, elle est perçue comme une stratégie pour consolider le développement. En Europe, dans l'ensemble, le système économique est plus rigide, pas seulement au niveau institutionnel, mais dans les esprits aussi. Les législations ne facilitent pas non plus les choses ; elles ont tendance à rendre plus difficile, voire impossible, la valorisation de certains déchets sous forme de ressources[5]. À quoi s'ajoutent des obstacles d'ordre culturel : la collaboration entre entreprises par ailleurs concurrentes ne va pas de soi. La protection de l'environnement est en outre encore très largement perçue comme étant un coût. Ce qui est vrai en partie. Mais elle offre aussi de nouvelles opportunités que les entreprises ne perçoivent pas toujours.

L'écologie industrielle ne pâtit-elle pas de l'absence d'un prolongement politique à même de la mettre sur l'agenda de l'action publique, sinon du débat public ?

Il n'y a aucun doute sur ce point, à condition que ce versant politique de l'écologie industrielle traverse l'ensemble du champ politique, et non la seule mouvance écologiste. Au premier abord, on a de l'écologie industrielle une vision trop technico-économique. En fait, elle a d'autres implications, d'ordre politique pour commencer. Dès lors qu'on touche à la circulation des ressources, on se trouve confronté à des enjeux de pouvoir... À quoi s'ajoutent des enjeux éthiques, philosophiques, anthropologiques. L'écologie industrielle amène à repenser la question de la limite dans nos sociétés. C'est une rupture par rapport au paradigme classique du développement qui suggère un développement illimité.

Est-elle enseignée ?

L'écologie industrielle est désormais enseignée dans plusieurs établissements universitaires, principalement en Europe et aux États-Unis *(voir encadré)*. Force cependant est de reconnaître la difficulté du monde académique à s'approprier cette approche. D'aucuns considèrent que ce n'est pas une véritable discipline. En fait, la difficulté réside dans son caractère pluridisciplinaire, ou même métadisciplinaire : elle amène à revisiter les disciplines classiques

---

5. En France, par exemple, toute entreprise qui souhaite revendre ses déchets doit préalablement obtenir une autorisation préfectorale, une procédure pouvant durer de huit à dix-huit mois.

sous un angle nouveau. Le développement de son enseignement suppose qu'il y ait une réflexion explicite dans les universités, et une volonté politique de débloquer des moyens pour mettre en place de tels enseignements.

Pourtant, auprès des élèves ingénieurs, par exemple, une approche comme l'écologie industrielle correspond manifestement à une attente. Beaucoup se sentent mal à l'aise avec le modèle productiviste auquel les destinent leurs études d'ingénieur. L'écologie industrielle stimule l'envie d'entreprendre, elle inocule le « goût de l'avenir », pour reprendre une formule récente, cet ingrédient essentiel à tout projet de développement durable. En cela, elle diffère d'autres approches de l'environnement, plutôt déprimantes. Sans nier l'ampleur des problèmes, elle cherche à montrer qu'on ne manque pas de ressources et de possibilités pour relever les défis.

Où l'écologie industrielle est-elle enseignée ?

Suivre une formation en écologie industrielle, c'est aujourd'hui possible, y compris en France. L'université de technologie de Troyes (www.utt.fr/dess-ei) propose un DESS « Écologie industrielle et territoires urbanisés durables ». Pour plus de renseignements, le lecteur pourra se reporter à la plate-forme française d'écologie industrielle (www.france-ecologieindustrielle.org).

En Europe, les programmes les plus intégrés sont proposés en Norvège (université de Trondheim) et aux Pays-Bas (universités de Leyde, de Delft et Erasmus à Rotterdam).

Plusieurs programmes existent également aux États-Unis, notamment à la School of Forestry and Environmental Studies de l'université Yale, où un Center for Industrial Ecology a vu le jour en 1998. Un cours d'écologie industrielle est dispensé depuis 1993 à la Harvard Kennedy School of Government de l'université Harvard.

En Chine, un institut d'écologie industrielle a été créé au sein de l'université Tsinghua, l'école d'ingénieurs la plus réputée de Pékin.

• Sites

En Asie : www.roi-online.org

Aux États-Unis : www.yale.edu/cie

Aux Pays-Bas : www.industrialecology.nl

En Norvège : www.indecol.ntnu.no

Pour une vision d'ensemble, le site de référence est celui de l'International Society for Industrial Ecology (ISIE) : www.is4ie.org

---

MOTS CLÉS, ACTEURS CLÉS, BIBLIOGRAPHIE

MOTS CLÉS

Agriculture biologique

Si l'appellation s'est imposée dans la consommation courante et la grande distribution dans les années 1980-1990, les principes de cette agriculture sont connus de longue date. Ils ont été développés par sir Albert Howard (1873-1947), un fils d'agriculteur anglais diplômé de Cambridge, à partir de travaux menés aux Antilles, puis en Inde et en Angleterre. Paru en 1940, son ouvrage de référence fut traduit en français en 1971 sous le titre *Testament agricole, pour une agriculture naturelle*[1].

Ce n'est cependant qu'à partir des années 1960-1970, dans le sillage des mouvements de 68, que l'agriculture bio se diffuse à travers des pratiques substituant des engrais naturels à des engrais chimiques. Elle est reconnue officiellement dans les années 1980 avec la création du label AB. La Fédération internationale de l'agriculture biologique voit le jour en 1972 (Ifoam, International Federation of Organic Agriculture Movements).

Le succès qu'elle a connu depuis est à relativiser : les produits bio ne représentent encore qu'une infime proportion des produits d'alimentation consommés à travers le monde (en France, l'agriculture labellisée AB mobiliserait moins de 2 % des agriculteurs et représenterait moins de 1,5 % des surfaces agricoles). En outre, on devrait parler de l'agriculture bio au pluriel

1. Vence, Vie et Action, 1971.

avec, d'un côté, une agriculture bio artisanale fondée sur des circuits courts de commercialisation (marchés locaux), de l'autre, une agriculture fondée sur la monoculture pour satisfaire les besoins de l'industrie agro-alimentaire encline à surfer sur la vague bio...

Agriculture raisonnée

À la différence de l'agriculture bio, de la biodynamie ou de l'agro-écologie, cette agriculture n'exclut pas l'usage d'engrais chimiques, mais cherche à en optimiser l'utilisation. Conçue au Royaume-Uni et en Allemagne, elle a été récemment introduite en France où elle donne lieu à un agrément officiel du ministère de l'Écologie et du Développement durable, moyennant le respect d'un catalogue de près d'une centaine de critères concernant aussi bien les modes de productions végétales et animales que la gestion de l'exploitation. Cinq ans durant, l'agriculteur doit enregistrer les moindres interventions effectuées sur son exploitation, conserver et classer les documents afin d'améliorer les pratiques, se former à la sécurité au travail, fournir des installations sanitaires en bon état à ses salariés. En outre, l'agriculteur doit assurer la traçabilité de sa production et mettre en œuvre un programme d'analyse de ses sols. Le stockage et l'utilisation des engrais sont réglementés. Des mesures d'intégration paysagère sont également prévues, etc. En échange, les produits de l'agriculteur sont estampillés « issus de l'agriculture raisonnée ». En 2004, 400 fermes en France avaient reçu l'agrément. Dans le cadre de la stratégie nationale du développement durable (SNDD) un objectif de 30 % des exploitations certifiées d'ici à 2008 a été fixé.

Agro-écologie

Il s'agit d'une conception de la production agricole qui vise à réconcilier l'agriculture et l'écologie en recyclant, dans la mesure du possible, les résultats de l'activité agricole et en limitant l'usage d'intrants extérieurs susceptibles de polluer l'environnement (engrais, pesticides, hydrocarbures). Elle s'oppose, on l'aura compris, au modèle agricole productiviste qui s'est imposé à partir du XIXe siècle. Si l'appellation est apparue dans les années 1970, les principes sont anciens : l'agro-écologie se fonde sur des pratiques agricoles traditionnelles et les savoirs locaux et vernaculaires mis à mal par l'imposition du modèle de production industrielle (en cela, elle se différencie de l'agrobiologie et de l'agriculture bio).

Modèle de production agricole alternative, l'agro-écologie est aussi une discipline qui invite à croiser les approches écologique, agronomique, sociologique, historique, culturelle, ethnologique. L'environnement est en effet entendu au sens large dans ses composantes économiques, sociales, etc.

L'Américain Jérôme I. Rodale, influencé par sir Albert Howard, à l'origine de l'agriculture bio, compte parmi les pionniers de l'agro-écologie. Mais c'est à Pierre Rabhi que l'on doit l'introduction de ses principes en France. Depuis 1978, elle bénéficie d'un enseignement au sein de l'institut de sociologie et d'études paysannes (Isec)** de l'université de Cordoue (Andalousie, Espagne).

Aujourd'hui, environ 145 millions de familles pauvres auraient adopté les technologies de l'agro-écologie, pour une superficie totale de 325 millions d'hectares dans le monde. De nombreux exemples en ont attesté la validité. Ses mots clés : écosystème, biodiversité, souveraineté alimentaire (et pas seulement sécurité alimentaire).

Voir entretien avec Pierre Rabhi, p. 14.

Biodynamie

Approche de l'agriculture fondée par l'Autrichien Rudolf Steiner (1861-1925) dans les années 1920. Elle consiste à produire en respectant le rythme des saisons et le contexte de croissance des plantes comme des animaux. Les engrais chimiques sont bannis au profit des engrais naturels. Les produits issus de l'agriculture biodynamique ont leur label : Demeter.

Développement durable/soutenable

Voir partie VII, « mots clés » p. 232.

Écolabels

Labels certifiant que les produits ont été fabriqués selon des procédés qui réduisent la consommation d'énergie et de matières premières et l'émission de gaz à effet de serre (soit les écoproduits* ou produits verts). Deux écolabels coexistent en France : la norme française NF-Environnement, créée en 1991, et l'écolabel européen, créé en 1992.

Écologie industrielle

Imaginée aux États-Unis dans les années 1980, elle se propose d'aborder la sphère industrielle et même économique dans son ensemble, comme un écosystème. Au moins trois niveaux d'approche peuvent être distingués. Un premier consiste à envisager les déchets d'une entreprise comme une source d'énergie pour d'autres entreprises ou pour elle-même. Un deuxième niveau d'approche vise à repenser les flux de matières, les cycles de production, d'échange et de communication qui caractérisent une société. Dans cette perspective, l'écologie industrielle promeut des solutions consistant, par exemple, à privilégier la location plutôt que l'appropriation des biens de consommation. Enfin, un troisième niveau d'approche, plus prospectif celui-ci, est tourné vers la mise au point de nouveaux procédés de fabrication grâce au concours, notamment, du génie génétique et des nanotechnologies.

Voir entretien avec Suren Erkman, p. 21.

Écoproduits

Produits dont les conditions de fabrication et l'utilisation portent moins atteinte à l'environnement. Par exemple : ampoules basse consommation, piles électriques qui se rechargent à l'énergie solaire, etc.

Société coopérative ouvrière de production (Scop)

Voir partie IV, article p. 126 et « mots clés » p. 142.

ACTEURS CLÉS

Comité 21

Créé à la suite du sommet de la terre de Rio (1992) en vue de promouvoir les initiatives en matière de développement durable. Le site présente notamment des fiches de cas pratiques d'éco-industrie.

132, rue de Rivoli
75001 Paris
Tél. : 01 55 34 75 21
www.comite21.org

De l'éthique sur l'étiquette

Constitué en 1995 à l'initiative de la Fédération Artisans du Monde, ce collectif rassemble plus d'une cinquantaine d'organisations (outre la Fédération Artisans du Monde, le Comité catholique contre la faim, des syndicats et des associations de consommation). À ses débuts, il s'emploie à sensibiliser les consommateurs et les distributeurs sur les conditions de fabrication des produits textiles, à travers des campagnes conçues dans l'esprit de la Clean Cloths Campaign. Depuis, ces campagnes se sont élargies à d'autres articles comme les jouets.

Voir partie III, encadré p. 103.
53, boulevard de Strasbourg
75010 Paris
Tél. : 01 56 03 93 50
www.ethique-sur-l'étiquette.org

Fondation Charles Léopold Mayer pour le progrès de l'homme (FPH)

Voir partie VII, « acteurs clés » p. 232.

Institut pour la communication et l'analyse des sciences et des technologies (Icast)

Créé par Suren Erkman pour vulgariser les principes de l'écologie industrielle.

Voir entretien avec Suren Erkman p. 21.

P.O. Box 474
1211 Genève 12
Tél. : + 41 22 346 10 87
www.icast.org

Institut de sociologie et d'études paysannes (Isec)

Créé en 1978 au sein de l'université de Cordoue (Andalousie), en Espagne, cet institut est le premier centre de recherche et de formation européen en agro-écologie (au niveau maîtrise et doctorat). Ses étudiants viennent notamment d'Amérique latine (l'Isec travaille avec le Mouvement des sans-terre du Brésil à l'introduction de l'agro-écologie).

Instituto de Sociologia y Estudi (') os Campesinos (Isec)
université de Cordoba Apdo.3048
14080 Cordoba
ec1segue@uco.es

Terre et Humanisme

Créée en 1998 par Pierre Rabhi, cette association installée au mas de Beaulieu, à Lablachère, dans l'Ardèche, vise à sensibiliser le public à la sécurité alimentaire en promouvant l'agro-écologie et « tout savoir pratique mis au service de la solidarité, dans le respect de la vie », à partir d'actions d'expérimentation et de formation.

Voir entretien avec Pierre Rabhi, p. 14.

Mas de Beaulieu, BP 19
07230 Lablachère
Tél. : 04 75 36 64 01
terrehumanisme@free.fr
http://terrehumanisme.free.fr

BIBLIOGRAPHIE

Sur l'agro-écologie

ALTIERI Miguel A., *Agro-écologie : bases scientifiques d'une agriculture alternative*, Debard, 1986.

L'ouvrage de référence de l'agro-écologie (avec, dans sa version française, une préface de René Dumont). Son auteur enseigne à la prestigieuse université de Berkeley (Californie), où il anime un groupe de recherche sur cette discipline.

RABHI Pierre, *L'Offrande au crépuscule*, 1989, rééd., Paris, L'Harmattan, 2001.

Premier prix des sciences sociales agricoles du ministère français de l'Agriculture, c'est l'ouvrage dans lequel Pierre Rabhi relate son action dans les pays du tiers-monde, à partir de 1981 (Burkina Faso, Tunisie).

À lire du même auteur : *Du Sahara aux Cévennes. Itinéraire d'un homme au service de la Terre mère* (1984, rééd., Paris, Albin Michel, 1995, rééd. 2002) ; *Parole de terre. Une initiation africaine* (Paris, Albin Michel, 1996, avec une préface de Yehudi Menuhin) ; *Le Recours à la terre* (Lyon, Terre du ciel, 1996, rééd. 1999) ;

Pierre Rabhi est aussi l'auteur d'un roman : *Le Gardien du feu. Message de sagesse des peuples traditionnels* (1986, rééd., Paris, Albin Michel, 2003).

Enfin, à signaler, un ouvrage en forme d'entretien : *Le Chant de la terre*, Paris, La Table ronde, 2002.

L'Écologiste, n° 14, octobre-décembre 2004

Un dossier spécial consacré à l'agro-écologie à travers le monde.

Sur l'écologie industrielle

ERKMAN Suren, *Vers une écologie industrielle. Comment mettre en pratique le développement durable dans une société hyperindustrielle*, Lausanne, éditions Charles Léopold Mayer, 1998 ; deuxième édition, enrichie, 2004.

Le premier ouvrage de langue française sur le thème, faisant office de référence.

À lire aussi

BERNARD Michel, CHEYNET Vincent et CLEMENTIN Bruno [dir.], *Objectif décroissance. Vers une société harmonieuse*, Paris, Parangon, 2004.

Une défense et illustration de la décroissance soutenable, à travers plus d'une vingtaine de contributions d'auteurs de différents horizons disciplinaires, professionnels et géographiques, coordonnée notamment par Vincent Cheynet, fondateur de l'association Casseurs de pub *(voir entretien p. 160)*.

II. Investir/épargner

L'éthique et la solidarité sont solubles dans la finance. C'est ce que veulent démontrer des initiatives apparues ces dernières années sous forme de produits financiers éthiques et solidaires, proposés par des organismes financiers classiques ou des associations participant à l'économie sociale* et solidaire*.

En guise d'illustration, une place particulière sera accordée aux Cigales*, apparues il y a une trentaine d'années en vue d'accompagner des projets d'entreprises tournées vers la lutte contre l'exclusion. À ce titre, elles sont représentatives de ce qu'il est convenu d'appeler l'épargne solidaire. D'autres initiatives relèvent davantage d'une épargne éthique : elles consistent à investir dans des entreprises en se fondant sur des critères éthiques, environnementaux et/ou sociétaux sans pour autant s'inscrire dans une démarche militante.

Qu'elles soient éthiques ou solidaires, ces initiatives participent à ce qu'il est convenu d'appeler l'investissement socialement responsable (ISR)* *(voir article p. 54)*. Si elles représentent encore une goutte d'eau dans l'océan des investissements financiers, de nouvelles perspectives s'offrent à elles avec le développement de l'épargne salariale.

Leur essor a rapidement appelé d'autres innovations dans le domaine de l'évaluation (plus-value éthique et solidaire*) et de la notation, avec l'apparition d'agences spécialisées ou de structures dédiées au sein des organismes financiers traditionnels ; ou encore d'acteurs ayant, comme Novethic**, vocation à informer sur l'ISR *(voir article p. 61)*.

Le tableau ne serait pas complet si on ne mentionnait pas une autre innovation, déjà trentenaire, le microcrédit*, désormais reconnu par les instances internationales (au point que l'année 2005 a été proclamée « année du microcrédit » par l'ONU). On y revient à travers un entretien avec Jean-Michel Servet, anthropologue économiste, qui pose un regard critique sur ces dispositifs tels qu'ils ont été soutenus par les organisations internationales et médiatisés *(voir p. 40)*.

Longtemps limité à des pays en développement, le microcrédit, et au-delà la microfinance*, a été introduit dans des pays développés comme le nôtre pour répondre aux besoins de populations exclues du système bancaire traditionnel, non sans renouer avec une tradition ancienne, le mutualisme, dont on avait simplement oublié qu'il avait été à l'origine fondé sur un principe similaire. Illustration à travers l'exemple de l'Adie**, pionnière du microcrédit en France *(voir article p. 48)*.

Les banques traditionnelles ne sont pas restées passives face à ce phénomène. Certaines se sont lancées dans le microcrédit et/ou la microfinance. Une illustration supplémentaire du rôle d'aiguillon que des initiatives apparemment marginales peuvent jouer auprès des agents économiques, mais aussi de l'État. Pour Jean-Michel Servet, il ne fait aucun doute que ce type d'initiative encourage le passage d'un « État qui fait à un État qui fait faire ».

MICROCRÉDIT ET MICROFINANCE
Entretien avec Jean-Michel Servet

L'année 2005 a été proclamée « année du microcrédit » par la Banque mondiale. Par microcrédit, on entend généralement des crédits destinés à des personnes pauvres pour financer le lancement d'une activité génératrice de revenus. Le microcrédit est pensé comme un instrument de lutte contre la pauvreté. La Grameen Bank** s'est imposée comme un modèle en la matière. Spécialiste des questions de finance sociale, notamment en Afrique et en Inde où il se rend régulièrement, l'anthropologue et économiste Jean-Michel Servet se montre cependant sceptique. Les systèmes existants ne fonctionnent le plus souvent que grâce aux subventions des organisations internationales et de coopération ou en imputant des coûts très élevés aux pauvres qui en sont les clients. D'autres pistes relevant de la microfinance se révèlent plus prometteuses. Elles sont présentées dans le rapport publié chaque année, depuis 1997, par le Centre Walras** sous le titre *Exclusion et liens financiers*. Pour Jean-Michel Servet, qui a codirigé ce rapport et qui va publier un ouvrage sur la microfinance (*Banquières et banquiers aux pieds nus. Mirages et espoirs de la microfinance*, Odile Jacob), elles annoncent le passage d'« un État qui fait à un État qui fait faire ». Loin de se limiter aux seuls pays en développement, elles peuvent trouver des applications dans les pays du Nord dans l'esprit de la tradition mutualiste.

« Avec la microfinance, nous passons de l'État qui fait à l'État qui fait faire. »

Comment en êtes-vous venu à vous intéresser à ce phénomène de microfinance ?

Mes recherches concernent depuis longtemps les dimensions sociales de la finance. Il y a vingt-cinq ans, j'ai travaillé sur les monnaies dites primitives. Dans la seconde moitié des années 1990, j'ai mené des travaux avec quelques doctorants lyonnais sur les systèmes d'échange local, plus connus sous leur acronyme, SEL *(voir article p. 105)*. Mes travaux sur la microfinance s'inscrivent en continuité dans cette conception : la monnaie et la finance ne sont pas de simples intermédiaires techniques, mais renvoient à toutes les dimensions de la société. En 1984, j'ai fait soutenir une thèse sur les tontines, la première du genre en économie en France. J'ai notamment travaillé sur les pratiques d'épargne dans un quasi-bidonville situé dans la capitale de la Casamance où se concentraient des migrants ; entre 1985 et 1990, j'y ai vécu plusieurs semaines, et ce terrain particulier m'a beaucoup appris sur les comportements financiers de ces populations qualifiées de pauvres ou d'extrêmement pauvres. Je me souviens d'un dispositif de microfinance, il était alors assimilé aux pratiques dites informelles.

À partir des années 1990, par le biais de travaux menés dans le cadre du programme « Finance, éthique, confiance » de la Caisse des dépôts et consignations**, qui est à l'origine de *La Monnaie souveraine* publiée sous la direction de Michel Aglietta et André Orléan, je me suis notamment intéressé, avec d'autres chercheurs, aux quartiers à forte population d'origine immigrée pour étudier, là encore, l'épargne des migrants. On a pu mettre en évidence des dispositifs de microfinancement créés par des initiatives locales populaires pour s'auto-organiser et permettre le rapatriement d'une partie de l'épargne des immigrés vers leur pays d'origine.

On a alors découvert qu'en Europe, mais aussi en Amérique du Nord, un certain nombre d'organisations avaient des pratiques qui relevaient, comme au Sud, de la microfinance. Je pense en particulier aux Community Development Corporations, aux États-Unis, qui ont été encouragées par le gouvernement fédéral sous l'ère Clinton[1].

Le monde de la recherche s'est intéressé aux pratiques financières dites informelles et à la microfinance avant que la Banque mondiale et les organisations internationales n'y prêtent vraiment attention. Ce n'est qu'à partir

1. Les corporations de développement communautaire ont été mises en place en 1966, à l'initiative de Robert Kennedy, en vue de permettre aux Noirs de prendre en main le développement de leur quartier.

du rapport de 1989 de la Banque mondiale que la communauté internationale a commencé à manifester un intérêt réel.

D'aucuns voient dans la microfinance un modèle d'inspiration néolibérale. À mon sens, elle participe avant tout d'un nouveau modèle d'intervention de l'État, non plus un État qui fait, mais un État qui fait faire. Elle ne peut se développer qu'à partir d'une dynamique d'hybridation des ressources, publiques et privées. Ces schémas sont à la croisée du néolibéralisme et de l'économie solidaire et sont donc une opportunité de changements sociaux.

Quand avez-vous entendu parler pour la première fois de microfinance ?

Il y a encore quelques années, on disait « système financier décentralisé ». C'était l'expression la plus courante dans le cadre de la coopération française. Dans le milieu américain, on parlait davantage de *microcredit* (Hilary Clinton étant allée jusqu'à déclarer que *« microcredit is a macro idea »*...). Depuis la seconde moitié des années 1990, on s'est beaucoup focalisé sur le microcrédit, comme j'ai pu le constater en participant au deuxième sommet du microcredit à New York en 1997.

Quand on parle de microfinance, de quoi parle-t-on exactement ?

Pour ma part, j'emploie le terme sans trait d'union, la microfinance, pour bien spécifier qu'elle ne signifie pas « petite finance ». Dès lors que certaines organisations connaissent des dizaines de milliers de clients, voire plus, en Afrique et en Amérique latine et des millions en Asie, ce n'est plus micro. La BRI en Indonésie compte plus de 30 millions d'épargnants et plus de 3 millions d'emprunteurs.

La microfinance recouvre plusieurs types de services : retenons ses services d'épargne, ses services de prêt, ses services d'assurance, enfin, ses services de transfert de fonds pour les migrants. On peut ajouter des services de domiciliation des salaires, d'encaissement des chèques, de garantie du capital et de participation de capital dans de petites entreprises. Je pense aux Cigales, qui sont à leur manière une forme de microfinance *(voir article p. 65)*.

En matière de microfinance, chaque opération porte sur des montants limités qui dépendent du niveau de vie de la population. Les clients et les membres des organismes prestataires ont pour caractéristique de vivre en situation d'exclusion et de marginalité par rapport aux services financiers des banques commerciales.

Ces différentes composantes sont-elles nouvelles ou puisent-elles dans des pratiques anciennes ?

Si on considère les initiatives populaires locales du type tontine ou système de prêts locaux par les commerçants, qui n'étaient pas tous des usuriers mais rendaient localement d'incontestables services financiers, il existe depuis la nuit des temps des pratiques financières dites informelles. Elles sont très diversifiées. On trouve ainsi des clubs d'épargne et de prêts entre amis en Grèce antique appelés *eranos*. On a la preuve par un article d'un journal local que les esclaves africains aux Caraïbes faisaient, à la fin du XVIIIe siècle, des *susu*, terme qui désigne aujourd'hui encore au Nigeria les tontines. Pour comprendre leurs origines institutionnelles, voyez à partir du milieu du XIXe siècle les banques mutuelles en Europe occidentale, et au début du XXe siècle les caisses Desjardins, apparues au Québec, ou les *building societies* dans les pays anglo-saxons. C'est une finance populaire à échelle locale pour des populations qui étaient exclues du système bancaire « officiel ». Les systèmes mutualistes et coopératifs (tel que le crédit mutuel) peuvent ainsi être considérés comme des ancêtres directs de la microfinance.

Pourquoi parle-t-on tant aujourd'hui de la microfinance ? Y a-t-il des moments privilégiés pour le développement d'une telle finance ?

La microfinance a commencé à faire vraiment parler d'elle – au point de revêtir toutes les apparences de la mode – depuis les sommets du microcrédit et la médiatisation dont ceux-ci ont bénéficié. Or le microcrédit n'est qu'un aspect de la microfinance. Qui plus est, le terme microcrédit a fini par englober des dispositifs qui n'en relèvent pas à proprement parler : je pense en particulier aux Self Help Groups fondés sur une épargne préalable et adossés au système bancaire classique. Or le dernier sommet du microcrédit a mis en avant ce système, qui est en expansion considérable depuis dix ans en Inde et dans plus d'une vingtaine d'autres pays.

Vous ne dites mot de Mohammed Yunus, considéré comme le père du microcrédit...

Mohammed Yunus a joué un rôle indéniable dans le développement du microcrédit. Il a su tirer profit de ses relations privilégiées avec des dirigeants ou des « grands » de ce monde : la reine d'Espagne, un ancien président du Pérou, le couple Clinton, etc., et faire ainsi bouger les choses par le haut.

Il a par ailleurs su exploiter un contexte favorable. Dans les années 1990, l'aide publique aux pays en développement était en diminution. Mohammed Yunus s'est fait fort de présenter le modèle de microcrédit comme une solution économique en prétendant lutter contre la pauvreté gratuitement. Le modèle de Mohammed Yunus revient en somme à mettre les pauvres au travail en leur avançant les sommes dont ils ont besoin pour lancer l'activité dont ils vivront. La formule a retenu d'autant plus l'attention de la communauté internationale qu'elle était censée être valable aussi bien pour les déshérités du Bangladesh que ceux de Chicago. De surcroît, elle permettait de concilier lutte contre la pauvreté et liberté d'entreprendre !

Mohammed Yunus n'a d'ailleurs jamais caché le fait que son système s'inscrivait dans l'économie marchande, pour ne pas dire néolibérale. Mais ce qui n'est pas dit, c'est que la mise en place du microcrédit n'a pu se faire que grâce à un apport massif initial de la communauté internationale. L'aide internationale dont chaque Bengali bénéficie en moyenne est dix fois plus importante que celles dont bénéficie chaque Indien. Il est donc pour le moins paradoxal que le microcrédit ait été mis en avant comme la solution qui allait permettre de s'émanciper de l'aide internationale. D'autant que le système n'a pu se développer que grâce à de nouvelles aides internationales. La Grameen Bank actuelle n'a plus guère à voir avec le crédit solidaire promu à ses débuts. Elle est désormais une banque avec des employés qui, même mal payés, n'en constituent pas moins un coût. Ce coût est largement imputé aux populations qui bénéficient de ses prêts. Plus vous êtes pauvre, plus vous devez payer cher pour bénéficier d'un prêt, puisque son coût de distribution est plus élevé. La Grameen Bank a dû se diversifier pour se procurer d'autres ressources. C'est ainsi qu'elle est devenue le premier opérateur de téléphone mobile au Bangladesh.

À l'automne 2002, le Pr Yunus a lui-même reconnu que le système de crédit solidaire tel qu'il l'avait conçu initialement ne fonctionnait plus. Les membres ne participaient pas ou, quand ils le faisaient, ce n'était que pour obtenir leur crédit ; les remboursements se faisaient difficilement. La participation représentait une charge supplémentaire pour les bénéficiaires, le plus souvent des femmes qui doivent s'occuper par ailleurs de leurs enfants et du foyer. Le surcroît d'investissement personnel est pour elles considérable. C'est pourquoi Mohammed Yunus est passé à un système de prêt individuel. Il est regrettable que la focalisation sur le microcrédit solidaire ait largement occulté d'autres formes très pertinentes de microfinance ainsi que des besoins financiers autres que le crédit.

Y a-t-il des solutions alternatives plus convaincantes ?

Je pense que le système de Self Help Groups que j'évoquais tout à l'heure est plus efficient, car ce n'est pas simplement la fourniture d'un service, cela engage aussi une dynamique de démocratisation.

L'adossement bancaire développé en Inde (qu'on trouve aussi au Sénégal, comme l'a montré Isabelle Guérin dans *Femmes et économie solidaire*) consiste à réunir des personnes (dans le cas indien, une vingtaine au maximum) qui s'auto-organisent durant plusieurs mois pour se prêter entre elles. Quand le groupe a fait la preuve de son bon fonctionnement, il est mis en contact avec une institution bancaire, en général par l'intermédiaire d'une ONG. Les établissements bancaires sont fortement encouragés par le gouvernement indien, par exemple, à répondre aux besoins de larges fractions de la population. Autrement dit, ce sont les banques qui prennent en charge le surcoût des prêts et non leurs bénéficiaires.

Ces systèmes auto-organisés sont-ils viables ?

En fait, de mon point de vue, même ces systèmes sont difficilement viables. On se berce d'illusions en croyant trouver une aide sociale qui « rapporterait ». À moins de s'adresser à des populations qui se trouvent juste au-dessus de la ligne de pauvreté ou d'être implanté dans des milieux aux caractéristiques très particulières, ces systèmes ne peuvent prétendre à une rentabilité rapide. Quand les caisses Desjardins se sont implantées en Mauritanie, elles se sont adressées prioritairement aux petits propriétaires de bateaux qui n'avaient pas accès au crédit des banques, mais pouvaient constituer une clientèle rapidement rentable ; il ne s'agit pas, à l'échelle locale, de populations pauvres. Je ne pense pas que cela puisse être le moyen le plus efficace de lutter contre l'extrême pauvreté, et encore moins contre les inégalités, les discriminations qui produisent la pauvreté.

Et pourtant, on commence à évoquer des initiatives en direction des plus démunis, des mendiants...

Sauf cas exceptionnel, je ne crois pas à la réussite de tels dispositifs. Si on veut évaluer l'efficacité de ces dispositifs, il faut prendre en compte les aides et les subventions dont ils bénéficient.

En même temps, ces initiatives montrent une voie à suivre. Compte tenu de la financiarisation de nos sociétés contemporaines, toute personne a besoin de services financiers. Les besoins de services financiers sont aussi importants que les besoins de logement, d'éducation, d'alimentation ou de santé. Pourtant, la Banque mondiale ne mentionne toujours pas l'accès aux services financiers parmi les indicateurs de la pauvreté. De la même façon qu'on va prendre en charge, au niveau collectif, les surcoûts induits par l'éducation, la santé pour le bien-être général de la société, il convient qu'on subventionne les systèmes de microfinance qui agissent avec efficacité dans des milieux géographiquement et socialement marginalisés.

L'enjeu est de réduire la précarité dans laquelle sont particulièrement plongées les populations pauvres, de leur permettre de faire face aux risques de l'existence, de résister à ces chocs qui les font régulièrement plonger dans des formes extrêmes de misère. Quand on dit qu'un milliard de personnes vivent avec moins d'un dollar par jour, on oublie de préciser que c'est une moyenne : il y a des jours où une personne ne gagne rien, d'autres où elle gagne plusieurs dollars. Plus les personnes sont démunies, plus elles subissent des fluctuations importantes de leurs revenus et donc une insécurité. Plus elles sont contraintes de recourir à des prêteurs privés, plus elles subissent un prélèvement sur leur revenu. La microfinance contribue à une meilleure gestion des risques par les populations dites pauvres.

De même, les transferts de fonds par un proche sont une solution en cas de coup dur pour les familles restées au pays. Ce sont des services financiers plus adaptés aux besoins de ces populations.

En bref, la microfinance, ce n'est pas seulement une question de crédit. C'est aussi un système d'épargne, d'assurance et de transferts de fonds, etc., qui permet aux populations en situation précaire de se projeter dans l'avenir avec plus de confiance. Ce faisant, la microfinance renoue avec la mission originelle de la finance, qui n'est pas d'exclure mais de faire lien. Le mot anglais *bond* signifie à la fois « lien » et « obligation financière » et il est remarquable que le mot obligation ait pour racine *lig*, qui signifie « un lien », « une ligature ».

Quel peut être le rôle de l'État ?

Pour moi, la microfinance préfigure, comme je l'ai dit tout à l'heure, un nouvel État : l'État qui fait faire. Contrairement à une vision courante, l'État n'est pas appelé à disparaître. Même dans les économies les plus capitalistes, une part importante des activités des grandes entreprises est directement ou indirectement subventionnée. Seulement, la microfinance s'est développée dans des pays du Sud où l'État est souvent déliquescent ou corrompu. Comment peut-on développer un État qui fait faire en l'absence d'un État structuré ? Telle est la contradiction à laquelle est confrontée la microfinance et qui explique, en partie, l'intervention très importante des coopérations bilatérales et multilatérales en ce domaine.

Un rôle important pourrait être joué par l'État sous forme de contraintes à une notation en termes de responsabilité sociale des établissements financiers, tant pour informer leurs clientèles que leurs actionnaires et exercer une incitation à rencontrer des clientèles jugées par eux peu ou pas rentables, de la même façon que l'on peut noter les entreprises dans leur rapport à l'environnement. La lutte contre l'exclusion financière ne peut pas être de la seule responsabilité directe des autorités publiques et des institutions d'aide ou de charité.

À combien de personnes la microfinance telle que vous l'avez définie bénéficie-t-elle ?

Il est très difficile d'évaluer le nombre de bénéficiaires, compte tenu de la multitude des micro-expériences. Le chiffre de 80 millions de clients ou de membres est avancé à l'échelle de la planète ; il est certain qu'une partie d'entre eux sont des prête-noms, des membres pas ou peu actifs, mais nous en ignorons la proportion. C'est un phénomène répandu sur toute la planète, mais fortement présent dans quelques pays d'Asie comme l'Inde, l'Indonésie, le Bangladesh, etc. On observe également une forte concentration du secteur de la microfinance ; il existe de nombreuses organisations, mais un nombre restreint occupe une large part du marché.

Si la microfinance apparaît relativement peu développée en Europe occidentale ou en Amérique du Nord, il ne faut pas perdre de vue que plusieurs grandes institutions financières, comme les banques mutuelles et populaires, sont des héritières de pratiques anciennes qui s'apparentaient à ce qu'on appellerait aujourd'hui microfinance. Cette banalisation sera peut-être l'avenir de grandes organisations de microfinance dans des pays du Sud.

UN MICROCRÉDIT *MADE IN FRANCE* : MARIA NOWAK ET L'ADIE

Conçu à l'origine pour les populations pauvres des pays en développement, le microcrédit peut être utile à des chômeurs ou à des travailleurs précaires de pays développés qui souhaitent créer leur entreprise. C'est le pari fait au début des années 1980 par l'Adie, une association fondée par une spécialiste d'économie du développement, Maria Nowak, en adaptant le modèle de la Grameen Bank** au contexte réglementaire d'un pays développé comme le nôtre et aux particularités des bénéficiaires potentiels.

– Combien tu gagnes ?
– 300 francs CFA [moins d'un euro].
– Et que fais-tu de cet argent ?
– Je garde la moitié pour manger et je donne la moitié à mon patron.
– Qui est ton patron ?
– Le propriétaire de la brosse.

Cet échange, c'est celui que Maria Nowak eut un jour dans une rue de Ouagadougou avec Moussa, un petit cireur de chaussures. C'était à la fin des années 1980. Auparavant, il y avait eu une rencontre avec Mohammed Yunus, le fondateur de la Grameen Bank, l'une des toutes premières banques de pauvres créées dans le monde. Il devait y avoir ensuite une rencontre avec Jean-Baptiste de Foucauld, ancien commissaire au plan et président de Solidarités nouvelles contre le chômage.

Autant de rencontres que Maria Nowak relate dans l'ouvrage qu'elle a consacré au microcrédit en France et dans le reste du monde – *On ne prête (pas) qu'aux riches* – et qui furent déterminantes dans sa décision de se lancer à son tour dans l'aventure du microcrédit, non pas dans un pays en développement, mais dans un pays développé : la France. C'était en 1989-1990. Avec deux autres amis, elle crée l'Adie**, Association pour le droit à l'initiative économique. Pourtant, hormis sa formation d'économiste et une carrière dans la coopération française, ainsi que son expérience du microcrédit en Afrique de l'Ouest (où elle a introduit l'approche de la Grameen Bank) et en Europe centrale et orientale (où elle intervint pour le compte de la Banque mondiale), rien ne la prédestinait à devenir elle-même une « banquière des pauvres ». De fait, une fois l'association créée, elle poursuivit, tout comme les deux autres fondateurs, son activité professionnelle. Les premières années furent on ne peut plus difficiles : des clients qui ne se pressaient pas, des premiers candidats qui ne remboursaient pas leur emprunt... les motifs de découragement ne manquèrent pas.

Mais Maria Nowak en était convaincue : le microcrédit ne devait pas être cantonné aux seuls pays en développement ; c'était une solution aux besoins de financement de chômeurs et de RMIstes n'ayant plus accès au crédit. À condition toutefois de ne pas transposer tel quel le modèle de la Grameen Bank, conçue, rappelons-le, pour les pauvres du Bangladesh et dans un tout autre contexte économique, social et réglementaire...

« En France, nos clients étaient des personnes traumatisées par des années de chômage, ayant le plus souvent perdu confiance en elles-mêmes. » De fait, les bénéficiaires des crédits de l'Adie se recrutent beaucoup parmi les chômeurs de longue durée et les RMIstes. Autre particularité : alors que dans les pays du Sud l'enjeu est le développement d'activités génératrices de revenus, en France, comme dans les autres pays développés, il s'agit de créer des entreprises, ce qui exige des fonds et un accompagnement. Différence de niveau de vie oblige, les sommes prêtées sont plus importantes, du moins en valeur absolue : 2 500 euros en moyenne en France contre 60 dollars au Bangladesh (ramené au niveau du revenu par habitant, le montant se révèle cependant comparable). Enfin, dans un pays comme le nôtre, les liens de proximité sont plus faibles que dans un pays du Sud. Résultat : la méthode des prêts collectifs y est moins adaptée que celle des prêts individuels.

Pour le reste, les principes et les méthodes sont les mêmes que les autres expériences de banques de pauvres créées à travers le monde : les prêts sont adaptés aux besoins du client (l'Adie propose des prêts solidaires à la création d'entreprise, des prêts de montants progressifs, des prêts de développement, des prêts tests). Les taux d'intérêt sont ceux du marché, trop bas pour couvrir les coûts de gestion et de risque plus élevé. À l'image de la Grameen Bank, l'Adie n'hésite pas à recourir aux méthodes de marketing des banques classiques. À l'attention des hésitants, elle a mis en place une Bourse des matériels : micro-ordinateurs, camionnettes, stands, etc., que les candidats à la création d'entreprise peuvent emprunter pour tester leurs compétences et... leur volonté.

Pour faire face à l'ampleur de la tâche, Maria Nowak et ses associés ont rapidement recruté deux chargés de mission. La persévérance de l'équipe a fini par porter ses fruits. Ce furent d'abord des clients qui remboursaient leur prêt rubis sur ongle, des subventions octroyées par des collectivités locales et, quelques années plus tard, ces premiers clients qu'on revoit fortuitement, à l'image de ce Français d'origine béninoise devenu ambulancier et dont la réussite et l'envie d'en faire profiter les autres (il a créé un fonds dans son village du Bénin pour financer des projets de jeunes) redonnent le moral. Sans compter le bouche-à-oreille et ces coups de chance comme ce reportage que l'émission de France 2 *Envoyé spécial* consacra à l'Adie. Peu de jours après, Maria Nowak était conviée à un petit déjeuner organisé par la Confédération du crédit mutuel en présence du président en personne et des membres du conseil d'administration. Il en résulta un accord-cadre qui permettait à l'Adie de négocier des accords plus opérationnels avec les différentes fédérations régionales. Enjeu de ces accords : l'octroi de microcrédits par des banques du réseau, sous garantie de l'Adie (en cas de défaillance de l'emprunteur, l'Adie s'engageait à rembourser 70 % du prêt, la banque partenaire prenant en charge les 30 % restants).

Aussi l'Adie renforça-t-elle le contrôle des remboursements des prêts en instaurant des cautions partielles sur la moitié du prêt et en mettant en place un accompagnement des bénéficiaires les aidant à réussir. Les résultats dépassèrent les espérances puisque le taux d'impayés tomba à 6 % contre 25 %[1]. Mais le dispositif n'avait pas que des avantages ; il alourdissait notamment la gestion administrative et allongeait les délais de décaissement des prêts et d'information sur les impayés.

Une nouvelle étape a été récemment franchie avec l'adoption d'un amendement à la loi bancaire (dans le cadre de la loi sur les nouvelles régulations économiques du 15 mai 2001). Concocté par l'Adie avec l'aide de banquiers, il permet à une association d'emprunter pour prêter. Désormais, l'Adie bénéficie des lignes de crédit du Crédit mutuel, du Crédit coopératif

1. Les impayés sont couverts par des fonds de garantie, les banques partenaires et les créateurs à travers la contribution de solidarité prélevée sur chaque prêt octroyé.

et des Banques populaires. Maria Nowak attend cependant une autre étape, plus décisive à ses yeux : l'assouplissement du plafond des taux d'intérêt permettant à terme de couvrir le surcoût de la gestion des microcrédits.

Quinze ans après sa création, l'Adie compte près de 11 000 clients actifs ; elle s'appuie sur un réseau composé de 22 délégations régionales, de plus d'une centaine d'antennes et de 300 permanences réparties à travers la France (territoires d'outre-mer compris), animé par un millier de personnes, dont 700 bénévoles. Au total, depuis sa création, elle a financé plus de 26 000 entreprises. Parmi ses clients, près d'un sur cinq sait à peine lire et écrire. Malgré cette réalité, le taux de remboursement (94 %) est supérieur à celui des prêts bancaires à la création d'entreprise, de même que le taux de survie (près des deux tiers des entreprises ayant bénéficié d'un microcrédit de l'Adie passent le cap fatidique des deux premières années). Avec le Crédit immobilier de France, l'Adie a par ailleurs créé dans des quartiers en difficulté des « boutiques de l'initiative » dans lesquelles le candidat à la création d'entreprise peut trouver les différents services dont il a besoin (de l'accompagnement au crédit en passant par l'accès à l'informatique, le stockage de produits, etc.).

Tout en jouant la carte de la proximité, l'Adie a également l'Europe pour horizon (l'Union européenne finance déjà près de 20 % du budget de l'accompagnement à travers une convention triennale). Avec près d'une trentaine d'institutions d'une quinzaine de pays (établissements publics, Caisses d'épargne, fondations, associations, cabinets d'études, etc.), elle a constitué le Réseau européen de microfinance[2] (REM) en vue de professionnaliser le secteur et de sensibiliser les gouvernements, la Commission européenne et les banques.

Ces dernières ont, pour plusieurs d'entre elles, fini par prendre au sérieux le microcrédit (à la fin de l'année 2004, après les banques mutualistes, la BNP Paribas, sixième banque mondiale, a pris l'engagement de le développer en concluant un partenariat bancaire avec l'Adie). De leur côté, des écoles de commerce et des cursus universitaires intègrent des conférences sur ce thème dans leur enseignement.

Une reconnaissance qui n'empêche pas les interrogations, voire les objections, à l'égard de l'Adie et de sa fondatrice. L'une d'elles concerne les subventions auxquelles l'Adie a recours tout comme n'importe quel autre système de microcrédit. Ce à quoi Maria Nowak répond en pointant la

---

2. Le siège du REM est installé dans les locaux de l'Adie. Pour tout renseignement : www.european-microfinance.org

réglementation qui empêche de dépasser le plafond des taux d'intérêt fixé pour le financement d'une entreprise individuelle, donc de couvrir le surcoût de gestion des microcrédits, l'accompagnement financé par des fonds publics correspondant à un service public d'insertion. Son coût (2 000 euros par projet) est pourtant sans commune mesure avec le coût annuel d'un chômeur (18 000 euros par an en moyenne).

Une autre interrogation porte sur la vision libérale de la société qui sous-tend la démarche de l'Adie. Des formules ne trompent pas comme, par exemple, ce « libéralisme à visage humain » que Maria Nowak appelle de ses vœux ou ses critiques contre les obstacles législatifs et réglementaires qui, s'ils étaient levés, pourraient faire passer la demande annuelle de microcrédit de 30 000 à 300 000. Rien moins. Cependant, Maria Nowak se défend de vouloir réduire l'État à ses fonctions régaliennes. Celui-ci a, selon elle, un rôle important à jouer dans le développement du microcrédit : « Il consiste avant tout à créer un environnement simple et stable, n'écrasant pas l'entrepreneur par des prélèvements fiscaux et sociaux excessifs, et à permettre le bon fonctionnement des institutions de microfinance. »

Reste que, malgré des subventions en diminution, le concours financier de l'État est loin d'être négligeable : en 2004, son soutien direct représentait près du quart du budget d'accompagnement de l'association. À quoi s'ajoute le financement par l'État de 130 emplois dans le cadre du dispositif « emplois-jeunes » (soit 2 millions d'euros, représentant près de 15 % du budget en 2004). Enfin, l'Adie est un interlocuteur privilégié du gouvernement (c'est sur sa proposition que celui-ci a introduit en 2003 la création d'entreprise parmi les voies d'insertion proposées aux RMIstes dans le cadre de la loi sur la décentralisation du RMI).

Son diagnostic de la pauvreté, Maria Nowak le fonde en outre davantage sur une lecture socio-économique et anthropologique que sur une vision en termes d'économie de marché pure et parfaite où l'État n'aurait guère sa place. C'est de surcroît à une exigence de démocratisation qu'elle associe le principe du microcrédit : de même que l'invention de la monnaie sonnante et trébuchante a permis de démocratiser l'échange marchand, de même le microcrédit permettrait de démocratiser l'accès au capital. Pour autant, la « révolution » qu'il constitue (et que l'ouvrage de Maria Nowak affiche en sous-titre) ne vise pas à renverser les nantis, mais seulement à concilier l'exigence de solidarité avec la liberté d'entreprendre.

Pas plus que l'État, Maria Nowak ne prétend remettre en cause l'État providence. Tout au plus rappelle-t-elle que celui-ci « a été conçu comme un mécanisme de secours mutuel, pas comme un mécanisme de redistribution verticale entre différentes classes de revenus ». Le microcrédit tel que le promeut l'Adie n'est pas une fin en soi ; il se propose de rompre le cercle de l'assistance tout comme de la charité, qui fait perdre tout esprit d'entreprise à ses bénéficiaires. Le défi vaut d'autant plus d'être relevé que l'expérience le montre : les bénéficiaires du microcrédit sont plus fiables que les autres emprunteurs. D'aucuns pointent cependant une présélection draconienne des dossiers. Maria Nowak met en avant une autre explication : le fait que les bénéficiaires « ont davantage besoin d'accès au crédit que ceux qui ont les proches pleines [et] savent que, s'ils remboursent le premier prêt, ils pourront avoir accès au suivant ». À cela s'ajoutent le sentiment de responsabilité à l'égard des proches qui se portent garants et l'importance que le bénéficiaire d'un microcrédit accorde à une réputation acquise, sans oublier la confiance retrouvée. « Confiance », tel est sans doute aux yeux de Maria Nowak le maître mot dont le microcrédit permet de redécouvrir les vertus. « Pour qu'un individu réussisse, il faut qu'il ait confiance en lui, et donc qu'on lui fasse confiance. »

L'Adie en chiffres

- 31 339, le nombre de prêts solidaires octroyés par l'Adie depuis 1990.
- Plus de 26 600, le nombre d'entreprises financées (4 680 en 2004).
- 31 921, le nombre d'emplois créés depuis la fondation de l'Adie (5 616 en 2004).
- 10 925, le nombre de clients actifs.
- 35 %, la proportion des femmes parmi les créateurs.
- 35 %, la proportion des clients titulaires du bac ou d'un diplôme de l'enseignement supérieur.
- 49 %, la proportion des RMIstes parmi les clients de l'Adie (travailleurs indépendants RMIstes compris).
- 50 %, la proportion des entreprises créées dans le commerce et la restauration.
- 287, le nombre de salariés (dont emplois aidés et temps partiels).

Source : rapport d'activité 2004.

ISR : QUAND FINANCE RIME AVEC RESPONSABILITÉ

ISR : trois lettres pour investissement socialement responsable qui se sont imposées ces dernières années pour désigner toutes les initiatives en matière d'investissement cherchant à concilier la recherche de profitabilité avec des exigences éthiques (on parle de finance éthique) ou de solidarité (finance solidaire).

Bien qu'issue du monde anglo-saxon, l'expression ISR n'est pas une solution miracle pour dirigeants en mal d'éthique, mais une expression qui recouvre plusieurs approches et outils relevant de traditions et de courants de pensée variés. Il y a de fait plusieurs manières de concilier investissement (financier) et responsabilité (à l'égard de l'environnement et de la société) :

– les fonds socialement responsables ou de développement durable, qui privilégient l'investissement dans des entreprises satisfaisant à des exigences sociétales et/ou environnementales ;

– les fonds d'exclusion, qui excluent de leur portefeuille les entreprises travaillant dans des secteurs comme l'armement, le tabac, le jeu ou contraires à des principes moraux ou religieux. Ces fonds sont particulièrement actifs dans les paqys anglo-saxons ;

– l'engagement actionnarial, selon lequel l'investisseur s'implique dans la gestion de l'entreprise en faisant valoir l'exigence de responsabilité sociale par un dialogue constant et l'exercice des droits de vote en assemblée générale ;

– les fonds de partage, qui reversent une partie des dividendes qu'ils ont recueillis (à des ONG ou à des associations caritatives) ;

– les produits financiers solidaires, qui sont destinés à financer des projets d'économie solidaire, comme, par exemple, les Cigales *(voir article p. 65)*, les fonds communs de placement d'entreprise solidaire (FCPES), etc.

Un investissement en croissance

En France, l'ISR a connu en quelques années une croissance rapide : le nombre de fonds a été multiplié par plus de deux entre fin 2001 et septembre 2003, tandis que les montants investis étaient multipliés par cinq entre 1999 et 2003 (d'après Novethic). L'offre s'est diversifiée avec l'apparition, aux côtés de fonds d'actions, d'autres fonds, comme par exemple les fonds obligataires, etc. Un Forum pour l'investissement responsable a vu récemment le jour sur le modèle de forums créés dans plusieurs pays développés. Les organismes financiers classiques proposent désormais des « produits » éthiques. D'aucuns ont pu craindre un « markethique ». Reste que leur offre contribue à diffuser des principes éthiques et de responsabilité dans le domaine financier.

Cependant, le marché de l'ISR reste encore modeste, en France du moins : il représente 2 milliards d'euros, 3 milliards en incluant les fonds étrangers (chiffres 2003), soit moins de 1 % des fonds que les banques distribuent aux investisseurs institutionnels et particuliers.

Le développement de l'épargne salariale encouragée par la loi Fabius (2001) et la loi Fillon (2003) offre toutefois de nouvelles perspectives à l'épargne éthique et solidaire. Actuellement, l'épargne salariale représente 57 milliards d'euros et concerne 7 millions de salariés, ce qui est loin d'être négligeable, même comparé à l'ensemble de l'épargne (890 milliards pour l'assurance vie en 2003). À défaut de convertir cette épargne en une épargne solidaire ou éthique, une partie peut être drainée vers elles.

Déjà 65 000 salariés ont choisi d'investir dans des fonds communs de placement solidaires pour un encours de 138 millions d'euros (2003). Les organisations syndicales dites représentatives[1] se mobilisent dans le cadre d'un Comité intersyndical de l'épargne salariale (CIES)** pour promouvoir une labellisation des offres d'épargne salariale. En principe, les syndicats ne peuvent imposer les fonds labellisés, mais ils peuvent faire pression dans les entreprises pour qu'ils soient retenus. Les critères retenus par le CIES visent d'abord à défendre les intérêts des salariés en s'assurant que le coût de gestion n'est pas élevé et que les représentants de salariés sont en majorité dans les conseils d'administration des fonds. Cependant, ils œuvrent aussi à la promotion d'un ISR en veillant à ce que les sociétés de gestion disposent d'une expertise interne.

1. Hormis FO.

Parallèlement, des plates-formes locales d'épargnants solidaires sont sur le point d'être mises en place avec le concours du Crédit coopératif**.

On le voit, on assiste à une mobilisation d'acteurs divers. Les pouvoirs publics ne sont pas en reste, même si leur engagement n'est pas toujours irréversible.

L'ISR à l'étranger

De prime abord, la France peut paraître en retard par rapport à d'autres pays, anglo-saxons notamment, mais les critères retenus pour comptabiliser l'ISR sont variables d'un pays à l'autre, au point de rendre toute comparaison délicate. « Aux Pays-Bas ou au Royaume-Uni, peut-on lire sur le site de Novethic, les encours sont très élevés, entre autres parce qu'on comptabilise tous les fonds ayant des critères d'exclusion ou une politique de dialogue avec l'entreprise sur des questions sociales et environnementales, à la différence de la France où l'on pratique principalement une sélection positive. »

Reste que, en Angleterre, l'ISR bénéficie du volontarisme des grands fonds de pension et d'un contexte réglementaire favorable (selon l'EuroSif, les encours y totalisaient environ 150 milliards d'euros en 2003). À l'inverse, en Allemagne, l'ISR (appelé *Grüne Geldanlage*, avec accent mis sur la dimension environnementale) est encore marginal, malgré les engagements du gouvernement social-démocrate/écologiste du chancelier Schröder.

Globalement, en Europe, le marché de l'ISR reste très fragmenté en l'absence de politique européenne en la matière. Cependant, « les particularismes locaux n'empêchent pas qu'un peu partout ce mode d'analyse soit progressivement adopté par des acteurs de la finance traditionnelle [du Vieux Continent] », selon Novethic.

Aux États-Unis, l'ISR bénéficie d'une forte implication des investisseurs institutionnels, dont les fameux fonds de pension. Le marché pesait quelque 2 340 milliards de dollars à la fin 2001, soit environ 12 % du marché total de l'*asset management*[2]. Mais, précise Novethic, l'approche dominante aux États-Unis de l'ISR est moins exigeante qu'en Europe. Si les encours y sont importants, c'est « en grande partie parce que sont comptabilisés de nombreux fonds appliquant simplement un critère d'exclusion : le tabac ».

L'Asie n'est pas en reste : en 2001, l'Association pour le développement durable et l'investissement socialement responsable (Asria) a été créée en

---

2. Gestion des actifs des entreprises.

vue de promouvoir l'ISR. Novethic signale des fonds dédiés déjà lancés à Hong Kong, en Corée du Sud, en Malaisie et au Japon.

Le rôle des agences de notation

Le tableau de l'ISR ne serait pas complet si on n'évoquait pas à ce stade le rôle des agences de notation sociale et environnementale. À l'image de celles qui existent sur les marchés financiers classiques, elles se proposent d'évaluer et de noter la politique des entreprises, mais en s'attachant à leur action en matière de responsabilité sociale et environnementale. Pour ce faire, elles s'appuient sur les documents publics, des questionnaires spécifiques et des rencontres avec les responsables des entreprises concernées. Si ce marché est en plein essor, il reste encore très fragmenté, chaque agence ayant sa méthodologie propre.

En France, la première agence de ce type, Arese, a vu le jour en 1997 à l'initiative de Geneviève Ferone ; depuis, elle a été absorbée par Vigeo**. Aujourd'hui, Novethic recense une dizaine de sociétés proposant ce type d'évaluation, mais deux seulement sont spécialisées dans ce domaine :

– Vigeo, créée en 2002 et dirigée par l'ancienne secrétaire générale de la CFDT, Nicole Notat. Son capital est détenu par des entreprises, des institutions financières et des syndicats. Vigeo propose deux type de prestations : une notation déclarative (une évaluation de la politique sociale et environnementale de l'entreprise à l'attention des investisseurs potentiels, laquelle s'appuie sur les documents publics) et une notation sollicitée (à la demande de l'entreprise elle-même).

– Core Ratings, créée en 2002 et qui, comme Vigeo, propose une notation déclarative ou sollicitée. Sa particularité réside dans son appartenance à la holding Fimalac, propriétaire de l'agence de notation financière Fitch. Une cohabitation que d'aucuns estiment propice à une confusion des genres, mais que Geneviève Ferone justifie par la nécessité d'économies d'échelle (le travail d'investigation et de recueil d'informations sur les entreprises représente un coût élevé) tout en soulignant les différences entre les deux agences quant aux dimensions qu'elles privilégient, financière pour l'une, sociétale et environnementale pour l'autre[3]. En juin 2004, Core Ratings France a fusionné avec le cabinet de conseil BMJ pour se consacrer exclusivement à la notation sollicitée. Geneviève Ferone en est la directrice générale.

3. Entretien dans *Le Monde*, 27 novembre 2003.

Des agences comparables ont vu le jour dans la plupart des pays développés, à commencer par les pays anglo-saxons. La plus importante est Invest, créée en 1995. Spécialisée dans le développement durable, elle est implantée à New York, Toronto, Londres et Paris. Elle note plus de 1 200 valeurs, à partir d'un modèle mathématique sophistiqué (EcoValue21).

Dans le reste de l'Europe, citons Ethibel en Belgique, Oekom en Allemagne, Triodos aux Pays-Bas, etc. Par ailleurs, des sociétés de gestion et des banques se sont dotées de structures dédiées pour satisfaire une demande grandissante. De son côté, Novethic a mis au point la plus-value éthique *(voir encadré p. 63)*.

L'heure est à l'internationalisation des structures et agences de notation, propice à l'élaboration de référentiels communs. Déjà, des agences nationales se sont regroupées au sein de la Siri Company pour adopter la même méthodologie.

Contrairement à ce qu'on aurait pu craindre, la performance des outils de l'ISR, à commencer par les fonds éthiques*, ne serait pas aussi différente de celle des fonds classiques. De là à ce que la finance éthique ou solidaire dame le pion à la finance classique... Ce n'est d'ailleurs pas la finalité de ces finances, dont la vocation est plutôt d'aider à une transformation par l'intégration d'autres critères que les seuls critères financiers. C'est ce rôle d'aiguillon qu'on observe également dans le domaine du commerce équitable *(voir article p. 84)* ou des formes alternatives de tourisme *(voir article p. 184)*.

« Même si l'ISR reste un domaine spécifique, il fait évoluer l'analyse financière », peut-on lire sur le site de Novethic. La communauté financière prend de plus en plus en compte les critères sociétaux et environnementaux. Des indices boursiers spécifiques ont été mis au point (ils se composent des valeurs cotées les mieux notées sur le plan social et environnemental) : le premier a vu le jour aux États-Unis au début des années 1990 (à l'initiative du cabinet KLD). À ce jour, on compte au moins huit indices éthiques (Aspi Eurozone, Calvert Social Index, Domini 400, Dow Jones Sustainability Index, Ethibel Social Index, FTSE4Good, Jantzi Social Index et MS. SRI). Ils confirment que l'intégration d'exigences sociétales et environnementales ne pénalise pas la performance des entreprises. Novethic signale par ailleurs que des courtiers commencent à fournir des informations sur le degré de responsabilité des entreprises.

Un univers fragmenté en voie de standardisation

On le voit, l'ISR constitue un univers fragmenté, animé par une pluralité d'acteurs aux approches culturelles différentes. L'heure est plus que jamais à la constitution de référentiels communs. Il apparaît clairement que cet effort suppose le concours des pouvoirs publics. Un réseau mondial d'associations de promotion de l'ISR s'est progressivement constitué pour les y sensibiliser. En Europe, plusieurs Social Investment Forums (SIF) nationaux se sont fédérés autour d'EuroSif avec l'idée de faciliter les actions de lobbying auprès des instances européennes.

Les organisations internationales ne se montrent pas insensibles. Différents projets des Nations unies et de l'Union européenne visent à faire progresser les référentiels sur l'ISR en associant les acteurs.

Souhaité et encouragé par ces derniers, ce processus de standardisation n'exclut pas un risque encore peu débattu : celui d'un écart croissant entre les grandes entreprises cotées, incitées à adopter une politique responsable, et les PME, moins soumises à la pression des médias et de l'opinion publique.

La finance éthique et solidaire en chiffres

• 120, le nombre de fonds éthiques (FCP et Sicav) disponibles en 2004 sur le marché financier français.

• 116 000 souscripteurs d'investisseurs solidaires en 2003 contre 39 000 en 2002.

*Sources : Finansol** et Novethic.*

• 43 %, la proportion des Français qui se disent prêts à souscrire à des produits financiers solidaires. 40 % se disent prêts à le faire dans le cadre de l'épargne salariale.

Source : baromètre des finances solidaires réalisé en 2003 par Finansol et le Crédoc auprès d'un échantillon de 600 personnes.

Les instruments financiers de l'ISR

• Fonds éthiques

Comme tout autre fond d'investissement, un fond éthique consiste à collecter une épargne de particuliers ou d'institutions pour la placer sous forme d'investissement dans le capital d'entreprises. Les fonds éthiques se singularisent par la sélection d'entreprises satisfaisant à des critères qui allient performance financière et responsabilités sociétale et environnementale.

Les premiers fonds éthiques ont été créés au début des années 1980 à l'initiative de... congrégations religieuses. Depuis, les acteurs traditionnels du système financier et bancaire en proposent. Aujourd'hui, près de 120 fonds éthiques sont disponibles sur le marché financier français. Leurs encours oscillent entre quelques millions et plus de 100 millions euros. L'apparition de ces fonds a appelé celle d'agences de notation éthique ou, au sein des organismes financiers et bancaires, de structures dédiées à l'évaluation du caractère éthique et responsable de ces fonds.

• Plan d'épargne coopérative

Lancé par la Confédération générale des Scop en 2003, en partenariat avec Macif Gestion. Une partie de l'épargne est investie dans des Scop et des PME.

• Fonds communs de placement

Il s'agit de fonds dont une partie des dividendes est reversée à des associations luttant contre l'exclusion ou à des ONG contribuant au développement des pays du Sud.

• Fonds communs de placement d'entreprise solidaire (FCPES)

Comme leur nom l'indique, ce sont des fonds dont une partie de l'encours (entre 5 et 10 %) est investie dans une entreprise solidaire. Ces fonds ont été encouragés par les lois Fabius (2001) et Fillon (2003). La loi Fabius imposait de proposer des FCPES dans le cadre du plan partenarial d'épargne salariale volontaire (PPESV) ; la loi Fillon maintient cette obligation en substituant les Perco aux PPESV. Actuellement, on compte une trentaine de FCPES totalisant un encours de 138 millions d'euros. Quatre ont été labellisés par Finansol.

Le tableau ne serait pas complet si on ne mentionnait pas les innovations introduites dans les produits bancaires et d'assurance vie traditionnels. Le hors-série pratique du magazine *Alternatives économiques* sur les placements éthiques (n° 15) signale notamment différentes initiatives du Crédit coopératif et de la Nouvelle économie fraternelle (NEF)**.

NOVETHIC, OU L'ÉTHIQUE *ON LINE*

Montrer qu'on peut concilier investissements financiers et éthique, telle est la vocation de Novethic, un site créé en 2001 en vue de fournir une information complète sur les possibilités d'investissement socialement responsable. Un acteur discret mais devenu incontournable, aussi bien pour les investisseurs que pour le monde associatif et les médias.

En 2001, la bulle spéculative autour des valeurs technologiques a fini par éclater. C'est pourtant au cours de cette année, en avril, que Jean-Pierre Sicard crée, avec la Caisse des dépôts et consignations, un site ayant vocation à concilier profit et éthique. Ce sera Novethic, qui voit le jour six mois plus tard, en octobre 2001.

Avant de se lancer dans ce projet, Jean-Pierre Sicard fait de la veille stratégique au sein de la Caisse des dépôts. Ses travaux sur l'environnement économique l'amènent à travailler tout à la fois sur Internet et son rôle dans l'information, le développement durable et l'investissement socialement responsable. C'est le croisement de ces différents enjeux qui lui inspire l'idée de Novethic.

La vocation de ce nouveau média est de faire connaître aux investisseurs les produits d'investissement socialement responsable *(voir article p. 54)* en fournissant une information complète et actualisée.

« À l'origine, précise Jean-Pierre Sicard, Novethic avait aussi vocation d'être une entreprise comme une autre, c'est-à-dire, profitable. » Son profit, Novethic l'aurait réalisé en mettant justement en relation les acteurs de l'investissement socialement responsable. Cet aspect du projet n'a pas été atteint. Si responsable soit-il, l'investissement promu par Novethic n'a guère mieux réussi que celui des banques en ligne qui ont vu le jour à la fin des années 1990.

Exit donc l'objectif de profitabilité. En revanche, Novethic rencontre un succès rapide auprès des épargnants et des investisseurs en quête d'informations, mais aussi des médias, des chercheurs et des parties prenantes (ONG, associations, pouvoirs publics, etc.).

Aussi, un an après l'ouverture du site, la Caisse des dépôts et consignations renonce à l'objectif de profitabilité et s'oriente vers une logique d'intérêt général à travers un travail de veille informationnelle. Aujourd'hui, Novethic vit des subventions de la Caisse, son unique actionnaire, et des ventes des études et des rapports qu'il publie régulièrement.

Hormis les études et la lettre RSE, les informations sont libres d'accès. Elles portent sur la responsabilité sociale d'entreprise (RSE), l'investissement socialement responsable (ISR), enfin le développement durable. Pour chacune de ces thématiques, Novethic présente les principaux acteurs par pays, les chiffres les plus récents, les référentiels existants, etc. L'ensemble est complété d'un glossaire et d'une revue de presse. À terme, Novethic parie sur une forme d'externalité positive de ce travail d'information sur l'activité financière en général, et la Caisse des dépôts en particulier. À défaut d'être profitable, Novethic ne peut être que bénéfique pour le monde de la finance et de l'entreprise. « Il y a un intérêt évident de la Caisse des dépôts d'être un acteur averti de ces nouvelles approches de l'investissement », estime ainsi Jean-Pierre Sicard.

Cependant, le site est tout sauf militant. Si Novethic a renoncé à la profitabilité, il n'en adopte pas moins le point de vue des entreprises et des investisseurs en quête d'informations. Tout professionnel intéressé peut devenir membre du réseau (voir les conditions sur site). Comme le précise Jean-Pierre Sicard[1], « il n'y a pas d'entreprise éthique, pas plus qu'il n'y a d'entreprise socialement et écologiquement responsable ». Les fonds éthiques eux-mêmes sont loin de se composer de titres d'entreprises qui méritent totalement d'être qualifiées comme telles. L'évaluation permet cependant de comparer les entreprises les unes avec les autres et d'identifier celles qui se rapprochent le plus des exigences éthiques de l'investisseur. « Une entreprise peut donc être classée plutôt bien, mais garder quelques points faibles importants. » De fait, il est fréquent que des portefeuilles de fonds

1. In *Les Placements éthiques*, hors-série pratique d'*Alternatives économiques*, n° 15, septembre 2004.

éthiques comportent des titres d'entreprises qui ont réalisé un plan social contesté... L'enjeu de la notation des fonds est de repérer ceux qui se montrent les plus rigoureux dans leur sélection. Le site Novethic y consacre de longs développements, et on y trouve la présentation de la « plus-value éthique » conçue par Novethic *(voir encadré)*.

À ce jour, l'association est sans équivalent dans le monde. D'autres sites, créés à l'initiative d'ONG, s'emploient à recenser les produits d'investissement socialement responsable existants, mais avec une vision critique, voire militante, du monde des entreprises. Tout en adoptant le point de vue de ces dernières, Novethic se veut être à la fois un acteur et un observateur des nouvelles manières d'envisager l'investissement. Un positionnement particulier qui tient au caractère tout aussi particulier de l'institution dont ce site émane, la Caisse des dépôts, le plus important investisseur institutionnel français.

L'avenir appartient-il à l'ISR et à la RSE, ou ne seraient-ce que des phénomènes de mode, tributaires de la conjoncture ? « Il est vrai, reconnaît Jean-Pierre Sicard, qu'il est plus facile d'investir de manière socialement responsable quand la croissance est au rendez-vous. » Cependant, le créateur de Novethic veut croire en l'existence d'une tendance de fond, avérée d'ailleurs par le processus de standardisation des normes au plan international. De surcroît, la pression de la société civile et des médias est telle que les entreprises ne peuvent se détourner de leurs responsabilités sociales et environnementales *(voir « ISR : quand finance rime avec responsabilité », p. 54)*. Pas plus qu'elles n'y sont venues de leur plein gré, elles ne pourront y renoncer, sauf en cas de retournement de la conjoncture.

La plus-value éthique de Novethic

Novethic ne se contente pas d'informer sur la RSE et l'ISR. Il a également mis au point un instrument de notation des sociétés de gestion de l'épargne des particuliers et d'entreprises : la plus-value éthique. Pour l'établir, Novethic prend en compte trois éléments :

• la qualité socialement responsable du dispositif mis en place par la société de gestion. Novethic examine pour cela la qualité des sources d'information utilisées par la société de gestion du fonds et le degré d'exigence de cette société ;

• l'implication des gestionnaires dans le suivi des orientations des entreprises au capital desquelles ils participent ;
• la qualité du dialogue avec les souscripteurs.

Sur cette base, Novethic classe les sociétés de gestion selon trois niveaux de plus-value éthique :

• niveau 1 : les fonds qui présentent une qualité de gestion socialement responsable « honorable » ;
• niveau 2 : les fonds qui présentent une bonne ou très bonne qualité de gestion ou une qualité honorable avec un fort degré d'engagement des gestions et de dialogue avec les souscripteurs ;
• niveau 3 : les fonds qui combinent une bonne ou une très bonne qualité de gestion socialement responsable avec un niveau significatif d'engagement des gestionnaires et de dialogue avec les souscripteurs.

UNE FOURMI NOMMÉE CIGALES

Les premières sont apparues en 1983 dans l'idée de mieux contrôler l'utilisation de l'épargne en aidant à la création d'entreprises qui contribuent à une économie plus solidaire, soit en œuvrant à la lutte contre l'exclusion, soit en promouvant le commerce équitable ou l'agriculture bio, le développement durable, etc. Aujourd'hui, elles sont près d'une centaine à travers la France. Elles, ce sont les Cigales. On devrait dire « ils », car Cigale signific initialement Club d'investisseurs pour une gestion alternative et locale de l'épargne. Depuis, l'acronyme s'est enrichi d'un « s ». S comme « solidaire ».

Mais l'usage a imposé le féminin. Pourtant, ces Cigales n'ont guère à voir avec celle de la célèbre fable : elles tiennent en fait de la fourmi, avec l'esprit de solidarité en plus. Les Cigales investissent l'épargne recueillie par les cigaliers de chaque club dans des entreprises collectives qui, par leur activité, contribuent à la lutte contre l'exclusion et à un développement durable. Rodolphe Cotelle est cigalier à Paris. Il a accepté de nous expliquer le fonctionnement concret d'une Cigales en même temps que les motivations personnelles qui l'ont conduit à s'investir dans ce mouvement.

Les Cigales ont plus de vingt ans. Elles se sont inspirées initialement des clubs d'investissement bancaire qui ont pour objet de spéculer et sont d'ailleurs soumises à une réglementation identique. Avec le microcrédit, les sociétés coopératives financières ou d'aide au capital, elles œuvrent à une autre finance. Mais là s'arrête le parallèle. Les Cigales diffèrent par leur fonctionnement et leur finalité. À travers une finance solidaire, elles entendent participer à une économie fondée sur un échange qualifié de « citoyen », en ce sens qu'il entend servir l'intérêt général *(voir entretien avec Jean-Louis Laville p. 224)*. Leur vocation est d'apporter une épargne à des porteurs de projets d'entreprise sous la forme d'apport en capital, en échange d'engagements en matière d'équité sociale, de droits de l'homme, de protection de l'environnement, etc.

Concrètement, une Cigales participe à la création d'entreprises en prenant part à son capital, avec l'objectif non pas d'en prendre le contrôle (une Cigales reste minoritaire : elle ne peut posséder plus de 33 % du capital de l'entreprise si c'est une SA, 25 % si c'est une SARL, soit des niveaux inférieurs à la minorité de blocage), mais de l'accompagner dans son développement. L'investissement moyen est de l'ordre de 1 500 à 3 000 euros, soit un montant faible, mais pas symbolique, puisqu'il peut aider à convaincre d'autres partenaires. Plusieurs clubs peuvent s'unir pour soutenir un projet de création d'entreprise. L'investissement est réalisé pour une période de cinq ans. Au terme de cette durée, la Cigales a la possibilité de revendre ses parts à l'entreprise ou à ses salariés ; ou bien, en accord avec l'entreprise, à d'autres entreprises (comme par exemple à Garrigue**, partenaire très proche des Cigales) ; ou encore aux cigaliers qui ont suivi l'entreprise et deviennent ainsi actionnaires à leur propre titre. Dans cette éventualité, une fois que la Cigales a atteint ses cinq années de vie active, elle se transforme en une Cigales de gestion qui, comme son nom l'indique, gère le capital investi par la Cigales jusqu'à la revente de son dernier investissement. Une Cigales peut investir dans plusieurs projets et dans toutes les formes d'entreprises collectives, y compris les Scop et les Scic. Depuis 2000, elle peut également aider des associations loi 1901 par apport avec droit de reprise. En revanche, une Cigales n'a pas vocation à reprendre elle-même ou à relancer une entreprise existante. « Reprendre une entreprise expose au risque de devoir assumer un passif, des outils de gestion, mais aussi un projet qui ne correspondent pas à l'éthique des Cigales », explique Rodolphe Cotelle *(voir témoignage p. 69)*.

Actuellement, 350 entreprises bénéficient du soutien des Cigales à travers la France. Il s'agit, par exemple, d'entreprises artisanales, de services, ou d'autres impliquées dans l'agriculture bio, le commerce équitable, etc. Elles bénéficient du suivi d'un représentant recruté au sein de la Cigales partie prenante (ou des Cigales si plusieurs participent au capital de l'entreprise).

Le retour sur investissement financier, on l'aura compris, n'est pas la priorité. En revanche, une Cigales escompte un retour sur investissement social, culturel, environnemental, etc., et vise, pourquoi pas, à encourager les personnes aidées à créer à leur tour une Cigales ou à participer à l'une d'entre elles. La participation à une Cigales répond à d'autres motivations : accompagner un projet auquel on croit parce qu'il correspond aux valeurs de l'économie solidaire ; mieux comprendre à travers cet investissement les mécanismes économiques ; participer, même indirectement, à l'économie locale de son quartier.

Faut-il pour autant investir sans souci de rentabilité ? La question nourrit les débats, reconnaît Rodolphe Cotelle. Dès lors que le retour sur investissement est aléatoire, ne peut-on parler de don ? La Cigales ne serait-elle pas un mixte d'ONG humanitaire et de fond éthique ? L'analogie déplaît à Rodolphe Cotelle. Pour lui, les Cigales sont d'abord des acteurs économiques qui ne sauraient être assimilés à des ONG ou à des associations de collectes de dons. « En investissant dans un projet, une Cigales entend non pas faire preuve de générosité, mais manifester le fait qu'elle croit au projet, qu'elle souhaite s'insérer dans le tissu économique et social. Ce qui n'est pas la même chose. »

Même si une Cigales se garde d'intervenir directement dans la gestion, elle peut, en tant que partie prenante du projet, faire bénéficier de son expertise et prodiguer des conseils. Ainsi que la convention d'entrée le stipule, l'entreprise doit rendre des comptes réguliers à la Cigales présente dans son capital. Même chose pour les associations loi 1901, à l'assemblée générale desquelles la Cigales participe.

Vous-même avez un projet d'entreprise qui s'inscrit dans l'esprit de l'économie solidaire et voulez bénéficier de l'accompagnement d'une ou de plusieurs Cigales ? Rien de plus simple, même si la patience est requise. Le plus simple est de contacter la Fédération des Cigales**. La dimension nationale du réseau permet de mettre en contact les candidats avec les Cigales les plus proches. C'est le côté local auquel les cigaliers tiennent, car il est un gage de proximité. Par la bonne connaissance du terrain, des Cigales peuvent faire remonter les projets auprès de partenaires et de réseaux. Les projets sont centralisés avec l'idée de faire profiter toutes les Cigales d'un projet.

Une fois les projets recueillis, finalisés et validés, ils sont soumis aux Cigales à l'occasion d'une Bourse aux financements solidaires** (BFS) qui se tient régulièrement (environ tous les mois). Les candidats présentent leur projet devant les représentants des Cigales et les Cigales intéressées prennent ensuite le relais. « Le fait de pouvoir rencontrer les candidats directement et de pouvoir discuter avec eux est un élément essentiel de la démarche des Cigales, explique Rodolphe Cotelle. Cela permet aux futurs partenaires de trouver un terrain commun. Ce n'est pas une finance désincarnée. »

Chaque Cigales a ses propres raisons de soutenir ou non un projet. Cependant, toutes se retrouvent sur des critères communs, à la fois sociaux et économiques, consignés dans la charte dont le mouvement s'est depuis longtemps doté. Dans ses grandes lignes, celle-ci recoupe les critères habituellement définis dans les nombreuses chartes apparues ces dernières années en faveur du développement durable, d'une économie solidaire ou du respect des droits du travail.

À ce jour, à peu près une centaine de clubs existent à travers la France. Dans certaines régions, le phénomène s'est suffisamment développé pour donner lieu à la création d'une association régionale (appelée « association territoriale ») bénéficiant d'au moins un permanent salarié. C'est le cas en Île-de-France et dans le Nord-Pas-de-Calais.

Force cependant est de reconnaître que l'heure est à une certaine stagnation du mouvement. Plusieurs explications peuvent être avancées. La principale : une durée de vie limitée par la loi à cinq ans. Faut-il le rappeler, une Cigales repose en outre sur le bénévolat, avec toutes les limites que cela suppose. Si l'investissement *via* ce type de structure est ouvert à tous, on ne s'improvise pas investisseur, même avec un esprit solidaire. Pour être cigalier, il faut en outre avoir la foi démocratique chevillée au corps. Dans une Cigales, chaque membre a la même voix au chapitre quel que soit le niveau de son investissement financier et citoyen. Il ne suffit pas d'investir pour être cigalier, il faut encore s'engager dans la durée pour assurer la pérennité des projets d'entreprise. Au terme du projet, le cigalier pourra en principe percevoir des dividendes (ce qui est rare en pratique) qu'il pourra éventuellement réinvestir dans un autre projet[1].

Autre explication, complémentaire : l'implication financière. Tout le monde ne peut investir sans garantie de retour sur investissement, encore moins s'engager à faire des virements mensuels. D'ailleurs, il arrive que des clubs se créent sans parvenir à investir faute de réunir des sommes suffisantes. Pourtant, l'épargne individuelle peut être modeste, et c'est la conjonction des moyens qui permet d'investir.

---

1. Précisons au passage que des contreparties existent néanmoins sur le plan financier : 25 % des sommes investies dans des sociétés sont déductibles (sous conditions) de l'impôt sur le revenu des cigaliers (au prorata de leur participation dans la Cigales), à hauteur de 20 000 euros et à condition que l'investissement soit maintenu dans l'entreprise durant cinq années (art. 199 terdecies-0 A du CGI).

Dernière explication : quoique ancien, le phénomène n'a pas encore acquis assez de visibilité, dans les médias comme chez les épargnants.

Les Cigales en chiffres

- 300, le nombre de Cigales créées à ce jour.
- 95 en activité (2003).
- 1 500, le nombre de membres (anciens membres compris).
- Plus de 100 000 euros, la somme investie en capital dans 54 entreprises.
- 2 millions d'euros, le montant d'investissement cumulé depuis la création de la première Cigales.
- 6, le nombre d'associations territoriales.

Sources : Fédération des Cigales, août 2004 ; le hors-série pratique Entreprendre autrement *du magazine* Alternatives économiques, *n° 14, mars 2004.*

Témoignage : profession bénévole cigalier, par Rodolphe Cotelle

Cigalier, Rodolphe Cotelle l'est depuis sept ans. Avant de s'engager dans le mouvement des Cigales, il a plusieurs années de militantisme et d'engagement associatif à son actif.

Une Cigales se compose théoriquement de cinq à vingt membres (en pratique, une douzaine en moyenne). Celle de Rodolphe, l'Oseille au cœur, en compte une dizaine, des Parisiens, la plupart domiciliés dans les Xe, XIe et XIIe arrondissements. À travers sa Cigales, Rodolphe s'est investi dans plusieurs projets, dont une société de commerce équitable, un restaurant bio, une association qui fait la promotion des déplacements urbains à vélo. Avec plus ou moins de bonheur : le restaurant est en redressement judiciaire (mais avec poursuite de l'activité). Rodolphe participe également à l'association territoriale qui fédère les Cigales d'Île-de-France (une quinzaine actuellement).

« C'est en tant qu'individu que je témoigne », prévient-il. Ni le conseil d'administration de l'association territoriale ni sa Cigales ne l'ont mandaté pour parler en leur nom. « Mon point de vue est donc personnel et non officiel », insiste-t-il. Dans le monde des Cigales, on est très sourcilleux sur le fonctionnement démocratique... Il faut dire aussi que les membres de la Cigales de Rodolphe ont été récemment échaudés par un article paru dans la presse qui avait présenté les Cigales comme étant tournées essentiellement vers la protection de l'environnement. Ce qui n'est qu'une de leurs vocations. Lutter contre l'exclusion est aussi un des objectifs prioritaires des Cigales.

« Mon parcours est atypique », prévient encore Rodolphe. Qu'on en juge. Professeur de français langue étrangère après des études de linguistique, il a aussi été éducateur en internat pour déficients intellectuels, sur des chantiers d'insertion, et instituteur spécialisé pour enfants déficients auditifs, etc. De ces expériences, Rodolphe a acquis une conviction : l'importance de l'éducation. Le même Rodolphe a aussi poursuivi des études de gestion dans le cadre d'un mastère d'une école de commerce de Nice (le Ceram), puis du mastère « Innover et entreprendre » de la prestigieuse École supérieure de commerce de Paris. De ce cursus, il a acquis d'autres convictions : il n'est pas fait pour le monde du business (pour les aspects spéculatifs), mais il est possible de transformer l'économie en y intégrant une dimension humaine et éthique, par une action au quotidien. Des convictions qu'il avait déjà su mettre en pratique en participant à des Jardins de cocagne (jardins bio) à Besançon, dont il est originaire.

Au sortir de ses études de gestion, il cherche des formes d'entrepreneuriat qui correspondent à ses valeurs. Ce sera les Cigales, dont il découvre l'univers en 1999. Comme la suite le montrera, la Cigales lui permet de concilier ses convictions, mais aussi d'appliquer les outils de gestion et de marketing acquis au cours de ses années à l'ESCP. Car Rodolphe en est convaincu : la critique portée contre l'économie dite libérale ne doit pas empêcher d'en utiliser les outils. Une conviction que la Cigales lui permet de mettre en pratique, malgré les débats animés et les réticences d'autres cigaliers.

Autre mot que Rodolphe n'hésite pas à invoquer, le professionnalisme. « Il existe des méthodes performantes pour créer et développer des entreprises. Je ne vois pas pourquoi on ne les utiliserait pas pour promouvoir une finance solidaire. » Militant, Rodolphe l'est et revendique bien sûr ce titre, « mais un militant non fondamentaliste ». Son engagement de cigalier n'est pas exclusif : Rodolphe a participé et continue de participer à la création de plusieurs entreprises en dehors de ce cadre, comme actionnaire, administrateur, etc. « Le bénévolat rencontre vite ses limites », avoue-t-il. Un constat qui ne concerne pas seulement les Cigales. Il vaut,

selon lui, pour bien d'autres pratiques alternatives : le commerce équitable, le tourisme solidaire, etc.
Pour autant, Rodolphe ne souhaite pas quitter l'univers des Cigales ni devenir un professionnel de la finance solidaire, mais trouver des relais. Est-il intéressé par les fonds éthiques ? « Non, car l'investissement ne peut se limiter à l'édiction de critères. Il doit se traduire par un accompagnement du projet auquel on croit. » En fait, Rodolphe a déjà une solution, Garrigue**, une société de capital-risque solidaire, la première du genre. Rodolphe est membre de son conseil de surveillance. Un autre engagement par lequel il aspire à faire rimer solidarité avec efficacité.

MOTS CLÉS, ACTEURS CLÉS, BIBLIOGRAPHIE

MOTS CLÉS

Club d'investisseurs pour une gestion alternative et locale de l'épargne solidaire (Cigales)

Voir article p. 65.

Économie sociale

Voir partie VII, « mots clés » p. 232.

Économie solidaire

Voir partie VII, « mots clés » p. 232.

Fonds éthiques et fonds solidaires

Les uns et les autres participent d'un investissement socialement responsable (ISR). Ils ne sont pas pour autant synonymes. Les premiers sélectionnent des entreprises déjà existantes en fonction de critères sociaux et/ou environnementaux. Les seconds s'inscrivent dans une démarche plus militante et associative : ils privilégient la création d'entreprises contribuant à la lutte contre l'exclusion et, au-delà, à une économie solidaire.

Investissement socialement responsable (ISR)

Sigle apparu au milieu des années 1990. Comme la responsabilité sociale de l'entreprise (RSE), l'ISR est la traduction d'un concept d'origine anglo-saxonne. En l'occurrence : *social responsable investment.* « Social » devant être compris au sens où cela concerne la société (et l'environnement) et non les seules relations sociales. Une traduction plus appropriée et d'ailleurs parfois utilisée serait « sociétal ».

L'ISR s'est depuis imposé sur le plan international (cf. les Social Investment Forums qui regroupent les acteurs de l'investissement socialement responsable). L'ISR, comme la RSE, s'est progressivement fondé sur des référentiels ou normes, comme la Global Reporting Initiative (GRI), qui fixe des directives sur la manière dont les entreprises doivent informer sur leur responsabilité sociétale et leur investissement socialement responsable. Des méthodes de notation ont été conçues par des agences spécialisées (Vigeo, par exemple, en France).

Voir article p. 54.

Microcrédit

Prêt de faible montant accordé à des personnes pauvres pour les aider à lancer leur activité économique. Si le principe est simple, le microcrédit recouvre plusieurs méthodologies selon la cible visée et les garanties exigées. Institué à partir des années 1970-1980 dans différents pays du Sud (au Bangladesh par la Grameen Bank), où il sert à combattre les prêts à usure, le microcrédit a également suscité des initiatives dans les pays du Nord. En France, l'Association pour le droit à l'initiative économique (Adie), créée en 1990 à l'initiative de Maria Nowak, a joué un rôle pionnier *(voir article p. 48)*. Aujourd'hui, plusieurs banques classiques proposent des microcrédits, notamment BNP Paris, les Banques populaires et les Caisses d'épargne. Depuis 2001, ces dernières ont consacré 50 millions d'euros au microcrédit (dont 28 millions ont bénéficié à 5 000 micro-entrepreneurs pour un montant moyen de 5 000 euros).

Bien que l'année 2005 ait été proclamée « année du microcrédit », celui-ci est encore très largement méconnu des Français. Dans une étude Ipsos réalisée auprès d'un échantillon de 1 000 personnes publiée en mars 2005 pour la Fédération nationale des Caisses d'épargne, deux tiers des personnes interrogées déclaraient n'en avoir jamais entendu parler.

Voir entretien avec Jean-Michel Servet p. 40 et article p. 48.

Microfinance

Sert à désigner l'ensemble des services financiers destinés à des personnes disposant de bas revenus : microcrédit, épargne solidaire, etc.

Voir entretien avec Jean-Michel Servet p. 40.

Plus-value éthique et solidaire

Plus-value réalisée par un fonds éthique grâce à l'intégration de critères extra-financiers et à l'engagement des sociétés de gestion qui proposent les fonds. On parle plutôt de plus-value solidaire quand l'évaluation porte sur des investisseurs relevant de la finance solidaire. La plus-value peut alors se mesurer à partir des profits reversés à des entreprises solidaires.

ACTEURS CLÉS

Association pour le droit à l'initiative économique (Adie)
C'est la première institution à avoir introduit en France le principe du microcrédit sur le modèle de la Grameen Bank en l'adaptant au contexte d'un pays développé. Créée en 1990 à l'initiative de Maria Nowak, spécialiste d'économie du développement, l'Adie compte actuellement 10 000 clients actifs répartis à travers l'Hexagone et plus d'une centaine d'antennes animées par un millier de personnes (dont 300 permanents). À ce jour, elle a accordé 29 000 prêts de 5 000 euros au maximum (à des taux s'élevant à environ 5,7 %) à des chômeurs et à des RMistes, contribuant ainsi au développement de 25 000 petites entreprises totalisant 30 000 emplois. Le taux de remboursement dépasse les 90 %. L'Adie est membre du Réseau européen de microfinance (REM), qu'elle a contribué à créer avec d'autres opérateurs européens en 2003.

Voir article p. 48.

4, boulevard Poissonnière
75009 Paris
Tél. : 01 56 03 59 00
www.adie.org

Bourse aux financements solidaires (BFS)
Guichet ayant vocation à mettre en relation porteurs de projet d'entreprise solidaire et financeurs.

7, rue de Domrémy
75013 Paris
Tél. : 01 53 82 70 20
contact@bourse-solidaire.org
www.bourse-solidaire.org

Caisse des dépôts et consignations

Voir partie VII, « acteurs clés » p. 232.

Comité intersyndical de l'épargne salariale (CIES)
Créé en janvier 2002 par les syndicats représentatifs (CGT, CFDT, CGC et CFDC, hormis FO) en réponse aux textes de loi visant le développement de l'épargne

salariale, le CIES a pour vocation de labelliser des offres d'épargne salariale socialement responsable sur la base de trois critères : un bon rapport qualité/prix ; une présence majoritaire des salariés au conseil de surveillance de la société de gestion ; une réelle implication de celle-ci dans l'expertise en matière d'ISR.

On estime à un peu moins de 2 % l'épargne salariale labellisée CIES.

Le rapport du CIES est disponible sur le site de la CFDT :

www.cfdt.fr/actualite/economie/epargne_salariale/epargne_salariale_0005.htm

Crédit coopératif

Il propose plusieurs produits bancaires solidaires : depuis 2001, la carte bleue internationale Visa « Agir », qui occasionne un don de l'établissement bancaire à une association humanitaire partenaire sur chaque opération de retrait ; depuis 1996, le Codevi solidaire de partage (Codesol), le compte-chèques NEF-Crédit coopératif, etc.

33, rue des Trois-Fontanot
92000 Nanterre
Tél. : 01 47 24 85 00
www.credit-cooperatif.fr

Fédération européenne de finances et de banques éthiques et alternatives (Febea)

Créée en 2001, cette fédération réunit différentes institutions françaises (le Crédit coopératif, la Caisse solidaire du Nord - Pas-de-Calais, la NEF et la société de capital-risque Femu Qui), belges, italiennes, anglaises et polonaises. Elle a pour objectif de créer à terme une Banque centrale éthique et alternative à l'échelle européenne ; à cette fin, elle entreprend de sensibiliser les institutions européennes à l'enjeu de la finance éthique ou solidaire.

333, rue du Progrès
1030 Bruxelles, Belgique
Tél. : 00 322 274 14 55
Fax : 00 322 205 17 39
febea@pi.be
www.febea.org

Fédération des Cigales

Créée en 1985, la Fédération des Cigales compte 1 500 membres ou anciens membres. Ses missions : coordonner les Cigales, assurer une assistance technique au réseau, les représenter auprès des pouvoirs publics. Elle est dirigée par un conseil d'administration de dix représentants élus.

Voir article p. 65.

61, rue Victor-Hugo
93500 Pantin
Tél./fax : 01 49 91 90 91
info@cigales.asso.fr
www.cigales.asso.fr

Finansol

Créée en 1995 par des institutions financières, cette association fédère les acteurs de l'épargne solidaire : des institutions financières solidaires, des établissements financiers engagés dans une démarche de solidarité, des personnalités et des institutions (CCFD, Fondation Charles Léopold Mayer pour le progrès de l'homme, etc.). Elle est à l'origine du premier label de la finance solidaire (une quarantaine de produits labellisés en 2004). En 2003, elle s'est dotée d'un Observatoire de la finance solidaire en vue de recueillir des données quantitatives. Celles-ci sont publiées dans un baromètre des finances solidaires, conçu en partenariat avec le Crédoc et le journal *La Croix*. Il évalue notamment la notoriété de la finance solidaire auprès des Français. Enfin, Finansol organise les « semaines de l'épargne solidaire ».

133, rue Saint-Maur
75011 Paris
Tél. : 01 53 36 80 60
Fax : 01 53 36 80 69
finansol@finansol.org
www.finansol.org

Garrigue

C'est la première société coopérative de capital-risque solidaire. Créée en 1985, elle prend des participations minoritaires dans le capital d'entreprises sociales. Le montant des participations s'élève entre 8 000 et 30 000 euros, en fonds propres ou en compte courant, pour une durée de cinq à dix ans. À ce jour, 320 investisseurs individuels et 30 institutions ont investi par son intermédiaire dans le capital d'une soixantaine d'entreprises participant au commerce équitable, à l'agriculture bio ou aux énergies renouvelables.

61, rue Victor-Hugo
93500 Pantin

Tél./fax : 01 48 44 74 03
contact@garrigue.net
www.garrigue.net

Grameen Bank

Créée en 1983 sur la base d'un projet pilote lancé dès 1976 à l'initiative de Mohammed Yunus, qui était alors professeur d'économétrie à Chittagong, au Bangladesh, elle est, à défaut d'être la plus ancienne, la plus connue des banques de microcrédit installées dans un pays en développement. Elle compte aujourd'hui au Bangladesh 3,4 millions de membres répartis dans 45 000 villages. Suite à la crise rencontrée après l'inondation de 1998, la Grameen Bank a adopté une nouvelle méthode fondée sur l'épargne individuelle et mis en place de nouveaux produits (fonds de retraite, crédits pour mendiants, etc.). Cette « Grameen Bank 2 » affiche aujourd'hui un taux de remboursement de prêt de 99 %.

Grameen Bank Bhavan
Mirpur-1, Dhaka-1216
Bangladesh
Tél. : [88 02] 9005257-69
www.grameen-info.org

International Association of Investors in the Social Economy (Inaise)

Créé en 1989, ce réseau regroupe une cinquantaine de membres à travers dix-neuf pays différents. Il œuvre à la mise en place du circuit financier mondial alternatif discuté lors des Forums sociaux mondiaux et européens.

Chaussée de Charleroi 51B
1070 Bruxelles, Belgique
Tél. : 00 322 234 57 97
Inaise@Inaise.org
www.inaise.org

Nouvelle économie fraternelle (NEF)

Créée en 1988, cette société coopérative financière à capital variable propose plusieurs produits bancaires solidaires : depuis 1989, le compte de dépôt à terme de la NEF destiné à collecter des fonds pour financer des prêts à vocation sociale et environnementale ; depuis 1996, le compte épargne insertion ; depuis 1998, le compte épargne nature, etc. Elle compte 10 000 sociétaires (des personnes physiques et morales, parmi lesquelles le réseau Biocoop, Greenpeace, le réseau des Jardins de cocagne, etc.).

114, boulevard du 11-Novembre-1998
69626 Villeurbanne Cedex
Tél. : 0811 90 11 90
lanef@lanef.com
www.lanef.com

Novethic

Créé en 2001 par la Caisse des dépôts et consignations, Novethic s'est imposé comme un acteur essentiel de la finance éthique et solidaire : il s'agit d'un centre de ressources, d'information et d'expertise complet sur les initiatives en matière d'investissement socialement responsable (ISR), de responsabilité sociale de l'entreprise (RSE) ainsi que de développement durable, destiné aux entreprises et à leurs parties prenantes.

Voir article p. 61.
56, rue de Lille
75007 Paris
Tél. : 01 58 50 98 14
Fax : 01 58 50 00 30
www.novethic.fr

Observatoire sur la responsabilité sociétale des entreprises (Orse)

Association loi 1901 créée en 2000 à l'initiative de grandes entreprises, de sociétés de gestion de portefeuilles, d'organisations syndicales, d'institutions de prévoyance, en vue de fournir aux acteurs économiques des informations sur les thèmes de l'investissement socialement responsable (ISR) et de la responsabilité sociale de l'entreprise (RSE). Elle compte aujourd'hui plus de 80 membres, dont les syndicats représentatifs, le Medef, des ONG. Outre un guide recensant les organismes promouvant l'ISR, l'Orse publie des études réalisées à la demande de ses membres et une *newsletter* mensuelle sur son site.

7, impasse Léger
75017 Paris
Tél. : 01 56 79 35 00
Fax : 01 56 79 35 03
contact@orse.org
www.orse.org

PlaNet Finance

Organisation de solidarité internationale créée en 1998 par Jacques Attali et Arnaud Ventura (respectivement président et directeur général) pour soutenir les banques de pauvres dans les pays en développement. Outre des services techniques, PlaNet Finance propose des formations à la microfinance, une évaluation indépendante et un soutien financier. L'organisation compte une quinzaine de salariés, 60 postes permanents (stagiaires et bénévoles) et 300 bénévoles à travers le monde.

www.planetfinance.org
www.planetfinance.asso.fr

Vigeo

L'une des deux principales agences de notation sociale et environnementale en France. Créée en 2002 par Nicole Notat, ex-secrétaire générale de la CFDT, à partir de l'absorption d'Arese, la première agence de notation française, créée en 1997.

Les Mercuriales
40, rue Jean-Jaurès
93200 Bagnolet
Tél. : 01 49 72 46 00
Fax : 01 49 72 46 10
www.vigeo.com

BIBLIOGRAPHIE

GUÉRIN Isabelle et SERVET Jean-Michel [dir.], *Exclusion et liens financiers*, rapport du Centre Walras, 2003, Economica, 2004.

Le dernier volume porte sur les expériences de microfinance à travers le monde.

NOWAK Maria, *On ne prête (pas) qu'aux riches. La révolution du microcrédit*, Jean-Claude Lattès, 2005.

Les enjeux et perspectives du microcrédit en France et dans le reste du monde par la présidente fondatrice de l'Adie, à la lumière des théories et de sa propre expérience.

La Finance pour quoi faire ?, rapport de l'Association d'économie financière, 10e édition, 2003.

Les enjeux éthiques : mondialisation, délits financiers, entreprise responsable, finance solidaire.

LES PLACEMENTS ÉTHIQUES. L'épargne alternative et solidaire en 80 fiches, collectif, hors-série pratique d'*Alternatives économiques*, n° 15, septembre 2004, 5e édition.

Publié pour la première fois en 1997, ce guide présente une sélection des instruments de la finance éthique et solidaire (placements éthiques ou de partage, produits bancaires, capital-risque) sous forme de fiches, le tout complété d'un glossaire et d'une présentation des principaux acteurs et sources d'information, en France et dans différents pays d'Europe. Un précieux outil pour le professionnel de la finance et l'épargnant.

III. Commercer/échanger

Économie marchande oblige, les échanges auxquels nous procédons pour satisfaire nos besoins sont... marchands, c'est-à-dire effectués sur la base d'un prix d'échange déterminé par la loi de l'offre et de la demande. En théorie du moins. La réalité est plus complexe. Pas seulement parce que ce prix peut changer selon de multiples variables – l'humeur du vendeur, les talents de négociateur de l'acheteur, etc. –, mais aussi et surtout parce que l'échange marchand n'est pas la seule modalité d'échange, y compris dans l'économie marchande. D'autres modalités existent, comme la réciprocité*, qui consiste à rendre sous forme d'un contre-don, et ce à une autre personne que l'auteur du don, selon un mécanisme qui a été décrit au début du XXe siècle par l'ethnologue Marcel Mauss (1873-1950). C'est précisément cette modalité d'échange propice à la création de sociabilité que les systèmes d'échange locaux* (SEL) se sont employés à réactualiser *(voir article p. 105)*.

À une tout autre échelle, d'autres initiatives se sont employées à refonder les modalités d'échange entre les pays du Nord et ceux du Sud, en garantissant aux producteurs du Sud des prix supérieurs à ceux des cours mondiaux de façon à leur permettre, eux et leur marché local, de se développer. C'est le commerce équitable*, auquel le présent chapitre consacre une large place. Il en rappelle la genèse et en présente les différents acteurs, non sans peser le pour et le contre. Si bien intentionné soit-il, le commerce équitable a aussi ses détracteurs, sinon ses contradicteurs, comme par exemple les tenants d'une décroissance soutenable *(voir entretien avec Vincent Cheynet p. 160)*.

Quoi qu'il en soit, qui dit commerce équitable pense spontanément (à supposer qu'il en connaisse l'existence) au label Max Havelaar**, créé en 1988. Il y a pourtant d'autres approches, à commencer par celles des boutiques ayant vocation à accompagner les producteurs du Sud. Le principe est antérieur à la démarche de labellisation : il a été introduit en France au début des années 1970 avec la création d'Artisans du Monde, dont un article retrace l'histoire et expose les défis *(voir p. 95)*. Depuis lors, la grande distribution et les entreprises ont fait leur le concept, non sans susciter moult interrogations quant à la compatibilité entre la logique du commerce équitable et celle de la grande distribution, que d'aucuns considèrent de surcroît responsable des difficultés rencontrées par les producteurs des pays du Sud comme de pays comme le nôtre.

Les initiatives qui viennent d'être évoquées supposent-elles le bannissement de l'échange marchand ? Rien n'est moins sûr, en ce qui concerne du moins le commerce équitable. Et pour cause, l'échange marchand a aussi ses vertus. Dans son célèbre ouvrage, *Recherches sur la nature et les causes de la richesse des nations*, l'économiste et philosophe écossais Adam Smith (1723-1790) l'avait souligné : en nous permettant d'acquérir les biens dont nous avons besoin moyennant une somme d'argent correspondant à leur prix respectif, il nous permet de nous consacrer à ce que nous savons faire de mieux. Si problème il y a, il réside dans le pouvoir excessif des intermédiaires qui s'immiscent entre les producteurs et les consommateurs.

TRENTE ANS DE COMMERCE ÉQUITABLE

Commerce équitable : l'expression s'est imposée dans les médias et le langage ordinaire dans les années 1990. Pourtant, il s'agit d'une pratique ancienne dont on peut faire remonter l'origine au moins aux années 1960 avec l'apparition des premières Boutiques du Monde. Depuis, il y eut la création du fameux label Max Havelaar, aussitôt imité, qui a contribué à introduire le commerce équitable dans la grande distribution. Dans la désormais relativement ancienne histoire de ce commerce, une nouvelle étape a vu le jour avec les initiatives de jeunes entrepreneurs qui s'emploient à concilier commerce équitable et esprit d'entreprise. Pour l'heure, le commerce équitable représente encore un phénomène marginal, toutes approches confondues. Mais il joue un rôle d'aiguillon susceptible de faire évoluer les mentalités et les comportements des consommateurs comme des acteurs économiques.

Rien ne sert d'aider un pays pour assurer son développement si on n'assure pas de vrais débouchés à ses producteurs. C'est ainsi que l'on peut définir la philosophie du commerce équitable. Ce que le journaliste Dick Scerpenzeel avait résumé en un slogan, « Du commerce, pas de l'aide » *(Trade not aid)*, lancé lors de la Conférence des Nations unies pour le commerce et le développement (Cnuced). C'était en 1964.

C'est dire si l'idée est simple et aurait pu être mise en pratique bien avant qu'on commence à parler d'elle dans les années 1990. De fait, dès 1860, un certain E.D. Decker, ancien administrateur colonial pour le gouvernement néerlandais en Insulinde, dénonça les conséquences désastreuses pour les colonies du commerce entre les nations. Pour sensibiliser l'opinion, il publia cette année-là un roman qui met en scène un négociant de café menant une lutte passionnée pour la défense des droits des Javanais. Le personnage : Max Havelaar, qui donna son nom au titre du roman *(Max Havelaar, ou les Ventes de café de la Compagnie commerciale des Pays-Bas*[1]*)* avant d'inspirer un siècles plus tard le célèbre label.

Mais avant d'en arriver là, il y eut les intenses débats théoriques sur le libre-échange à partir des années 1950. Durant ces années, différents économistes (R. Prebish, H.W. Singer, G. Myrdal) s'emploient à montrer comment la pratique du libre-échange contrarie le décollage économique des pays du Sud et leur développement en détériorant les « termes de l'échange », selon le concept introduit par l'économiste Raul Prebisch pour désigner le rapport entre les prix des produits exportés et les prix des produits importés. Les produits exportés par les pays du Sud (matières premières, produits agricoles) étant soumis aux cours mondiaux, ce rapport tend à diminuer, ce qui contraint les pays du Sud à exporter toujours plus pour couvrir le coût des importations de biens manufacturés en provenance des pays du Nord. On est loin de la vision du « doux commerce » défendue au XVIIIe siècle par Montesquieu. D'autant que ce dernier ignorait le rôle des multinationales qui dominent désormais le commerce mondial de produits agricoles.

En 1952, l'Assemblée générale de l'ONU adopte la résolution 623, qui porte notamment sur l'établissement de prix internationaux corrects et équitables pour les produits primaires. La situation ne s'étant pas améliorée, la Cnuced qui se tient un peu plus de dix ans plus tard, en 1964, encourage la mise en place de systèmes de stabilisation des prix des matières premières (avec la création de stocks régulateurs et de quotas de production par pays). Des accords sont conclus entre pays consommateurs et pays producteurs pour le café, le caoutchouc, le sucre, le coton, l'étain, etc., mais ces initiatives sont en grande partie remises en cause par le mouvement en faveur de la libéralisation du commerce mondial intervenu dans les années 1990.

Cependant, dès les années 1960, des initiatives militantes et associatives tentent d'apporter des solutions alternatives, à l'origine même du vocable de « commerce équitable », sous forme de Boutiques du Monde. L'idée est de contribuer au développement des pays du Sud en garantissant des débouchés à leurs produits dans les pays du Nord à des prix supérieurs à ceux des cours mondiaux.

---

1. Multatuli, traduit du néerlandais et préfacé par Philippe Noble, postface de Guy Toebusch, Actes Sud, 1991.

Pour recourir au bénévolat, ces Boutiques du Monde n'en jouent pas moins le jeu du commerce : le prix est négocié avec les producteurs/transformateurs de façon qu'il soit assez élevé pour permettre à ceux-ci de se soustraire au pouvoir des usuriers et des négociants locaux et de développer leur activité – et ce faisant d'améliorer le bien-être de leur famille et de leur village – et assez bas pour ne pas dissuader les consommateurs des pays du Nord. C'est d'ailleurs le recours au bénévolat qui permet de parvenir à des prix d'équilibre satisfaisants.

Cette première approche du commerce équitable (ou commerce alternatif, selon l'expression en usage à l'époque) est le fait d'associations militantes, tiers-mondistes, prônant la solidarité internationale. En Angleterre et dans d'autres pays, elle est soutenue par Oxfam dans une perspective différente où prime la dimension humanitaire. Dans un cas comme dans l'autre, elle prend la forme de boutiques spécialisées dans l'importation de produits artisanaux ou alimentaires en provenance de pays d'Asie, d'Afrique et d'Amérique latine en partenariat avec des producteurs locaux. Les premières apparaissent dès la fin des années 1960. En France, cette approche est incarnée par les magasins Artisans du Monde, qui voient le jour au début des années 1970 *(voir article p. 95)*. À l'origine, les importations sont prises en charge directement par les boutiques, non sans mal. Par la suite, elles se feront aussi par l'intermédiaire d'une centrale d'achats. Ces boutiques se sont depuis fédérées au niveau européen. Grâce à elles, l'idée de commerce équitable commencera à se répandre dans les médias et le monde de la recherche. En 1993 se tient à Paris le premier colloque sur le commerce équitable. Il est organisé à l'initiative de la Fédération Artisans du Monde** avec le magazine *Alternatives économiques*, au Palais des Congrès de Paris. Avec le temps, les tenants de ce commerce se sont assigné d'autres objectifs : éduquer les consommateurs du Nord par des campagnes de sensibilisation, utiliser le commerce équitable comme un levier pour une transformation en profondeur de l'économie mondiale, en un mot, une autre mondialisation.

Le commerce équitable labellisé

Entre-temps, à la fin des années 1980, apparaît une autre conception du commerce équitable, fondée sur la labellisation et qui contribuera à populariser le commerce équitable. C'est le label Max Havelaar lancé aux Pays-Bas en 1988, à l'initiative d'une association hollandaise fondée par un ancien de l'ONG Solidaridad, Nico Roozen, et un prêtre-ouvrier, Frans Van der Hoff, qui mène une vie de paysan au Mexique. Tous deux ont été sensibles à l'appel à l'aide que leur a adressé une coopérative de petits producteurs du Chiapas menacés par les prélèvements de puissants intermédiaires locaux et les variations des cours mondiaux. Ce label, le premier du genre en matière de commerce équitable, aidera à faire connaître celui-ci au-delà du monde associatif et des cercles des personnes intéressées par les rapports Nord-Sud et les questions de développement. Le label touche des consommateurs préoccupés par des questions d'éthique, et notamment les conditions de vie des salariés.

La vente de produits labellisés Max Havelaar connaît une progression régulière pour atteindre 72 millions d'euros en Europe en 2004 contre 12 millions en 2001 (d'après Max Havelaar), soit environ 0,1 % du commerce européen. Max Havelaar est notamment bien implanté aux Pays-Bas (pays d'origine), en Angleterre et au Danemark.

À l'origine, le label ne concernait que le café. Le choix de ce produit n'est pas le fruit du hasard. Aujourd'hui encore, le commerce mondial du café est contrôlé à hauteur de 40 % par quatre multinationales (Neumann, Volcate, Ecom, Dreyfus). Max Havelaar a été depuis imité : l'Organisation internationale du café (qui regroupe 74 pays), par exemple, a mis au point son propre code de conduite, moins regardant cependant... De son côté, la Fairtrade Foundation (Fondation pour le commerce équitable), une organisation non gouvernementale basée à Londres, assure une rémunération minimale aux producteurs ainsi qu'un respect des normes sociales et environnementales. Des distributeurs comme Marks and Spencer ou Cafedirect ne vendent désormais plus que du café bénéficiant du label Fairtrade. Du côté des producteurs de café, l'italien Illy et l'américain Seattle's Best garantissent des prix Fairtrade.

D'autres produits agricoles que le café ont depuis bénéficié du label commerce équitable comme la banane, le thé, le chocolat, le sucre, les jus de fruits, le riz et le miel, dont les marchés mondiaux sont également dominés par des multinationales.

Après les produits agricoles, Max Havelaar a, au début de l'année 2005, mis au point un label pour des articles de textile utilisant un coton équitable. Le principe est le même : garantir un revenu minimal à des producteurs du Sud. D'ici à fin 2005, plus de 20 000 producteurs de coton de pays d'Afrique de l'Ouest (Mali, Sénégal, Cameroun, Burkina Faso) bénéficieront ainsi de prix d'achat entre 30 et 50 % supérieurs à ceux pratiqués sur le marché mondial, moyennant de leur part le respect de critères stricts touchant aux conditions de travail et à la rémunération des salariés. Déjà huit marques françaises – Kindy, Active Wear et Soft Gray de La Redoute, Armor Lux, Hacot et Colombier – linge de maison –, Hydra – produits d'hygiène –, Célio et Eider – se sont engagées à vendre des produits fabriqués avec du coton labellisé Max Havelaar.

Précisons que le mot « label » est ici un abus de langage *(voir partie VII, « mots clés » p. 232)*. On devrait parler plutôt de marques, y compris pour Max Havelaar. Reste que le principe du label pour promouvoir le commerce équitable a fait des émules. On en compte plusieurs homologués par des organismes plus ou moins indépendants. L'heure est à l'harmonisation au niveau de l'Union européenne, mais aussi international sous la houlette de la Fairtrade Labelling Organization** (FLO), une association à but non lucratif créée dès 1997 à Bonn qui regroupe les 17 organisations de certification équitable existant dans les pays européens, aux États-Unis et au Japon. La FLO n'œuvre pas seulement à la définition d'un label internationalement reconnu, elle procède aussi à un travail de certification à partir d'un réseau d'inspecteurs indépendants qui visitent les producteurs.

Commerce équitable et grande distribution : je t'aime moi non plus

L'implication de la grande distribution marque une troisième étape dans l'histoire désormais ancienne du commerce équitable. Longtemps indifférente, elle a fini par s'intéresser au phénomène en accordant une place plus grande aux produits du commerce équitable, Monoprix jouant en France un rôle pionnier. D'autres enseignes lui ont emboîté le pas (Auchan, Cora, les Galeries Lafayette, Leclerc, Système U). En réponse à cette évolution, des centrales d'achats telles qu'Alter Eco** ou Ethiquable ont vu le jour avec leur propre label, tandis que celle des Boutiques et Magasins du Monde, Solidar'Monde**, a entrepris de travailler désormais avec la grande distribution. Depuis, certaines enseignes ont créé leur propre label, comme par exemple les chaînes de supermarchés Tesco ou Sainsbury's.

Pour les uns, l'implication de la grande distribution est plutôt une bonne chose : elle permet de sensibiliser l'ensemble des consommateurs au principe du commerce équitable. Pour d'autres, elle ne laisse pas d'inquiéter. Ils y voient une contradiction dans les termes. La grande distribution, font-ils observer, est directement responsable des difficultés rencontrées par les petits producteurs par les marges qu'elle réalise. Sous prétexte de vouloir permettre au plus grand nombre de consommateurs d'accéder aux produits labellisés « équitables », elle a tendance à défendre le principe d'un « prix d'équilibre » aussi bas que possible. Surtout, la grande distribution n'offre pas autant de garantie que les Boutiques du Monde en ce qui concerne la pérennisation de la commercialisation. En bref, elle fait courir le risque d'un « commerce équitable *light*[2] ».

Arguments fondés ou faux procès ? Toujours est-il que le commerce équitable se révèle un univers plus diversifié qu'on ne l'imagine au premier abord, de sorte que c'est de commerces équitables, au pluriel plutôt qu'au singulier, qu'on devrait parler. D'autant qu'une quatrième approche est apparue au cours de ces toutes dernières années. Elle est le fait de jeunes entrepreneurs qui s'engagent à appliquer les principes du commerce équitable à leurs fournisseurs. Certaines entreprises sont déjà parvenues à acquérir une notoriété ou à faire parler d'elles comme, par exemple, Idéowear, créée par une ancienne diplômée d'HEC (www.ideo-wear.com).

À l'origine de ce type d'entreprises, on trouve souvent des diplômés d'écoles de commerce animés spontanément de valeurs de solidarité et/ou ayant bénéficié d'une de ces formations qui ont vu le jour en matière d'économie sociale au sein de ces écoles (l'École supérieure de commerce de Paris, ESCP, par exemple). Ils entendent concilier éthique et logique d'entreprise en n'hésitant pas à recourir aux outils du marketing. Ils partent du principe que, pour être équitable, ce commerce n'en reste pas moins du commerce qui doit satisfaire une offre solvable et répondre aux exigences de la mode. Le phénomène est encore trop récent pour savoir si ces entreprises sont viables. Mais nul doute qu'Internet ouvre de nouvelles perspectives, même si, pour l'heure, les sites existant ne sont que des supports de boutiques.

Et les multinationales ? Comme on l'a vu, elles ne restent pas passives face au phénomène du commerce équitable. En particulier celles de l'industrie agroalimentaire. C'est ainsi que Nestlé et Kraft Foods ont prévu de commercialiser au Royaume-Uni une marque de café étiquetée *« sustainable development »* (*Le Monde*, 8 décembre 2004), non sans susciter une protestation de la part de la Fairtrade Labelling Organization qui considère que la rétribution des producteurs n'est pas garantie. Kraft Foods serait prêt à payer le café non torréfié 20 % au-dessus du cours du marché (0,96 dollar par livre), soit un montant inférieur au forfait de 1,26 dollar prévu par le label Fairtrade. Argument avancé par Kraft Foods : la grande majorité des consommateurs ne serait pas prête à consentir un tel effort.

On le voit, l'immixtion de l'industrie agro-alimentaire comme de la grande distribution n'est pas sans susciter des interrogations, notamment

2. Selon l'expression de Naïri Nahapétian in *Alternatives économiques*, n° 225 *bis*, mai 2004.

du côté du monde associatif. N'y aurait-il pas un risque de récupération au nom d'intérêts bien compris ? En outre, la création par les enseignes de la grande distribution de leur propre marque de commerce équitable ne risque-t-elle pas de concurrencer le commerce équitable promu par les associations ? Enfin, la multiplication des labels ne crée-t-elle pas une confusion ?

Une inflation de labels

C'est en réponse à ces interrogations que l'Agence française de normalisation (Afnor) s'est dotée d'un groupe de travail en vue de réfléchir à la mise en place d'une norme de commerce équitable de façon à éviter les appellations abusives. Elle y a été encouragée par le ministère du Commerce et des PME du gouvernement Raffarin qui, en mai 2005, annonçait la création d'un label français pour les produits du commerce équitable en en confiant l'étude à l'Afnor en concertation avec Max Havelaar France et Artisans du Monde. Cette norme imposerait un cahier des charges très détaillé que tout acteur devra respecter à la lettre pour prétendre se réclamer du commerce équitable ; elle devait être mise en place au début de l'année 2006.

Pour l'heure, la charte française du commerce équitable définit des engagements impératifs pour tous ceux qui s'en réclament *(voir p. 101)*, mais sans prévoir de contrôle ni de sanctions. Sur le plan international, ce processus de standardisation est, rappelons-le, assuré par la Fairtrade Labelling Organization (FLO) qui labellise plus de 375 organisations dans 48 pays. En janvier 2004, la Fédération internationale de commerce équitable (Ifat) a lancé la marque FTO (Fair Trade Organization) : à la différence des autres labels, elle ne s'applique pas aux produits mais aux organisations.

Il reste que, pour l'heure, le commerce équitable fait de plus en plus parler de lui. D'après les enquêtes, sa notoriété grandit auprès des consommateurs. En 2004, 51 % des Français déclaraient avoir déjà entendu parler du commerce équitable contre seulement 9 % quatre ans plus tôt[3]. Un nombre croissant se disent intéressés et prêts à privilégier les produits de consommation relevant de ce commerce. Une évolution que l'on peut imputer à la médiatisation croissante dont le commerce équitable fait désormais l'objet, notamment à l'occasion de la « quinzaine du commerce équitable » qui se tient chaque année au printemps depuis 2001.

Mais il y a souvent loin entre les déclarations et le comportement des consommateurs. Certes, la progression des achats de produits équitables est

3. Source : Crédoc.

forte d'une année sur l'autre (+ 50 % pour les produits Max Havelaar en 2003), mais ils partent de si loin...

Quelle que soit l'approche envisagée, le commerce équitable reste une goutte d'eau dans l'océan du commerce mondial. Si on totalise le chiffre d'affaires des boutiques Artisans du Monde et les ventes sous label Max Havelaar, on arrive en France à quelque 81 millions d'euros (en 2004). Pour mémoire, la consommation totale des Français excède les 820 milliards d'euros...

Parmi les explications possibles, celle qui concerne les prix est habituellement mise en avant : les produits relevant du commerce équitable sont par définition plus onéreux. Le fait est que ceux qui optent pour ces produits se recrutent dans les catégories socioprofessionnelles aisées. Cependant, l'explication ne convainc pas tous les spécialistes ou observateurs du phénomène. Ainsi, Robert Rochefort met en avant le conditionnement qui incline à privilégier la quantité sur la qualité, et donc le hard discount et les rabais sur les produits de stricte nécessité *(voir entretien p. 150)*.

Comparés à leurs voisins européens, les Français font moins bien : ils consacrent en moyenne (en 2003) 0,35 euro pour des produits Max Havelaar, contre 0,64 pour les Allemands, 1,60 pour les Anglais et 10,20 pour les Suisses... Sans doute faut-il y voir l'expression de différences culturelles, mais également de l'inégale implication des pouvoirs publics. Malgré l'attribution en 2003 par le Premier ministre Jean-Pierre Raffarin du label « campagne d'intérêt général 2003 » à Max Havelaar, les moyens du Fonds de solidarité prioritaire (FSP), la principale source d'aide publique pour les projets, ont été fortement réduits en 2004 par rapport aux engagements du même gouvernement. Si l'Élysée, Matignon, le Sénat, l'Assemblée nationale et plusieurs ministères donnent l'exemple en se fournissant en produits équitables, les collectivités locales sont en revanche à la traîne par rapport à ce qu'on observe dans d'autres pays comme les Pays-Bas. La décision du ministère du Commerce et des PME évoquée plus haut semble cependant indiquer une prise de conscience des pouvoirs publics de l'importance de l'enjeu.

Et les pays du Sud...

Voilà pour l'état des lieux du côté des pays du Nord. Qu'en est-il des pays du Sud, censés bénéficier du commerce équitable ? Celui-ci justifie-t-il les espoirs que l'on fonde sur lui ? On peut en douter. Après plus de trente ans de commerce équitable, on observe que la situation des pays du Sud est loin de s'être améliorée. Dans un rapport intitulé « La situation des marchés des produits agricoles en 2004 », des experts de la FAO (Food and Agriculture Organization, l'agence de l'ONU en charge des questions de l'alimentation), on peut lire que « dans la seconde moitié des années 1990, les cours d'un certain nombre de produits de base exportés par les pays en développement ont atteint leurs plus bas niveaux depuis la Grande Dépression des années 1930 ». Malgré le label Max Havelaar, le café n'est pas épargné : ses cours ont chuté de 70 % entre 1997 et 2002... Pour la FAO, la priorité est une baisse des droits de douane et des subventions des pays développés[4].

Au vu de cette situation, on peut se demander si la thématique du commerce équitable, si bien intentionnée soit-elle, ne tend pas à masquer les véritables sources de la précarité des producteurs. À savoir : les effets pervers des systèmes de subventions dont les pays développés se sont dotés pour protéger leur agriculture ; la position dominante que continuent à occuper les multinationales sur les marchés agricoles au point de capter l'essentiel de la plus-value produite tout au long de la chaîne de production ; *last but not least*, la bonne conscience qu'il procure à la grande distribution, dont les quelques dizaines de produits labellisés « commerce équitable » qu'elle propose ne sauraient faire oublier les milliers de produits référencés issus du système productif classique...

Pour ces raisons et bien d'autres encore, le commerce équitable est loin de n'avoir que des partisans. D'aucuns l'accusent ni plus ni moins de faire le jeu de la mondialisation en encourageant le commerce international là où il faudrait encourager une relocalisation de la production afin de limiter la consommation d'énergie. C'est l'argument avancé par les tenants de la décroissance soutenable[5], qui mettent également en avant la concurrence déloyale que représentent les produits équitables pour les productions artisanales ou bio locales, ainsi que son coût écologique (en encourageant les pays du Sud à exporter leurs bananes, le commerce équitable, vont jusqu'à considérer certains, les prive du compost issu de la peau de ces bananes !).

4. Actuellement, le taux moyen des droits de douane sur les produits agricoles est de 60 % dans les pays de l'OCDE, quand il n'est que de 5 % pour les produits industrialisés. La FAO estime qu'une baisse de 60 % des droits de douane se traduirait par une hausse de 20 % des exportations des pays pauvres.

5. Pour une critique du commerce équitable, voir Bruno Clémentin et Vincent Cheynet, « 10 objections majeures au "commerce équitable" », disponible sur le Net : www.ecolo.asso.fr/textes/20020312equi.htm). Voir aussi entretien avec Vincent Cheynet p. 160.

Malgré toutes ces bonnes raisons de douter, le commerce équitable joue bel et bien son rôle d'aiguillon susceptible de faire évoluer les comportements et les mentalités des consommateurs comme des industries et de la grande distribution. En outre, il se révèle un vecteur utile du développement durable, ainsi que l'observe l'économiste Assen Slim : « L'expérience du commerce équitable [...] s'inscrit parfaitement dans la démarche du développement durable et établit un lien, si ténu soit-il pour le moment, entre la compétition et la solidarité, tout en évitant les inconvénients de l'aide classique [dons ou prêts][6]... »

Le commerce équitable en chiffres

• 400 millions d'euros, le chiffre d'affaires des produits labellisés Max Havelaar dans le monde en 2004, contre 330 millions d'euros en 2003.

• 81 millions d'euros, le montant des ventes de produits équitables distribués en France sous le label Max Havelaar ou par Artisans du Monde, contre 45 millions en 2003.

• 800 000, le nombre de producteurs de pays en développement concernés (d'après l'European Fair Trade Association) ; 5 millions de personnes en comptant les proches (d'après Max Havelaar France).

6. Assen Slim, *Le Développement durable*, Paris, le Cavalier Bleu, 2004.

Décomposition du prix d'un paquet de café

Système traditionnel (en euros)		Système Max Havelaar (en euros)
1,8 à 3	Prix de vente en grande surface	2,3 à 3,35
1,45 à 2,65	Coût d'importation, de torréfaction et de distribution	1,45 à 2,65
	Droit au label Max Havelaar	0,05
0,14	Coût d'exportation	0,14
	Frais de gestion coopérative	0,08
0,06	Intermédiaires	
0,15	Petit producteur	0,62

Prix calculés sur une moyenne pour du café moulu pur arabica.

Source : Max Havelaar France, www.maxhavelaarfrance.org/produits/cafe.htm

AUX SOURCES DU COMMERCE ÉQUITABLE : ARTISANS DU MONDE

Qui dit commerce équitable pense spontanément au label Max Havelaar créé en 1988 (et introduit en France en 1993). En fait, avant que ce dernier voie le jour, il y eut les Boutiques du Monde, apparues dès les années 1960. En France, elles prirent le nom d'Artisans du Monde et soufflèrent leur trentième bougie en 2003.

Si le label Max Havelaar a largement contribué à faire connaître le principe du commerce équitable à partir des années 1990, c'est aux boutiques Artisans du Monde que revient le mérite de l'avoir introduit en France selon des convictions et des méthodes différentes de la démarche du label. Ces magasins s'inspiraient d'initiatives lancées dès les années 1960 sur fond de débats autour des pays du tiers-monde et qui firent leur le slogan lancé par le journaliste Dick Scerpenzeel à l'occasion de la deuxième conférence de la Cnuced en 1964 : « Du commerce, pas de l'aide » *(Trade not aid)*. L'année suivante, on recense déjà une dizaine de boutiques de ce genre en Allemagne, aux Pays-Bas, etc. Le terrain avait été préparé par la puissante ONG anglaise Oxfam, spécialisée dans l'aide aux pays du tiers-monde et qui, dès 1964, avait encouragé l'importation de produits artisanaux.

Le mouvement gagne quelques années plus tard la France. La première boutique voit le jour en 1974. Mais avant sa création, il y eut l'« appel aux communes de France » lancé en novembre 1971 par l'abbé Pierre suite à la famine intervenue au Bangladesh, ravagé par la guerre et des inondations. L'abbé Pierre propose que chaque commune se jumelle avec une commune du Bangladesh. Des dizaines de comités communaux se créent aussitôt, qui déboucheront sur la constitution de l'Union des comités de jumelage coopération (U.Co.Ju.Co), dont la première assemblée générale se tient en juillet 1972. Son objectif : rompre avec les traditions d'assistance au profit d'une coopération entre communautés privilégiant la solidarité. En ce sens, le mouvement entretient une filiation avec le mouvement Emmaüs, également fondé sur l'idée que les déshérités peuvent vivre de leur propre travail.

En 1973-1974, des Boutiques Tiers-Monde voient le jour. Il s'agit alors d'aider à la reconstruction du Bangladesh en facilitant l'importation de produits artisanaux, de financer le développement avec les bénéfices réalisés de cette vente et d'attirer un public qui ne viendrait pas spontanément vers une association tiers-mondiste. Accessoirement, l'objectif est aussi de couvrir les frais de fonctionnement de l'U.Co.Ju.Co, qui comptera très vite un salarié permanent en charge de l'importation des produits et de leur acheminement auprès des comités U.Co.Ju.Co de province.

Durant les premiers mois d'existence de l'U.Co.Ju.Co, les ventes s'effectuent de manière informelle dans divers lieux, dont les locaux d'Emmaüs à Charenton. Les produits sont importés directement, d'autres par l'intermédiaire d'Oxfam Belgique (dont les premiers Magasins du Monde voient le jour en 1971) avec l'aide d'une boutique créée à Lille. Non sans mal du fait, notamment, des problèmes de douane.

L'U.Co.Ju.Co se fixe pour objectif de créer à l'horizon de 1976 une vingtaine de boutiques de ce type : Les Artisans du Monde. La première ouvre ses portes en février, au 20, rue Rochechouart à Paris (la légende entretient le doute sur son antériorité ; la première aurait vu le jour à Lille, à moins que ce ne soit à Strasbourg). Un témoignage publié dans l'ouvrage réalisé à l'occasion du vingt-cinquième anniversaire du mouvement rappelle les conditions rocambolesques de l'ouverture (la veille, rien encore ou presque n'était installé). Toujours est-il que la première boutique parisienne existe toujours, à la même adresse.

Finalement, en 1975, l'U.Co.Ju.Co se sépare d'Artisans du Monde suite au divorce entre les fondateurs historiques proches du mouvement Emmaüs et les nouvelles recrues, plus favorables à une politisation du mouvement[1]. En dehors de l'U.Co.Ju.Co, d'autres Boutiques Tiers-Monde ont été créées à travers la France par des associations tiers-mondistes (à Lille, Dieuze, Montargis, etc.).

1. Une exposition consacrée à la dénonciation du régime de Pinochet et organisée à la boutique de Rochechouart scellera le divorce.

Très vite, les mouvements se fédèrent au niveau européen. Dès août 1976 se tiennent les premières rencontres européennes. Les deuxièmes ont lieu en France l'année suivante. Depuis, plusieurs rencontres ont été organisées à intervalles plus ou moins réguliers à travers l'Europe. En 1988, une nouvelle étape est franchie avec la naissance de l'European Fair Trade Association (Efta)**, en vue de coordonner les fédérations.

Il faut cependant attendre 1981 pour qu'une Fédération Artisans du Monde voie le jour en France. Pour en être membre, une boutique doit se conformer à la charte française du commerce équitable et intégrer plusieurs articles dans ses statuts. L'adhésion se fait en deux phases, sur la base d'un parrainage. Première phase : le candidat dépose sa demande de concession d'utilisation de la marque Artisans du Monde auprès du bureau de la Fédération qui donne un avis motivé communiqué au conseil d'administration ; la décision est ensuite votée au cours de l'assemblée générale. Des visites sont effectuées par un administrateur de la Fédération ou l'animateur régional pour donner des conseils, remplir différents documents, etc. ; les nouveaux membres se voient proposer une formation, sont invités à participer aux interventions de la Fédération ou de leurs groupes parrains auprès des écoles, collèges et lycées. La deuxième phase intervient au bout d'un an environ : elle correspond à la délivrance de l'agrément définitif sur la base d'un dossier dressant un bilan de la première année d'activité, des actions de communication menées auprès de la presse locale, des pouvoirs publics. La demande d'agrément est transmise au conseil d'administration et entérinée au cours de l'assemblée générale.

En 1987, la Fédération se dote d'une commission « com-com » afin de développer une politique de communication externe. Parallèlement, tout en recourant au bénévolat, les boutiques se professionnalisent en soignant leurs vitrines, l'agencement du magasin ; des formations dans le domaine de la gestion et de la vente sont mises en place. Le nombre de produits référencés augmente avec celui des coopératives partenaires tandis que les points de vente se multiplient.

Progressivement, la tonalité tiers-mondiste s'éclipse au profit de l'altermondialisme. Nombre de boutiques coopèrent avec les groupes locaux d'Attac. L'éthique devient un maître mot à côté de celui de solidarité. La Fédération participe d'ailleurs au collectif De l'éthique sur l'étiquette *(voir encadré p. 103)*.

Le commerce équitable selon Artisans du Monde

Les boutiques Artisans du Monde assurent vendre des produits « 100 % équitables ». Équitables au sens où les biens commercialisés sont produits dans le respect des droits de l'homme et des travailleurs *(voir encadré p. 101).* À quoi se sont ajoutées des considérations environnementales.

Respectant à la lettre le slogan *« Trade not aid »*, Artisans du Monde entend faire du partenariat, pas de l'assistance. « Les producteurs avec lesquels nous travaillons sont des partenaires que nous traitons d'égal à égal », précise Jean-Marie Bergère, cofondateur d'une boutique Artisans du Monde à Annemasse et membre du conseil d'administration de la Fédération.

Au début, les boutiques proposaient des articles de pays du Sud qu'elles importaient tant bien que mal directement. Depuis 1984, elles disposent d'une centrale d'achats : FAM'import. Une appellation on ne peut plus maladroite qui sera remplacée par Solidar'Monde en 1994[2]. Le règlement de la Fédération fait obligation aux boutiques de s'approvisionner à hauteur de 75 % minimum auprès de Solidar'Monde, le solde étant à leur discrétion.

La gamme s'est élargie : produits alimentaires, des plus courants (café, thé, chocolat...) aux plus rares (tisane du Népal), soit 120 références, et produits artisanaux (entre 600 et 1 200 selon les arrivages et les saisons).

Si équitables soient-ils, les produits doivent répondre comme n'importe quel autre produit à une demande, voire aux caprices de la mode. Ils doivent en outre satisfaire aux normes de sécurité et sanitaires, sans quoi leur importation serait interdite.

De simples boutiques, la plupart des Artisans du Monde sont devenus des associations, diversifiées dans l'éducation au commerce équitable auprès d'élèves, mais aussi d'adultes désireux de mieux comprendre les mécanismes du commerce mondial. La plupart des boutiques sont dotées de centres de documentation.

Le mouvement n'en continue pas moins de reposer sur le bénévolat, les bénévoles se relayant pour assurer l'ouverture de la boutique. L'ensemble du réseau compte actuellement 5 000 bénévoles (le siège de la Fédération compte une quinzaine de salariés).

Une réflexion s'est engagée récemment sur la politique d'emploi à mener au sein des associations locales (le type de recrutement à privilégier, la cohabitation bénévoles/salariés, la pérennisation des emplois). Pour l'heure, le

2. Membre de News (Network of European World-Shops), qui coordonne les centrales d'importation.

chiffre d'affaires moyen d'un groupe local est d'environ 75 000 euros, quand il en faudrait le double pour créer un emploi salarié.

Aujourd'hui, la Fédération a d'autres défis à relever. Sans aller jusqu'à parler de crise de croissance, elle est confrontée à la progression rapide du nombre de boutiques. En trois années, il est passé d'une centaine à 150.

Autre défi : l'implication grandissante de la grande distribution dans le commerce équitable. Faut-il s'en réjouir ou au contraire craindre une dénaturation du projet ? La question fait débat. Ce dernier est d'autant plus vif que Solidar'Monde a fait récemment le choix de travailler avec la grande distribution. Le débat n'est pas propre à Artisans du Monde ; ses homologues européens, belges et italiens l'ont déjà tranché en faveur d'une ouverture à la grande distribution.

Pour l'heure, le réseau Artisans du Monde assure plus de 70 % du chiffre d'affaires de Solidar'Monde, le reste se répartissant entre des coopératives, d'autres réseaux ou associations, enfin la grande distribution, qui ne représente que 1 %. Autrement dit peu, mais en fait assez pour nourrir d'intenses débats au sein de la Fédération. La diversification vers la grande distribution apparaît aux yeux de beaucoup comme le mariage avec le diable. Comment la grande distribution peut-elle prétendre faire du commerce équitable quand on connaît les pratiques salariales et la pression qu'elle exerce sur les petits producteurs, au Nord comme au Sud ? Au sein du collectif De l'éthique sur l'étiquette, la Fédération lutte déjà contre les abus de la grande distribution. Mais la Fédération ne détient pas la majorité au sein de Solidar'Monde[3].

Le commerce équitable offre au producteur qui y participe la garantie de travailler dans la durée de façon à lui permettre de planifier en conséquence ses investissements et ses recrutements. Si la grande distribution peut satisfaire l'exigence d'une rémunération au juste prix, il est douteux qu'elle puisse s'engager sur le long terme quant à ses approvisionnements auprès des producteurs. Or qu'advient-il si une enseigne renonce du jour au lendemain à commercialiser un produit équitable ? Jean-Marie Bergère cite l'exemple d'une moyenne surface d'Annemasse dont le directeur commercialisait des produits équitables (jus de fruits, ananas séchés et

3. Solidar'Monde est une société anonyme dotée d'un directoire, souverain, et d'un conseil de surveillance, mais sans actionnaires majoritaires. Le CCFD détient presque la moitié du capital, la Fédération environ un quart, le reste étant éparpillé entre des actionnaires individuels et la SCCS (Société civile capital solidaire), qui regroupe elle-même des associations et des particuliers.

confitures) fournis par un groupement de producteurs Nord-Sud (Les Fruits de la solidarité**) avant d'y mettre fin du jour au lendemain suite au changement de direction... D'un autre côté, les producteurs du Sud sont demandeurs d'un accroissement des volumes. Ce qui passe par le concours de la grande distribution...

En 2004, la Fédération a lancé une consultation auprès des bénévoles. Parmi les scénarios possibles : une modification du règlement qui, pour l'heure, fait obligation aux boutiques de s'approvisionner à hauteur de 75 % auprès de Solidar'Monde. Scénario peu probable compte tenu de la position dominante de cette centrale, à moins de s'approvisionner directement ou par l'intermédiaire de ses équivalents européens.

Une autre piste consiste à s'atteler à l'élaboration d'une norme internationale qui empêcherait l'usage abusif de l'expression « commerce équitable » par la grande distribution. La Fédération s'y emploie avec l'Ifat (International Fair Trade) et l'Afnor. En attendant, la Fédération a été associée à l'effort de définition de la norme française du commerce voulue par le ministère du Commerce et des PME en mai 2005.

Autre thème de réflexion : un commerce équitable Nord-Nord. Les producteurs du Sud ne sont pas en effet les seules victimes du commerce international. Forts de ce constat, ils ont développé l'idée d'un commerce équitable Nord-Nord, en même temps que d'un commerce équitable Sud-Sud... Artisans du Monde prend part à cette réflexion. Des magasins travaillent déjà avec les associations pour le maintien d'une agriculture paysanne française. Concrètement, des boutiques proposent chaque semaine la vente de paniers de produits locaux, en lien avec des associations comme les Amap (Associations pour le maintien d'une agriculture paysanne). Une initiative qui est aussi l'occasion d'une réflexion sur les conditions de survie d'une agriculture paysanne... viable écologiquement et socialement (en rémunérant correctement sa main-d'œuvre). On ne saurait être équitable à moitié...

Le commerce équitable peut-il à lui seul transformer le monde ? Rien n'est moins sûr. Les animateurs d'Artisans du Monde ont conscience de devoir porter leur réflexion sur la mondialisation elle-même. Ce qu'ils font d'ailleurs en participant aux mouvements altermondialistes (la Fédération compte parmi les membres fondateurs d'Attac) ou au collectif De l'éthique sur l'étiquette.

Artisans du Monde en chiffres (en 2004)

- Plus de 160 points de vente à travers la France.
- 5 000 bénévoles.
- 60 salariés.
- Plus de 7,79 millions d'euros de chiffre d'affaires.
- 121 : le nombre de groupements de producteurs (de 42 pays d'Asie, d'Afrique et d'Amérique latine) avec lesquels la Fédération travaille.

Les engagements d'Artisans du Monde...

- Acheter des produits à des organisations de producteurs défavorisés du tiers-monde.
- Acheter à un prix qui permette une juste rémunération des producteurs prenant en compte leurs besoins et ceux de leur famille (en matière de formation, de santé, de protection sociale, etc.).
- Adapter la demande aux structures de production existantes.
- Payer comptant et limiter autant que possible les intermédiaires.
- Établir une collaboration suffisamment longue et soutenir les producteurs en cas de problèmes (par des avances pour l'achat des matières premières, par exemple).
- Respecter l'originalité et l'identité culturelle des produits tout en fournissant, quand c'est nécessaire, les indications permettant leur meilleur écoulement sur le marché français (taille, goût, couleur, etc.).
- Informer sur les inégalités du commerce international.
- Participer à des campagnes d'opinion visant à changer le commerce international.
- Être transparent en diffusant des informations.

... **et des coopératives de producteurs**

- Agir en faveur d'un développement humain durable.
- Associer les producteurs aux prises de décisions.
- Assurer aux producteurs des rémunérations et des conditions de travail décentes ainsi qu'un revenu aussi régulier que possible.
- Défendre les droits de la personne humaine au travail (pas de travail forcé, de discrimination, d'exploitation du travail des enfants).

• Respecter et promouvoir l'identité culturelle.
• Agir pour le développement de la communauté (en la faisant bénéficier des revenus générés par la vente de ses produits et en incitant d'autres producteurs).
• Respecter, autant que possible, l'environnement dans la production, le transport et l'utilisation des matières premières.
• Rechercher des débouchés sur les marchés locaux afin de ne pas devenir dépendants des marchés extérieurs.
• Être transparent en diffusant des informations.

Source : Artisans du Monde,
http://artisansdumonde.org/commercequitable/comequi.htm

« Artisans du Monde a vocation à disparaître », rencontre avec Jean-Marie Bergère

Fondateur de la boutique Artisans du Monde à Annemasse et actuel membre du conseil d'administration de la Fédération, Jean-Marie Bergère livre son témoignage sur son engagement en faveur du commerce équitable.

Avant de s'engager dans Artisans du Monde, Jean-Marie Bergère avait un long passé d'engagement associatif, notamment dans la solidarité internationale. De longue date, il s'intéresse aux problèmes du tiers-monde (il fait partie des premiers membres de l'association Aide et Action, créée au début des années 1980 en vue de parrainer des enfants ou des écoles de pays en développement). Mais Jean-Marie Bergère a bien d'autres casquettes : il travaille dans une association genevoise qui programme des concerts de musique contemporaine, produits à travers le monde. Il est également typographe-metteur en pages dans une petite maison d'édition diffusée par Les Belles Lettres.

Ce n'est qu'en 1996 qu'il entend parler d'Artisans du Monde par sa femme qui a trouvé un emploi bénévole au sein de la boutique d'Annecy. Jean-Marie Bergère prête main-forte, sans être membre, en rédigeant des fiches sur les producteurs. Il y adhérera finalement suite aux Journées du commerce équitable organisées par Artisans du Monde d'Annecy à Annemasse. « J'avais rencontré à cette occasion un Béninois, cordonnier dans un centre commercial de la ville, qui m'a dit qu'il cherchait quelqu'un pour créer une boutique dans cette ville. J'ai dit oui. »

Tout aussi naturellement, il a accepté de réduire son temps de travail pour pouvoir se consacrer à son action bénévole. Au moment du lancement du groupe d'Annemasse, elle lui prenait une vingtaine d'heures par semaine. « Être bénévole à Artisans du Monde n'est pas de tout repos. »

Avec une poignée d'amis et le parrainage de membres du groupe d'Annecy, il crée le groupe d'Annemasse en juin 2002. L'année suivante, il participe au contre-sommet du G8 qui se tient à Évian. C'est à cette occasion qu'il se voit proposer de rejoindre le conseil d'administration de la Fédération, ce qu'il fait en 2003. Il devient trésorier en 2004. Ascension fulgurante ? « Difficile de parler d'ascension dans l'univers associatif. On a plutôt l'impression d'être de plus en plus écrasé par la charge des responsabilités », explique Jean-Marie non sans humour. Pour s'investir dans le conseil d'administration, il restreint son engagement au sein du groupe d'Annemasse. Par semaine, c'est une trentaine d'heures qu'il consacre à son bénévolat, sans compter les déplacements et les réunions à Paris ou ailleurs.

« Comme dans d'autres associations, l'engagement au sein d'Artisans du Monde est loin d'être un long fleuve tranquille, tant les oppositions, les divergences de points de vue peuvent être fortes », observe Jean-Marie tout en affichant son optimisme quant à la réussite de l'action d'Artisans du Monde. Pour lui, Artisans du Monde est ni plus ni moins appelé à... disparaître. « Cela signifiera que tout le commerce mondial sera devenu équitable ! »

Pourquoi De l'éthique sur l'étiquette ?

Dans l'ouvrage publié à l'occasion du 25e anniversaire d'Artisans du Monde, Pascal Erard, animateur du collectif De l'éthique sur l'étiquette, explique en ces termes la genèse de celui-ci : « L'objectif était de promouvoir le commerce équitable auprès d'un public plus large que celui, militant, qui fréquente nos boutiques. [...] Nous voulions proposer aux grandes surfaces une marque, Trans'Fair, qu'elles pourraient utiliser si elles garantissaient l'origine "éthique" du produit. Nous avions songé débuter par le café. Mais comme en parallèle se développait l'action de Max Havelaar en faveur de ce produit, nous avons voulu éviter les interférences. D'où le recentrage sur le textile. »

Le collectif crée ainsi un « label social » attribué aux marques et aux distributeurs qui adoptent un code de conduite complet consistant ni plus ni moins à respecter les droits et interdictions définis par l'Organisation internationale du travail (OIT), à savoir : l'interdiction d'exploiter les enfants et de recourir au travail forcé ou à l'esclavage ; le respect de la liberté syndicale ; le refus de toutes formes de discrimination, à l'embauche et dans les salaires, entre hommes et femmes, entre travailleurs de races différentes ; enfin, des rémunérations décentes.

Par ailleurs, le collectif lance des campagnes de signatures en vue de sensibiliser les fabricants et les distributeurs de vêtements sur l'origine de leurs produits. Au cours de la première campagne (« Libère tes fringues »), le collectif recueille 25 000 signatures. Il en réunira 80 000 lors la suivante (« Éthique sur l'étiquette »).

Désormais, les associations de consommateurs, réticentes au début, participent au collectif. Elles se sont laissé convaincre que ni le prix ni la qualité ne pouvaient suffire pour apprécier la qualité d'un article.

SEL, OÙ EN EST-ON ?

Ils ont fait beaucoup parler d'eux dans les années 1990 en suscitant l'intérêt des médias et des chercheurs. Aujourd'hui, les SEL se font plus discrets. Ils se heurtent, il est vrai, à des soupçons de concurrence déloyale et, plus fondamentalement, aux limites de leur logique antiétatique. Sans compter les abus de certains de leurs membres...

Les premiers SEL sont apparus au milieu des années 1990 dans l'idée de favoriser le lien social, à travers l'échange sous forme d'entraide ou de coup de main. Chaque membre commence avec un compte à zéro, lequel devient négatif s'il acquiert un bien ou un coup de main. Inversement, il devient positif si c'est lui qui cède le bien ou donne un peu de son temps. Afin d'éviter un déséquilibre, un adhérent ne doit pas dépasser certaines limites (+ ou – 2 000 grains). Si les adhérents sont libres de fixer le montant de l'échange, un SEL recommande d'ordinaire qu'une heure de travail vaut entre 50 et 60 grains.

La vocation de ce type de dispositif apparemment sophistiqué est de permettre à des personnes qui ne se connaissent pas de faire connaissance à travers des échanges de biens et de services. En d'autres termes, il s'agit de réhabiliter l'échange comme support du lien social. Une situation débitrice n'est pas en soi un problème, au contraire : elle oblige l'intéressé à donner un peu de son temps ou à vendre des biens, et ce, pas nécessairement au profit de ceux auxquels il a acheté un bien ou bénéficié de temps. C'est le principe de la réciprocité. En cela, le SEL diffère du troc, auquel on l'a souvent comparé. Alors que le troc suppose un échange entre deux personnes, au même instant, de choses ayant à peu près la même valeur, le SEL favorise l'échange entre différentes personnes, à différents moments, de biens, de services ou encore de savoirs. En échange d'un bien reçu de B, A rendra un service à B ou à C. Cette réciprocité est sensée participer à la production d'une sociabilité entre les membres, soit la vocation première du SEL. Autre différence : alors que le troc n'exclut pas l'accumulation, le SEL le bannit, précisément pour favoriser l'échange et l'implication de tous les membres. Chacun d'eux doit en principe se retrouver tour à tour débiteur et créditeur.

On a également rapproché les SEL des tontines. Une fois encore, il s'agit de dispositifs différents. Alors que les SEL expriment un rejet de l'argent, les tontines affirment au contraire son rôle dans la constitution du lien social.

Ce parti pris des SEL ne les a pas empêchés en pratique de créer un système hypermonétarisé à partir d'une nouvelle forme de monnaie, appelée grains (mais qui peut prendre une autre dénomination selon les SEL). Une monnaie dont, cependant, on ne peut faire usage en dehors de l'association, sauf avec d'autres SEL.

A priori, quiconque, qu'il soit jeune, retraité ou chômeur, peut participer à un SEL, même s'il a l'impression de n'avoir rien à vendre ni aucune compétence particulière. Car si cela s'avère exact au regard des critères de l'économie marchande, ce peut être faux au regard des besoins individuels. Connaître une recette de cuisine ou savoir jardiner, repriser, etc., sont autant de compétences qui peuvent être utiles à autrui.

Cependant, depuis 2000, le nombre de membres serait stable, voire en régression, en France comme dans les pays développés. En Argentine, le phénomène a explosé suite à la crise financière avant de retomber. Parmi les explications possibles, il y a la logique antiétatique dans laquelle s'inscrivent les SEL. Ce qui n'empêche pas certains d'entre eux d'organiser leurs réunions dans des locaux mis à disposition par la municipalité...

Or, pour l'anthropologue et économiste Jean-Michel Servet, la finance solidaire qu'incarnent à leur façon les SEL ne peut se développer qu'à partir d'une dynamique d'hybridation des ressources, qu'elles soient publiques, privées ou associatives. Certains SEL s'y emploient d'ailleurs, comme ce SEL qui propose d'accompagner des personnes âgées d'une maison de retraite en échange de plats cuisinés. Il y a bien hybridation entre une institution publique (la maison de retraite) et une association (le SEL).

Force est cependant de constater que ces dynamiques d'hybridation ont été peu exploitées. La cause n'est pas imputable aux seuls SEL et à leur logique antiétatique. Sans doute le poids des réglementations a des effets dissuasifs. Les SEL doivent en outre faire face à l'irritation de chefs d'entreprise et d'artisans qui voient en eux une concurrence déloyale. Alors qu'elles sont assujetties à la TVA, les SEL ne le sont pas. Ces derniers ont beau considérer qu'il ne s'agit que d'entraide et de coups de main, des abus ont pu être commis au point d'alerter l'attention du fisc. *Last but not least*, des SEL ont pu pâtir du manque d'engagement de certains de leurs membres qui n'ont pas joué le jeu de la réciprocité...

Pour l'heure, les SEL semblent être le plus souvent animés par des néoruraux ou des bénévoles issus des classes moyennes qui trouvent là un instrument de sociabilité. Les possibilités d'hybridation avec des institutions publiques s'en trouvent limitées.

Posons crûment la question : le phénomène ne serait-il pas passé de mode ? Le secrétariat d'État à l'Économie solidaire s'était efforcé, durant son éphémère existence (2000-2002), de structurer le mouvement. Non sans difficultés du fait de son ancrage local, de sa dissémination et, encore une fois, de sa culture antiétatique rétive à toute tentative de réglementation et de contrôle externes.

MOTS CLÉS, ACTEURS CLÉS, BIBLIOGRAPHIE

MOTS CLÉS

Commerce équitable

En un sens large, désigne l'ensemble des pratiques visant à garantir un revenu à de petits producteurs (de produits agricoles ou artisanaux) du Sud. Dans la pratique, il recouvre plusieurs approches (Boutiques du Monde, labels, etc.). Globalement, et malgré sa notoriété grandissante, le commerce équitable est loin de représenter une alternative au commerce international classique fondé sur les cours mondiaux fixés par les marchés internationaux de matières premières et de produits agricoles.

Voir article p. 84.

Réciprocité

Cette notion s'impose pour caractériser des formes originales d'échange, dans le cadre notamment des systèmes locaux d'échange (SEL). Alors que l'échange commercial implique deux personnes (incarnant l'offre et la demande), la relation réciproque met en jeu plusieurs personnes, celui qui donne ne recevant pas en retour nécessairement du bénéficiaire de son don, mais d'une tierce personne.

Système d'échange local (SEL)

Parmi les manières alternatives d'échanger, les SEL, apparus dans les années 1980, illustrent le mieux l'importance de la réciprocité et son rôle dans la production de lien social.

Voir article p. 105.

ACTEURS CLÉS

Alter Eco

Créée en 2002 par Tristan Lecomte, après une tentative de boutique associative puis de commerce en ligne, cette entreprise d'importation de produits équitables (à ne pas confondre avec le magazine *Alternatives économiques*) entend maximiser les ventes du commerce équitable en privilégiant la diffusion *via* la grande distribution. Aujourd'hui, près d'une soixantaine de produits (riz, sucre, thé, chocolat, café, cœurs de palmier...) issus du commerce équitable sont vendus sous la marque Alter Eco dans 2 000 supermarchés et hypermarchés français (Monoprix dès 2002, Cora, Coop et Match depuis 2003, Leclerc et Super U depuis 2004). Le chiffre d'affaires est passé de 850 000 euros en 2002 à 5,4 millions d'euros en 2004.

23, rue Lavoisier
75008 Paris
Tél. : 01 46 28 93 21
www.alter-eco.com

Biocoop

Constitué en 1987 par des producteurs, des transformateurs, des fournisseurs et des distributeurs, ce réseau de magasins est spécialisé dans la diffusion de produits bio, d'écoproduits et de produits issus du commerce équitable. En 2004, il comptait 230 magasins et supermarchés à travers la France (l'ouverture de 70 autres était prévue pour l'année 2005). L'ensemble représente environ 1 800 salariés et un chiffre d'affaires d'environ 160 millions d'euros (2003).

Réseau Biocoop
157, rue des Blains
92220 Bagneux
Tél. : 01 45 36 17 17
www.biocoop.fr

European Fair Trade Association (Efta)

Le réseau européen des importateurs de produits équitables.

www.eftafairtrade.org

Fairtrade Labelling Organization (FLO) International

Créé par l'Efta, la FLO International labellise 375 organisations dans 48 pays.

www.fairtrade.org

Fédération Artisans du Monde

Créée en 1981, elle fédère un peu plus de 153 points de vente de produits issus du commerce équitable à travers la France. Elle est également à l'origine du collectif De l'éthique sur l'étiquette *(voir encadré p. 103)*.

Voir article p. 95.

53, boulevard de Strasbourg
75010 Paris
Tél. : 01 56 03 93 50
www.artisansdumonde.org

Max Havelaar

Le pionnier du commerce équitable labellisé, créé au Pays-Bas en 1988. L'association française date elle de 1992. En 2004, on comptait en France environ 2 000 points de vente de produits portant le label pour un chiffre d'affaires tolalisant 70 millions d'euros contre 6 en 2000. Max Havelaar France est membre de la Plate-Forme pour le commerce équitable (PFCE)** et de la Fairtrade Labelling Organization (FLO) International.

Max Havelaar France
41, rue Émile-Zola
93107 Montreuil Cedex
Tél : 01 42 87 70 21
www.maxhavelaarfrance.org

Plate-Forme pour le commerce équitable (PFCE)

Créée en 1997, cette association fédère les acteurs du commerce équitable en France (soit une trentaine de membres). Outre la promotion de ce commerce auprès des consommateurs et le conseil auprès des porteurs de projet, elle participe à la mise en place d'un système de garanties (norme Afnor et contrôle). Elle organise depuis 2004 la « quinzaine du commerce équitable ». Membre de la Fairtrade Labelling Organization (FLO) International.

61, rue Victor-Hugo
93500 Pantin
Tél. : 01 48 91 20 75
plate-forme@commercequitable.org
www.commercequitable.org

Sel'idaire

Appelée à l'origine « Coordination des SEL », cette association a pour objectifs de promouvoir la diffusion des informations sur les SEL, de favoriser leur création et leur développement, et enfin de faciliter la communication entre eux.

BP 34
80081 Amiens Cedex 02
www.selidaire.org

Solidar'Monde

Créée en 1984, c'est la première centrale d'achats française de produits équitables. Jusqu'à présent, ses produits étaient diffusés *via* les Artisans du Monde, mais récemment Solidar'Monde a entrepris d'approvisionner également la grande distribution. Membre de l'European Fair Trade Association (Efta), qui regroupe les importateurs.

86, rue Berthie-Albrecht
94400 Vitry-sur-Seine
Tél. : 01 45 73 65 43
www.solidarmonde.fr

Tech-Dev

Créée en 1994, cette ONG qui entreprend de mettre la technologie au service du développement (d'où son nom) participe par ailleurs à une forme originale de commerce équitable : avec une société savoyarde, elle commercialise une gamme de confitures appelée « Les Fruits de la solidarité », faite à base d'ananas du Bénin et de fruits rouges de Savoie.

Humbert de Beaumont
32, rue Le Peletier
75009 Paris
Tél. : 01 40 22 60 95
techdev@club-internet.fr

BIBLIOGRAPHIE

Sur le commerce équitable

BORIS Jean-Pierre, *Commerce inéquitable, le roman noir des matières premières*, Paris, Hachette Littératures, 2005.

Une approche critique du commerce équitable, auquel l'auteur reproche notamment d'occulter les vrais problèmes découlant de la disparition des grands accords internationaux relatifs à la régulation des marchés de matières premières.

JOHNSON Pierre (dir.), *Commerce équitable, propositions pour des échanges solidaires au service du développement durable*, Lausanne, éditions Charles Léopold Mayer, 2003.

LECOMTE Tristan, *Le Pari du commerce équitable*, Paris, Éditions d'Organisation, 2003.

Un essai par le fondateur d'Alter Eco, une centrale d'achats de produits équitables pour la grande distribution.

POULIQUEN Katell, *Le Commerce équitable*, Paris, Marabout, 2003.

VAN DER HOFF Franz et ROOZEN Nico, *L'Aventure du commerce équitable. Une alternative à la mondialisation*, Paris, Jean-Claude Lattès, 2002.

Le commerce équitable par les inventeurs du label Max Havelaar.

ANNUAIRE DU COMMERCE ÉQUITABLE, publié en 2002-2003.

Une présentation des principaux acteurs et points de vente éditée par la Plate-Forme pour le commerce équitable (disponible gratuitement auprès de celle-ci ou dans les boutiques vouées au commerce équitable).

E-CHANGEONS LE MONDE ! Échangeons équitablement, collectif, Fédération Artisans du Monde, 1999.

Plaquette réalisée à l'occasion du vingt-cinquième anniversaire d'Artisans du Monde.

Sur les SEL

LAACHER Smaïn, *Les SEL, une utopie anticapitaliste en pratique*, Paris, La Dispute, 2003.

Une analyse sociologique fondée sur un travail de terrain.

SERVET Jean-Michel (dir.), *Une économie sans argent : les systèmes d'échange local*, Paris, Le Seuil, 1999.

Une des premières analyses du phénomène des SEL, leur genèse, leurs principes et les perspectives de développement.

À lire aussi

GODBOUT Jacques T., *Le Don, la dette et l'identité*, Paris, La Découverte/Mauss, 2000.

L'auteur défend l'idée de la survivance de formes de dons « gratuits » dans les sociétés modernes.

IV. Entreprendre

Qui dit entreprise pense spontanément à profit, *a fortiori* quand il s'agit d'une SA (société anonyme) ou même d'une SARL (société anonyme à responsabilité limitée). Pourtant, de tout temps ou presque, il s'est trouvé des entrepreneurs mus par d'autres finalités : la solidarité, la lutte contre l'exclusion, le partage des compétences, la mutualisation des risques, l'intérêt général sinon collectif, etc.

En effet, il existe une tradition ancienne qu'il est convenu d'appeler l'économie sociale* : les Scop* et les mutuelles sont apparues dès le XIXe siècle (la première Scop date de 1844, tandis que les sociétés de crédit mutuel sont reconnues en France dès 1852) en réponse aux excès du capitalisme d'alors. Les premières consistent à réunir des compétences, les secondes à mutualiser les risques.

Depuis les années 1960-1970, d'autres initiatives sont apparues pour lutter contre l'exclusion et le chômage de masse : les entreprises par l'insertion économique, qui, parce que fondées sur le principe de la solidarité, s'inscrivent dans ce qu'il est convenu d'appeler l'économie solidaire*, laquelle puise dans une tradition plus ancienne (le solidarisme).

Quoique encore marginales, ces autres composantes de l'économie occupent un nombre non négligeable de salariés, et certaines de ces entreprises jouent un rôle majeur dans leur secteur respectif. Elles ont été en outre à l'origine d'indéniables innovations sociales (qu'on songe à la Sécurité sociale, dont la création doit beaucoup à la tradition mutualiste).

Qu'elles relèvent de l'économie sociale ou solidaire, ces entreprises ne visent pas forcément à se substituer à l'économie marchande. Pour la plupart, elles en font partie intégrante (des coopératives sont d'ailleurs des SA ou des SARL). D'autres se situent entre l'économie marchande et l'économie non marchande (nombre d'entreprises solidaires* sont des associations bénéficiant de subventions).

Nous avions l'embarras du choix pour illustrer ces nouvelles manières d'entreprendre à travers un témoignage vivant rendant compte à la fois des avantages et des difficultés qu'elles représentent. Parce qu'elles sont encore sujettes à toutes sortes d'idées reçues malgré leur ancienneté et parce qu'elles constituent un des principaux viviers de l'économie sociale, nous avons porté notre attention sur les Scop *(voir article p. 126)*, et l'une d'elles en particulier : Incidences *(voir p. 129)*.

On se gardera de fournir ici des conseils pratiques. Les candidats à l'entrepreneuriat social* ou solidaire disposent désormais de guides pratiques complets *(voir bibliographie p. 142)* qui fournissent toutes les informations nécessaires sur les organismes à consulter, les dispositifs d'aides et de financement existants.

Signe des temps ? Toujours est-il qu'il ne sera guère question dans ce chapitre de l'entreprise citoyenne. Apparue dans les années 1980, elle relevait plus du slogan que de la réalité. Reconnaissons-lui cependant le mérite d'avoir préparé le terrain à une plus grande attention à des manières d'entreprendre qui s'emploient à concilier économie et démocratie sinon à contribuer au lien social.

Entreprise sociale* (ou solidaire) : l'expression s'est à l'inverse imposée *(voir article p. 135)*. Elle jouit d'une reconnaissance des pouvoirs publics et même des organisations internationales comme l'OCDE, dont le service du développement territorial a proposé en 1998 une définition de l'entreprise sociale. Parallèlement à ces manières d'entreprendre autrement, on assiste depuis une vingtaine d'années à la valorisation de la responsabilité sociale de l'entreprise (RSE)*. À la différence de l'entreprise sociale, elle est loin de faire l'unanimité *(voir article p. 138)*. Cependant, Éric Persais, professeur de gestion à l'université de Poitiers, montre à travers l'entretien qu'il nous a accordé comment le fait d'imposer la production de rapports sociétaux aux grandes entreprises a pu induire des changements de comportement de la part de multinationales *(voir entretien avec Éric Persais, p. 116)*.

LES MULTINATIONALES À L'HEURE DES RAPPORTS SOCIÉTAUX

Entretien avec Éric Persais

Depuis la loi sur les nouvelles régulations économiques (NRE), les entreprises françaises cotées en Bourse sont astreintes à publier un rapport sur l'impact de leurs activités et sur leurs objectifs en matière environnementale et sociale. Une pratique déjà ancienne dans les pays anglo-saxons où elle a été initiée par des dirigeants ayant milité pour la protection de l'environnement et le principe d'équité ; les premiers virent le jour à la fin des années 1980. Que penser de ces rapports ? Sont-ils un instrument supplémentaire de la communication des entreprises, ou celles-ci jouent-elles vraiment le jeu ? Dans cette éventualité, dans quelle mesure ces rapports et les objectifs qu'ils affichent induisent-ils une transformation des organisations ? Éléments de réponse avec Éric Persais, qui enseigne les sciences de la gestion à l'université de Poitiers et qui poursuit depuis plusieurs années une réflexion sur l'éthique en entreprise. Dans cette perspective, il a mené une étude comparée des rapports sociétaux de plusieurs multinationales, françaises et étrangères. Après avoir rappelé la genèse de ces pratiques venues des pays anglo-saxons, il en décrit les implications aussi bien pour l'entreprise que pour ses différentes parties prenantes* : salariés, sous-traitants, mais aussi ONG, collectivités locales, etc.

« Dans certaines entreprises, le dialogue
avec les salariés et les autres parties prenantes est considéré
comme une source d'échanges et de progrès social. »

La loi sur les nouvelles régulations économiques (NRE) impose un rapport sociétal aux entreprises cotées en Bourse. Quel est le principe et l'origine de ce type de rapport ?

L'origine des rapports sociétaux est relativement ancienne : elle est à trouver dans les convictions de dirigeants ou de fondateurs de firmes ayant milité pour la cause environnementale ou sociale dès les années 1970. Citons Ben Cohen et Jerry Greenfield, créateurs de Ben & Jerry's, Anita Roddick, à l'origine de l'enseigne Body Shop, Yvon Chouinard pour Patagonia. La publication de rapports sociétaux est venue plus tard. Ben & Jerry's est le premier à s'y lancer en 1988, en intégrant dans son rapport annuel aux actionnaires un bilan de ses impacts environnementaux et sociaux. Quelques années plus tard, en 1995, Body Shop publie un rapport complet intégrant un bilan environnemental, un bilan sur la protection animale, un document sur l'approche en matière d'audit éthique et un bilan social...

Il y a eu ensuite un effet d'entraînement à partir de ces entreprises pionnières. Les entreprises internationales membres du World Business Council for Sustainable Development (WBCSD) ont à leur tour poussé leurs fournisseurs ainsi que d'autres acteurs à aller dans cette voie.

Mais la publication de rapports sociétaux ne doit pas faire oublier que de nombreuses entreprises se sont souciées, dès la fin des années 1980, de l'impact de leurs activités sur l'environnement (au moment, notamment, de l'avènement du concept de développement durable en 1987) et ont tenté de diminuer cet impact soit par la mise au point de produits plus « propres », soit par l'utilisation de technologies moins polluantes. Parallèlement, nombreuses sont celles qui ont publié dès cette époque un rapport où elles faisaient le point sur l'impact de leurs activités et leurs objectifs en matière d'environnement. La question de la publication d'informations extra-économiques s'est progressivement étendue pour concerner les domaines éthique et social.

Le respect de l'environnement est progressivement devenu une « norme », notamment sous l'influence d'entreprises nord-européennes (implantées dans des pays où la sensibilité environnementale est forte). Désormais, nombreux sont les donneurs d'ordres qui exigent de leurs fournisseurs l'obtention d'une norme, ISO 14000 ou SMEA[1]. C'est ainsi qu'en 1998 un fabricant de meubles du sud-ouest de la France a été écarté d'un appel d'offres d'Ikea parce qu'il n'était pas en mesure de donner des informations sur sa politique environnementale.

1. Système de management environnemental et d'audit.

La loi NRE apporte-t-elle quelque chose de spécifique ?

La loi NRE a évidemment changé la donne puisqu'elle oblige, depuis le 20 février 2002, les entreprises cotées à donner dans leur rapport annuel des précisions sur les conséquences sociales et environnementales de leurs activités[2]. Cette loi ne s'applique pas à toutes les entreprises, mais il y a fort à parier que la publication d'informations sociétales deviendra progressivement la règle. En effet, le phénomène de mondialisation fait désormais peser de plus en plus de soupçons sur les entreprises, qui doivent prouver qu'elles agissent de façon responsable. Les scandales financiers d'Enron, d'Ahold et de Parmalat ont probablement été les « gouttes d'eau qui ont fait déborder le vase » !

Venons-en à ces rapports sociétaux. Qu'y lit-on précisément ?

Chaque entreprise conçoit son rapport comme elle l'entend. Cependant, certains cadres semblent émerger, notamment celui de la Global Reporting Initiative (GRI) qui a travaillé à la mise au point d'un cadre de référence pour l'établissement de rapports sociétaux[3]. Bien que celui-ci ne soit pas le seul standard en application dans le domaine écologique ou social[4], il est aujourd'hui largement accepté dans les milieux économiques. Le but est de réduire la confusion, d'harmoniser le plus possible les règles de la communication d'informations sociales et environnementales et de maximiser l'utilité des rapports, tant pour les entreprises qui les publient que pour ceux qui les utilisent. La GRI a ainsi défini un certain nombre de lignes directrices qui guident les firmes dans leur démarche de production de rapports. L'idée est d'en faire un canevas suffisamment souple pour que celui-ci soit applicable à des organisations différentes, mais suffisamment précis pour en faire un outil universel.

---

2. L'article L. 225-102-1 du Code de commerce (modifié par l'article L. 116-I de la loi L. 420 du 15 mai 2001) précise que le rapport présenté par le conseil d'administration ou le directoire à l'assemblée générale comprend des informations sur la manière dont la société prend en compte les conséquences sociales et environnementales de son activité. Le décret d'application paru le 20 février 2002 précise le type d'informations que doit contenir le rapport aux actionnaires.
3. Pour les lignes directrices, voir le site *www.globalreporting.org*
4. Par exemple, la norme SA 8000 développée par la SAI (Social Accountability International) est un outil qui permet aux organisations de s'assurer que les conditions de travail sont respectées aussi bien dans leurs propres usines que dans celles de leurs fournisseurs.

De manière générale, un rapport sociétal doit comporter une déclaration du PDG, le profil de l'entreprise, une synthèse et des indicateurs clés, la vision et la stratégie de l'entreprise, l'organisation et les systèmes de gestion, les performances (environnementales, économiques, sociales et intégrées).

Dans quelle mesure les salariés des différentes filiales et usines sont-ils impliqués, mobilisés ?

Leur participation est en théorie prévue par la législation, tout au moins sur certains points : la consultation du comité d'entreprise (entreprises de plus de 50 salariés) ou du comité d'hygiène, de sécurité et des conditions de travail (CHSCT) sur des questions relatives au domaine du social et de la sécurité au travail est inscrite dans le Code du travail. Cela dit, on est essentiellement dans le domaine du consultatif : le chef d'entreprise n'est pas tenu de suivre les recommandations de ces deux instances. Remarquons cependant que le bilan social est une obligation légale dans les entreprises de plus de 300 salariés.

Si l'on parle des rapports sociétaux, le problème est différent. Si la question est de savoir s'ils sont consultés pour donner leur avis sur la politique sociale de l'entreprise, je dirai, encore une fois, que c'est à la discrétion de la direction.

Certaines entreprises comme, par exemple, la Cooperative Bank ou Vancity pratiquent un audit social ou consultent leurs salariés pour savoir ce qu'ils pensent de la politique sociale de l'entreprise par l'intermédiaire d'enquêtes ou de *focus groups*. Le dialogue avec les salariés est alors considéré comme une source d'échanges et de progrès social. En France, la Maif (mutuelle d'assurances) s'est engagée dans un processus de construction d'un bilan sociétal en consultant ses parties prenantes, et notamment ses salariés.

Mais ces exemples sont encore rares. Le plus souvent, la consultation n'existe pas et l'on se sert de la politique des ressources humaines pour amener les salariés à adopter un comportement qui correspond aux intérêts de l'entreprise... Outre une lettre d'information, il peut y avoir une incitation par des opérations de type « les gestes verts », comme chez Danone. C'est pour l'entreprise le moyen de réduire le risque de confrontation avec des groupes activistes.

Dans le cas de Danone, la responsabilité vis-à-vis des employés n'est d'ailleurs pas de garantir l'emploi à vie, mais plutôt l'employabilité des individus. À partir d'une telle position, il est difficile d'imaginer qu'ils puissent être consultés de façon positive sur des sujets qui les concernent !

De façon générale, il me semble important de souligner que le statut juridique n'est pas sans incidence sur le fait d'impliquer ou non les salariés : ainsi, la Maif, qui se veut être un modèle social « militant », est évidemment tenue d'impliquer les salariés dans la définition de sa politique. À l'inverse, Danone ou Ford, qui ont des comptes à rendre à leurs actionnaires (détenteurs des droits « résiduels »), sont moins enclins à laisser la parole, et donc une partie du pouvoir de décision, à leurs salariés.

Cependant, on ne peut jeter la pierre de façon systématique aux entreprises actionnariales, certaines ayant instauré de longue date un management de type participatif. Je pense en particulier à Lafarge. C'est en fait la volonté du dirigeant qui imprime cette orientation.

Et les sous-traitants, ont-ils leur mot à dire ?

Le problème est identique : dans certains cas, on leur demande de noter l'entreprise par rapport aux relations qu'elle entretient avec eux. C'est le cas, par exemple, de la Cooperative Bank. Dans d'autres entreprises, les fournisseurs sont traités comme des partenaires que l'on va aider dans leur propre démarche sociétale. Ils ne sont alors pas impliqués dans le processus d'évaluation de l'entreprise, mais sont considérés comme des alliés. Dans d'autres, enfin, l'entreprise évaluera ses fournisseurs (éventuellement potentiels) par rapport à leur politique sociale, et cette évaluation servira à décider de l'opportunité d'engager, voire de pérenniser, ou non la relation (on se retrouve dans une logique purement économique).

L'approche sociétale a-t-elle des incidences sur l'organisation des entreprises ?

Pour être effective, l'approche sociétale implique nécessairement des aménagements structurels. On pense évidemment aux modifications apportées au niveau de l'organigramme (comme par exemple la nomination d'un directeur environnement, d'un *Ethics Officer* ou d'un déontologue). Cependant, cette nomination ne doit pas être une opération de façade. La personne doit avoir de réelles prérogatives et un pouvoir décisionnel fort. Sa position dans l'organigramme est généralement significative de l'importance donnée à la fonction. Un responsable environnement qui se trouve sous la direction d'un chef d'atelier n'aura pas le pouvoir d'agir sur l'ensemble de la politique environnementale, puisque l'amélioration de la performance suppose de travailler sur la conception des produits (recherche-développement), sur les matériaux utilisés (achat)... À l'inverse, un responsable environnement qui fait partie du comité stratégique aura en théorie une réelle influence. Dans certains cas, les entreprises préfèrent opter pour une commission environnement. Le danger, c'est alors que personne ne soit véritablement responsable de ce qui a été décidé et doit être mis en œuvre.

Sur le plan de la structure organisationnelle, les modifications doivent aller plus loin, et chaque dimension doit être sollicitée. En ce qui concerne le processus de prise de décision, le management sociétal plaide en faveur d'une approche décloisonnée des problèmes et doit faire tomber les barrières entre les services, les individus... C'est particulièrement le cas pour le lancement d'un nouveau produit présentant un moindre impact environnemental : on doit faire appel à toutes les fonctions concernées.

Pour ce qui est de la planification et du contrôle, une démarche sociétale ne peut être effective que dans la mesure où l'on se fixe des objectifs sur une période déterminée (diminution des rejets polluants de 30 % sur un horizon d'un an, par exemple), où l'on planifie (en adoptant des processus de production moins gourmands en énergie) et où l'on fasse un contrôle *a posteriori*. Ce contrôle peut être permanent (suivi d'indicateurs) et/ou ponctuel (à partir d'audits environnementaux, à intervalles réguliers, de l'ensemble des sites de production)...

Enfin, la prise en compte de considérations éthiques, environnementales ou sociales n'est pas sans conséquences sur la gouvernance de l'entreprise. Les constats que j'ai pu faire m'amènent à dire qu'elles sont généralement de deux ordres : nomination d'un ou de plusieurs administrateurs issus de la société civile ou des salariés ; création de comités spécialisés (environnement ou développement durable) au niveau du conseil d'administration.

Où en est-on dans l'évaluation de ces rapports ?

L'heure est à la mise en place d'organismes indépendants. La vérification par de tels organismes permet d'améliorer la qualité, l'utilité et la crédibilité des rapports. Cela renforce également l'exhaustivité de l'ensemble ou de certains éléments constitutifs de ce document. En substance, ce contrôle peut aussi faire progresser la qualité des informations utilisées par l'entreprise, ainsi que les systèmes et procédés de gestion qui sous-tendent son activité. Cela dit, d'autres moyens permettent d'améliorer les rapports, tant au niveau du contenu que des processus qui aboutissent à son élaboration. La GRI énumère notamment : l'audit interne des systèmes et procédures de mesure, les évaluations et commentaires d'experts externes indépendants, une déclaration explicite du conseil d'administration ou du président-directeur général certifiant que le rapport a été élaboré en conformité avec les principes de la GRI.

Évidemment, ces mécanismes ne remplacent pas la procédure de validation par un organisme indépendant. Ils tendent néanmoins à renforcer le crédit que l'on peut accorder aux informations contenues dans le document (caution morale).

Cependant, des entreprises choisissent de faire valider leur rapport par un organisme indépendant (c'est le cas de Vancity, de la Cooperative Bank ou de Camelot, dont j'ai étudié les rapports sociétaux). Elles utilisent conjointement l'un ou l'autre des mécanismes cités précédemment. Par exemple, pour la phase de construction, Vancity fait appel à son équipe d'auditeurs internes, l'auditeur externe étant sollicité « pour assurer que le rapport est sérieux, fiable, équilibré et qu'il donne une représentation raisonnable de la performance écologique et sociale de l'organisation ». La Cooperative Bank non seulement fait appel à des organisations indépendantes pour la construction du rapport (Business in the Community pour la partie sociale), mais fait également valider l'ensemble du document par une société d'audit indépendante (Ethics). L'auditeur souligne d'ailleurs s'être conformé à l'AA1000, considéré comme le standard en matière d'audit social et éthique. Camelot fait également vérifier son rapport par un consultant indépendant qualifié[5]. De surcroît, l'entreprise signale avoir fait approuver ce rapport par un panel d'experts.

Toutes les firmes sont loin d'être disposées à faire valider leurs rapports par un organisme accrédité. Ce constat soulève un certain nombre d'interrogations : les entreprises du secteur industriel seraient-elles plus réticentes à l'idée de faire vérifier leurs rapports sociétaux par un organisme indépendant ? L'existence de sites décentralisés compliquerait-elle la tâche des organismes certificateurs qui, dès lors, refuseraient d'attester les informations contenues dans le rapport ? La culture anglo-saxonne favoriserait-elle l'idée d'une information plus transparente ? Évidemment, il ne s'agit là que d'hypothèses qu'il conviendrait de tester. Quoi qu'il en soit, Ford et Lafarge adoptent une position intermédiaire en faisant appel à des professionnels soit pour construire le rapport, soit pour apporter une caution supplémentaire aux informations présentées : Lafarge, par exemple, sollicite les points de vue du WBCSD, du WWF (World Wide Fund for Nature) et de Natural Step. À l'inverse, deux firmes parmi celles dont j'ai étudié le rapport sociétal ne mentionnent aucune procédure de validation. Nike indique avoir réuni un comité consultatif pour la construction de ce rapport mais souligne dans le même temps que les personnes consultées n'endossent ni à titre individuel

5. Membre de l'Institut pour une comptabilité sociale et éthique.

ni à titre collectif la responsabilité des informations qui y sont présentées. Quant à Danone, l'absence de mécanismes de validation discrédite quelque peu l'information contenue dans le rapport. Le risque est grand que celui-ci n'attise la volonté des groupes de pression de montrer la face cachée du comportement de l'entreprise. On assisterait alors à ce que l'on pourrait qualifier de « dialogue de sourds » entre les parties. L'approche partenariale serait inévitablement vouée à l'échec.

Les agences de notation sociétale ne devraient-elles pas faire évoluer les mentalités ?

En effet, ces agences, comme Vigeo en France, jouent un rôle de plus en plus important. Une note convenable sur plusieurs critères sociétaux (dans le cas de Vigeo, il y a cinq critères de notation : ressources humaines, gouvernement d'entreprise, fournisseurs/clients, environnement, société civile) est susceptible de rassurer les investisseurs (une bonne note sur le critère société civile fait par exemple diminuer le risque éthique). Les entreprises ne peuvent également faire partie de certains fonds que dans la mesure où elles ont satisfait à ces critères sociétaux. L'enjeu est donc de taille, puisque la question du financement de leur développement est posée. C'est la raison pour laquelle certaines entreprises sollicitent elles-mêmes une évaluation sociétale afin de prouver que leur comportement est conforme à ce que l'on est en droit d'attendre d'elles.

En revanche, il faut reconnaître que les évaluations ne se font pas toutes de la même manière et qu'une uniformisation serait bien utile...

De même, les certifications environnementales (ISO 14000, Emas) sont de plus en plus importantes dans les transactions marchandes, et certains clients industriels exigent de leurs fournisseurs l'une de ces normes. Il y a donc un « effet boule de neige ». Et ce qui était théoriquement de l'initiative de l'entreprise tend aujourd'hui à s'imposer. On est bien dans la logique d'un processus de normalisation de fait.

En ce qui concerne les certifications dans le domaine du travail, la démarche des entreprises est plus récente, et cela tient, me semble-t-il, au phénomène de mondialisation qui s'est accéléré depuis au moins le milieu des années 1990. La norme SA 8000 est plus récente et commence à faire son chemin. Cependant, elle ne concerne encore que très peu d'entreprises... On a dans ce domaine environ dix ans de retard par rapport aux efforts consentis sur le plan environnemental... Mais il y a fort à parier que certaines entreprises pionnières l'exigeront de leurs fournisseurs et que l'on aura, de nouveau, cet « effet boule de neige »...

Quel peut être le rôle des ONG et autres représentants de la société civile ?

Leur intervention devient une pratique sinon normale, tout au moins habituelle, au sein des grandes entreprises notamment, celles-ci ayant compris qu'il était préférable de travailler avec des groupes activistes en amont (sur des projets d'implantation, par exemple), plutôt que de les retrouver en face d'elles lors de manifestations de mécontentement, quand leurs intérêts n'ont pas été pris en compte. L'exemple de Lafarge, qui a conclu un partenariat en 2000 avec le WWF, est de ce point de vue significatif de cette nouvelle approche.

De surcroît, ces entreprises bénéficient de l'expertise de ces groupes sur des questions spécifiques, comme par exemple la prise en compte de l'environnement et le moyen de combattre les pollutions.

Qu'est-ce qu'une entreprise sociale ?

Cette appellation s'applique à divers types d'entreprises ayant toutes pour trait commun d'œuvrer à la lutte contre l'exclusion par l'insertion économique :

- les entreprises qui privilégient l'embauche de salariés en difficulté (travailleurs handicapés, personnes sans emploi, personnes en situation d'exclusion, etc.) Soit les entreprises d'insertion, les entreprises adaptées et ateliers protégés, mais aussi les entreprises du commerce équitable ;
- les entreprises qui s'adressent à des clients en situation d'exclusion (personnes âgées, illettrés, chômeurs, etc.) en fournissant des prestations mal satisfaites par le marché ou le service public ;
- les entreprises qui œuvrent à la vie de la cité, à la défense de l'intérêt général, à la solidarité. Soit, par exemple, les régies de quartier.

Les entreprises sociales, on le voit, peuvent couvrir des secteurs variés. Seuls les secteurs qui requièrent des investissements importants, comme celui des biotechnologies, leur sont *a priori* inaccessibles.

Dans son rapport *L'Entreprise à but social et le tiers secteur*, remis au ministre de l'Emploi et de la Solidarité en 2000, Alain Lipietz recensait les critères de l'entreprise sociale (et solidaire) qui font aujourd'hui consensus : la liberté d'adhésion, la non-lucrativité individuelle, une gestion démocratique et participative, l'utilité collective ou sociale du projet, la mixité des financements privés et publics. Pour l'heure, il n'existe cependant pas encore, en France du moins, de statut ou de label propre à l'entreprise sociale, malgré les projets en ce sens de l'éphémère secrétariat d'État à l'Économie solidaire (2000-2002).

Il reste que les entreprises sociales recouvrent des situations contrastées. Si les Scop continuent à manifester une certaine vitalité, il n'en est plus ainsi des mutuelles, dont la création exige de mobiliser un grand nombre de sociétaires pour mutualiser les risques (vocation première d'une mutuelle) ; la dernière-née en France est la Mutuelle des motards (160 000 sociétaires et 300 salariés en 2003), créée en... 1983. À quoi s'ajoute une tendance à transformer des mutuelles en sociétés d'assurances privées (possibilité encore interdite pour l'heure en France).
De même, les entreprises spécialisées dans l'insertion par l'économique (associations intermédiaires, entreprises d'insertion, entreprises de travail temporaire d'insertion, chantiers d'insertion) voient leur nombre diminuer, selon les estimations de la Dares. Apparues à partir des années 1980-1990 en réponse au chômage de masse, elles pâtissent des restrictions budgétaires.
De manière générale, les entreprises sociales souffrent encore d'un manque de visibilité. Peu, il est vrai, sautent le pas de la communication et de la publicité à l'image de la Macif qui n'hésite pas à opter pour une communication empreinte d'humour (« pas un seul actionnaire et 4,5 millions de sociétaires »). À défaut d'un statut, le monde de l'entreprise sociale a néanmoins sa charte : elle a été élaborée par le Comité national de liaison des activités mutualistes, coopératives et associatives (CNLAMCA), devenu depuis le Conseil des entreprises et groupements de l'économie sociale (Ceges)**. La dernière version date de 1995.

Une entreprise peut être sociale...

... **par ses salariés :** entreprise d'insertion, entreprise de travail temporaire d'insertion (appellation trompeuse : ces entreprises d'insertion peuvent être des associations), chantier d'insertion, association intermédiaire, entreprise adaptée ;
... **par ses bénéficiaires ou clients :** services aux personnes fragilisées (personnes âgées, handicapés, etc.), vente de biens à des personnes à faible pouvoir d'achat ;
... **par ses produits ou services :** magasins de commerce équitable (exemple : Artisans du Monde) ;
... **par son statut :** association, société coopérative de production, société coopérative d'intérêt collectif, mutuelle.
Source : Guide de l'entrepreneur social, *Avise/Caisse des dépôts et consignations, n° 4, édition 2004-2005.*

CENT CINQUANTE ANS D'ENTREPRENEURIAT ALTERNATIF : LES SCOP

On parle de plus en plus des entreprises sociales et solidaires comme s'il s'agissait d'une tendance nouvelle. Pourtant, les coopératives de salariés, apparues avec les Scop, ont plus de cent cinquante ans d'existence. Avec les mutuelles, elles sont le fondement de l'économie dite sociale.

Quel point commun y a-t-il entre le magazine *Alternatives économiques*, les tickets restaurant, Acome, une entreprise de pointe dans les fibres optiques ? Réponse : ce sont des Scop, des sociétés coopératives ouvrières de production.

Ouvrières... Le qualificatif peut paraître surprenant quand on sait que les Scop qui viennent d'être citées en emploient peu, voire pas du tout. Ce n'est que le vestige d'une histoire ancienne qui remonte au XIXe siècle, à 1844 très exactement, année de création de la première Scop : la Société des équitables pionniers de Rochdale, créée par 28 ouvriers tisserands anglais qui vivaient près de Manchester. Celles qui suivirent furent le fait d'ouvriers du bâtiment ou de la métallurgie, mais aussi de militants laïques ou d'un christianisme social. Elles répondaient au souci d'opposer une alternative au capitalisme industriel et à ses excès.

Aujourd'hui, le capitalisme est toujours là, de même que les coopératives, qui ont depuis investi tous les secteurs, comme le suggèrent les exemples cités plus haut. On trouve désormais des Scop dans les services, la communication, les nouvelles technologies, l'intérim, le voyage, etc. Le secteur des services (45 % des Scop) est d'ailleurs passé devant ceux du BTP (30 %) et de l'industrie (25 %). Les Scop ont ainsi suivi le mouvement de tertiarisation de l'économie française (plus de 70 % des actifs).

Leur originalité, les Scop ne la puisent pas dans leur statut. Celui-ci, régi par une loi de 1978, réactualisée en 1988 et en 1992, est, au choix, celui d'une SA ou d'une SARL[1].

C'est par leur fonctionnement démocratique que les Scop se singularisent par rapport aux entreprises classiques. Concrètement, les salariés d'une Scop doivent détenir au minimum 51 % du capital (le solde étant réparti entre des associés extérieurs : sociétés de capital-risque, autres coopératives, etc.) et 65 % des droits de vote.

Les salariés associés au capital élisent leur gérant (dans le cas d'une SARL) ou le conseil d'administration (dans le cas d'une SA). Les votes se font au cours de l'assemblée générale selon le principe « une personne égale une voix », quel que soit donc le montant de la participation[2]. À ce titre, le salarié sociétaire participe à l'élection du PDG ; les rémunérations sont discutées chaque année en assemblée générale. La quasi-totalité des Scop a un accord de participation aux bénéfices (contre 1 % des entreprises classiques).

Mais c'est une démocratie qui est tout sauf directe : les grandes décisions sont prises par le conseil d'administration ou le conseil de direction. Une Scop peut aussi avoir un DRH, un directeur marketing, etc., qui prennent par définition leurs décisions dans leurs domaines respectifs. De surcroît, tous les salariés ne sont pas nécessairement des « associés ».

La vocation première des Scop est de mettre en commun des compétences professionnelles. Elles font certes des profits, mais leur optimisation n'est pas leur objectif premier. Ceux-ci sont redistribués selon des modalités précises : au moins 16 % des bénéfices sont transformés en « réserves impartageables » (propriété de l'entreprise), destinées aux investissements ou mises de côté en cas de coup dur ; 33 % au minimum sont reversés sous forme de dividendes aux associés ; le solde (25 % au minimum) est transformé en part travail ou en participation versée à tous les salariés. Autre particularité : la valeur des parts sociales d'une coopérative est figée à sa valeur d'acquisition ; aucune plus-value ne peut être réalisée au moment de leur cession.

Pour ces différentes raisons, les Scop ont longtemps suscité crainte ou défiance de la part des banquiers, des fournisseurs, des experts-comptables

1. Comme les entreprises classiques, les Scop sont soumises à l'impôt sur les sociétés et à la TVA, mais elles sont exonérées de la taxe professionnelle (à condition d'être reconnues par le ministère du Travail).

2. Les Scop se différencient sur ce point des sociétés de capitaux où les droits de vote sont proportionnés aux capitaux apportés.

et même des pouvoirs publics et de leurs administrations. Le fait que le PDG est élu par les ouvriers a été vu comme une source d'instabilité.

Faut-il y voir une explication au caractère marginal du phénomène ? En France, on recense 1 600 coopératives ouvrières. Un chiffre somme toute loin d'être négligeable.

Les Scop ont en outre apporté la preuve de leur (relative) efficacité en même temps que de leur capacité d'adaptation. Loin de s'opposer à l'économie marchande, elles y participent pleinement. De nombreuses Scop sont des sous-traitants ou partenaires d'entreprises classiques. Des PDG de Scop sont membres du Medef... Une Scop peut en outre atteindre une taille importante, à l'instar d'Acome (1 100 salariés), et être à la pointe de l'innovation (Acome est leader dans les fibres optiques). Sur le plan financier, les Scop n'ont rien à envier aux entreprises classiques : 80 % des coopératives étaient bénéficiaires en 2002. Leur effectif moyen est supérieur à celui des entreprises traditionnelles : 22 contre 9 salariés... Certaines Scop recourent à la délocalisation (par la création de filiales, la Scop n'étant pas délocalisable en tant que telle), comme Moulin Roty, spécialisée dans la fabrication de jouets, ou encore Acome, contrainte de suivre ses clients (elle compte trois filiales à l'étranger). Mais là où une entreprise classique sera peu regardante sur les conséquences sociales, les Scop qui délocalisent s'intéressent de près à la sélection de leurs sous-traitants. Aujourd'hui, les Scop bénéficient du courant en faveur du commerce équitable et du développement durable. De nombreuses Scop ont montré qu'elles pouvaient aussi être une réelle alternative au capitalisme financier.

Depuis le milieu des années 1990, l'univers des coopératives de salariés[3] s'est enrichi d'autres formes : les coopératives d'activité et d'emploi (CAE)* et les sociétés coopératives d'intérêt collectif (Scic)*, qui ont vocation à favoriser le partenariat entre salariés, usagers et collectivités locales (autour d'une activité de récupération de déchets par exemple).

Les coopératives de salariés sont-elles l'avenir du capitalisme ? On peut en douter. Chaque année, il ne s'en crée en France qu'environ 150 (dont une trentaine à partir d'une transformation d'une entreprise classique déjà existante), et une centaine disparaissent. C'est dire si les Scop restent un phénomène marginal, en France du moins. Les Scop qui comptent plus d'un millier de salariés sont l'exception, alors qu'en Espagne et surtout en Italie

3. Dans le vaste univers des coopératives (21 000 en France selon le Groupement national de la coopération, GNC), on distingue les coopératives de salariés, de consommateurs, de copropriétaires, etc.

des groupes coopératifs comptent plusieurs dizaines de milliers de salariés. Dans ces deux pays, les coopératives de salariés totalisent respectivement plus de 160 000 et 330 000 personnes contre 35 000 en France. En Angleterre, le phénomène est encore plus marginal : 1 200 coopératives de production totalisant 1 500 emplois.

Cependant, les coopératives ne restent pas passives face à cette situation. L'heure est à la structuration du mouvement au niveau européen et à l'apprentissage de la pratique du lobbying. Une Confédération européenne des coopératives de production et de travail associé, des coopératives sociales et des entreprises participatives (Cecop) s'emploie à développer des partenariats économiques. Par ailleurs, une société européenne de capital-risque de l'économie sociale a vu le jour, la Soficatra, spécialisée dans des projets coopératifs de rachat d'entreprise par les salariés et les plans européens de développement des PME. Les instances européennes ne sont pas en reste : en 2003, elles ont créé le statut de société coopérative européenne (SCE), qui permet à des coopératives de différentes nationalités de créer une filiale commune soumise au droit européen. Il entrera en vigueur en août 2006.

Les Scop en chiffres (en France, en 2002)

- 1 600 : le nombre de Scop.
- 35 000 : le nombre de salariés qu'elles emploient, soit 0,2 % de la population active française.
- 3 milliards d'euros : leur chiffre d'affaires.

Source : Avise.

Une Scop dans l'univers de la com', l'exemple d'Incidences

Créée en 1983, Incidences est une agence de communication comme les autres ou presque : à l'origine, il s'agissait d'un atelier de photocomposition et de photogravure, qui s'est finalement converti dans la communication à la faveur de la révolution de la PAO. Autre particularité et non des moindres : Incidences est une Scop. Ses deux responsables actuels, Michèle Dessenne et Michel Morin, ont bien voulu nous en retracer l'histoire. Témoignage.

Au premier abord, les locaux évoquent bien l'ambiance d'une agence de communication. Même si on ne perçoit pas le stress qui sied d'ordinaire à ce type d'activité. Et sauf qu'Incidences n'est pas située dans les quartiers branchés où ces agences aiment d'ordinaire se nicher. Indicences a fait le choix du 9-3 (et a d'ailleurs fait de ce choix un slogan auprès des collectivités du département).

Dans sa plaquette de présentation, Incidences affiche un « esprit d'agence participatif et socialement responsable ». Concrètement, le règlement intérieur stipule l'interdiction formelle de travailler pour le compte d'entreprises proches de l'extrême droite, de la pornographie soft ou pas, de l'industrie de l'armement. Le « socialement responsable » renvoie à la gestion des ressources humaines. Michèle Dessenne, la présidente du conseil d'administration d'Incidences, explique : « On s'est interdit d'avoir la politique de l'emploi des autres agences de la communication, fondée sur l'exploitation de salariés à bas salaires et de stagiaires. » En outre, la politique d'embauche se veut égalitaire entre les hommes et les femmes : « À Incidences, on ne considère pas qu'une femme est un danger sous prétexte qu'elle risque de tomber enceinte. » Un choix auquel les engagements féministes de Michèle Dessenne ne sont pas étrangers... Ce jour-là, le personnel est d'ailleurs tout accaparé par la présence dans les locaux du bébé d'une collègue.

L'éthique, Incidences la manifeste aussi dans sa manière d'exercer son métier : Incidences se refuse de concevoir une communication à laquelle elle ne croirait pas. Elle recrute ses clients principalement parmi les institutions de l'économie sociale, les mutualités, les municipalités, les manifestations (Le Printemps de Bourges), les syndicats. La plaquette mentionne aussi quelques multinationales, dont une grande marque de cosmétique mondialement connue... « Un malentendu, commente Michèle Dessenne. Le boulot qu'il nous confiait n'était pas enrichissant, dans tous les sens du terme. C'est nous qui avons fait le choix d'arrêter la collaboration. »

Cette éthique se manifeste aussi dans les rapports avec les sous-traitants et les fournisseurs. À proposition égale, Incidences privilégie les Scop pour ses approvisionnements ou la sous-traitance. En veillant à ne pas leur infliger la pression que lui faisaient endurer ses clients du temps où elle était un atelier de photogravure et de photocomposition. « Incidences est une entreprise à gérer, rappelle Michel Morin, directeur général : elle se doit de négocier les tarifs, mais sans en faire une politique systématique. »

C'est qu'Incidences est elle-même une Scop, une société coopérative ouvrière de production. Si ce statut est ancien, il est peu fréquent de le voir retenu par les professionnels de la communication et de la publicité. Traditionnellement, la Scop renvoie à l'univers industriel et ouvrier *(voir article p. 126)*. Le capital est détenu par les salariés, et la direction est élue en assemblée générale. À Incidences, la moitié des résultats est reversée aux salariés au titre de l'intéressement, l'autre moitié est épargnée par l'entreprise pour financer ses investissements. « Le choix de la Scop, précise Michèle Dessenne, s'est fait par conviction et non par opportunisme. »

A priori, rien ne prédisposait les quatre personnes à l'origine de la création d'Incidences, en 1983, à travailler ensemble, si ce n'est une commune expérience de l'engagement associatif et cette indéfectible envie de travailler sans avoir de patron ni... « jouer au patron ». Avant de se lancer dans l'imprimerie, Michèle Dessenne avait été psychologue, et Michel Morin travailleur social au Québec, son pays d'origine dont il a conservé un léger accent ; quant aux deux autres fondateurs, l'un avait entamé des études de médecine avant de travailler dans une imprimerie, et l'autre avait occupé un poste bien rémunéré d'informaticien à la Banque mondiale. Tous ont finalement abandonné des situations professionnelles plutôt confortables pour se lancer dans l'aventure coopérative. Tous avaient également pour point commun de vouloir exercer le métier du livre avec une certaine éthique, autrement dit, précise Michèle Dessenne, d'une « manière qui ne nous mettait pas en porte-à-faux avec nos engagements dans la société ».

À ses débuts, Incidences est donc un atelier de photocomposition et de photogravure. Durant ses premières années d'existence, la Scop réalise des travaux à façon (prépresse) et livre des films pour l'impression de divers types de documents. Cinq ans après (un cap fatidique pour toute nouvelle entreprise), les dirigeants ne perçoivent encore que le Smic, mais Incidences existe toujours. Agence de communication, Incidences ne l'est devenue que par la force des choses, et progressivement.

D'abord sous la pression de ses clients qui, au vu des compétences d'Incidences, ne cessent d'élargir leur demande à d'autres métiers comme la création graphique, le transcodage, etc. De plus en plus de clients souhaitent par ailleurs qu'Incidences prenne en charge l'ensemble de la chaîne : de la photocomposition au routage en passant par la rédaction, la mise en pages et l'impression. Pour répondre à cette demande, Incidences forme son personnel ou recrute de nouvelles compétences.

Parallèlement, Incidences se retrouve au fil du temps à sous-traiter l'activité de grandes agences de communication. Lesquelles tendent à « nous presser le citron », ainsi que le résume Michèle Dessenne. « Incidences se retrouvait en position d'exécutant tandis que les commanditaires bénéficiaient de la plus-value. » Nous sommes pourtant dans les années 1980, une période faste pour les agences de communication...

C'est en réaction à cette situation qu'Incidences entame une première mue, encouragée en cela par la révolution de la PAO. Cette dernière a été fatale à de nombreux ateliers de photogravure et de photocomposition, et plus généralement à l'aristocratie ouvrière (celle de l'imprimerie). Comment Incidences est-elle parvenue à lui survivre ?

C'est là que l'esprit Scop intervient. « Là où une entreprise classique aurait mis la clé sous la porte ou licencié, nous avons opté pour une transformation tranquille, en concentrant l'effort sur la formation afin de faire évoluer le personnel dans ses métiers », explique Michèle Dessenne. Durant trois ans, Incidences se lance dans un ambitieux programme de formation (600 000 francs). Par ailleurs, pendant quelques années, elle maintient en activité des ateliers de photocomposition et de photogravure pour accompagner la transition vers la PAO. Ce que n'ont pas cru bon de faire des concurrents, qui se sont rapidement débarrassés de ces métiers et des personnels qui allaient avec (typographes, clavistes...), sous prétexte qu'ils n'avaient plus les compétences requises pour la PAO.

Pour avoir survécu à la révolution de la PAO, Incidences n'en a pas moins été confrontée à une contradiction propre à la Scop : d'un côté, un fonctionnement démocratique avec appropriation collective des moyens de production – les salariés détiennent 100 % des parts, alors que la loi prévoit un seuil minimal de 51 % (Incidences a fait en outre le choix de ne pas rémunérer le capital) –, de l'autre, un univers hautement concurrentiel. « Pas moins qu'une autre Scop, Incidences est amenée à composer avec cette réalité », observe Michèle Dessenne.

C'est ainsi qu'Incidences fait le choix dès 1989 de passer du statut SARL à celui de SA. « Du temps de la SARL, rappelle Michèle Dessenne, toute décision était prise collectivement, mais, juridiquement, c'est le gérant qui détenait le pouvoir. » Une réunion hebdomadaire (la « réunion du mardi ») avait été instituée au cours de laquelle la moindre décision, comme celle d'acheter ou non un fax (un investissement coûteux à l'époque), était arrêtée collectivement. Le niveau des effectifs d'alors (sept personnes) était propice à ce fonctionnement. Mais les choses se compliquèrent à mesure que les effectifs augmentèrent (vingt et un salariés aujourd'hui).

C'est tout aussi collectivement que la décision de passer au statut de SA a donc été prise en 1989... au terme de longues discussions. « Ce statut nous a paru plus démocratique dans la mesure où il permet la constitution d'un conseil d'administration », explique Michèle Dessenne. En principe, celui-ci nomme un PDG. Incidences optera pour un comité de direction composé de trois personnes afin de perpétuer le principe d'une direction aussi collégiale que possible.

Il n'est pas jusqu'au principe du salaire égalitaire qui n'ait été remis en question. En 1995, Incidences a dû y renoncer, sous la pression des nouvelles recrues dont certaines ignoraient tout du statut coopératif. « C'était la seule solution pour parvenir à recruter les professionnels dont on avait besoin pour développer l'agence de communication, se souvient Michèle Dessenne. Neuf mois durant, nous avons discuté tous ensemble du principe égalitaire, mais aussi de la grille des salaires qu'on allait devoir mettre en place. »

Aujourd'hui, Incidences n'en est pas moins une Scop : l'entreprise reste la propriété de ses salariés. À ce jour, sur les vingt et un salariés que compte Incidences, seize sont sociétaires. Les autres sont appelés à le devenir au bout de quatre ans. Sinon, ils sont invités à quitter l'entreprise, en vertu d'un principe annexé au contrat de travail. Une particularité d'Incidences que Michel Morin justifie par la nécessité d'une solidarité entre les salariés. « Devenir associé, explique-t-il, cela signifie prendre des risques, puisque l'associé investit dans le capital. » « Trop de Scop, ajoute Michèle Dessenne, fonctionnent aujourd'hui avec seulement une poignée de sociétaires parmi leurs salariés. »

Rétrospectivement, Michelle Dessenne constate que l'engagement dans le statut coopératif a été cohérent avec l'évolution imposée par la révolution technologique et la conversion dans le secteur de la communication. « Le statut coopératif incline à favoriser l'épanouissement professionnel et culturel du salarié-sociétaire en l'accompagnant dans l'évolution de ses métiers. » C'est collectivement qu'a été décidée la nouvelle orientation de l'entreprise vers la communication, avec les risques qui pouvaient en résulter. « Il n'y a pas eu la crispation qu'on a pu observer chez d'autres entreprises autour de la conservation du métier. Attachés à leur identité professionnelle, leurs salariés se sont arc-boutés sur leur métier. » Ainsi, plusieurs des graphistes que compte aujourd'hui Incidences sont d'anciens clavistes. Incidences y a mis les moyens en lançant un autre programme de formation.

L'esprit Scop devait aussi se manifester à l'occasion de cet incendie intervenu en 1990 qui a réduit en cendres les locaux d'Incidences (avec matériel, archives, etc.), alors installés dans les anciens Magasins généraux à Paris. Incidences a dû sa survie à la solidarité intercoopérative. Trois jours après l'incendie, les salariés pouvaient reprendre le travail dans des locaux prêtés par une Scop. « Nous avons pu y rester une année, le temps de se requinquer avant de s'installer dans nos propres locaux », rappelle Michèle Dessenne.

Une expérience qui poussera les dirigeants d'Incidences, Michèle Dessenne en tête, à s'engager davantage dans le mouvement coopératif. En 1997, elle est élue à l'union régionale des Scop et au conseil national de la confédération, dont elle devient vice-présidente. Puis il y eut la décision de s'engager politiquement. Lorsqu'en avril 2000 est créé le secrétariat d'État à l'Économie solidaire, c'est elle qui est sollicitée comme conseillère. Elle y arrive avec une proposition qui lui tient à cœur : créer un nouveau statut. Ce sera le statut Scic*. Elle découvre aussi à cette occasion les contradictions de l'État : les emplois précaires, des 35 heures non appliquées, des fonds secrets (abolis en 2002 par Lionel Jospin), etc. De là à transformer l'État en Scop...

Depuis, le secrétariat d'État à l'Économie solidaire a disparu suite à l'alternance intervenue en 2002, et Michèle Dessenne a réintégré son poste dont elle s'était mise en disponibilité avec l'accord de ses associés. Conjoncture économique maussade oblige, Incidences est confrontée à une concurrence encore plus vive. L'esprit Scop lui permettra-t-il de relever les défis qui l'attendent ? Seul l'avenir le dira. En attendant, la « foi » en cet esprit reste intacte. À l'inévitable question « Et si c'était à refaire ? », la réponse fuse : « On ne pourrait pas faire autre chose qu'une Scop. »

Mais, au fait, pourquoi Incidences ? « Incidence, rappelle Michèle Dessenne, désigne en physique optique le rayon qui rencontre une surface. Mais cela signifie aussi, ajoute-t-elle, l'impact sur le cours des choses »...

ENTREPRISE SOCIALE, MODE D'EMPLOI

On peut entreprendre, faire des profits et œuvrer pour le lien social, la lutte contre le chômage, la réinsertion des handicapés, en un mot concilier initiative privée et solidarité. C'est le pari fait par des entrepreneurs qualifiés précisément de sociaux.

« Toute personne, ou groupe de personnes, qui crée, dirige, développe ou reprend une entreprise ou une organisation ayant une viabilité économique, et qui met au cœur de son projet la prise en compte de la fragilité humaine et/ou le lien social », telle est la définition qui a été proposée de l'entrepreneur social en 2002 par un groupe d'entrepreneurs réunis autour de la Caisse des dépôts et consignations[1]. Elle rejoint la définition que l'Organisation de coopération et de développement économiques (OCDE) a donnée de la notion d'entreprise sociale, à savoir « toute activité privée, d'intérêt général, organisée à partir d'une démarche entrepreneuriale et n'ayant pas comme raison principale la maximisation des profits, mais la satisfaction de certains objectifs économiques et sociaux, ainsi que la capacité de mettre en place la production de biens ou services, des solutions innovantes aux problèmes d'exclusion et de chômage[2] ».

---

1. *Guide de l'entrepreneur social*, Avise/Caisse des dépôts et consignations, n° 4, édition 2004-2005.

2. Rapport *Les Entreprises sociales dans les pays membres de l'OCDE*, OCDE, service du développement territorial, novembre 1998.

Les fondateurs d'entreprises sociales viennent de différents horizons : ce sont d'anciens salariés d'entreprises « classiques » qui ont voulu donner du sens à leur activité professionnelle, d'anciens demandeurs d'emploi, des préretraités, des syndicalistes ; on compte aussi de jeunes diplômés issus de grandes écoles de commerce.

Être entrepreneur social n'est pas de tout repos. Une étude de l'Université coopérative européenne (UCE) publiée en 2003 recensait jusqu'à dix défis[3] : le pilotage collectif et le partage du pouvoir, la tension entre l'équilibre financier et le respect de la finalité sociale, la prise en compte de l'environnement institutionnel et politique avec lequel l'entrepreneur social doit entretenir de bonnes relations, des interlocuteurs variables (salariés, bénévoles, élus, etc.), l'inscription de son activité économique dans un mouvement collectif, la promotion d'une économie sociale encore méconnue...

Comparé au chef d'entreprise classique, l'entrepreneur social entend cependant tirer profit de la diversité des acteurs qui président au fonctionnement et au financement de son entreprise : salariés, mais aussi usagers, bénévoles, collectivités locales, etc.

Les candidats à la création d'une entreprise sociale peuvent en outre bénéficier d'aides spécifiques (aides aux postes, avantages fiscaux, etc.), moyennant un agrément ou conventionnement par l'État. Ils disposent aussi de l'assistance de toutes sortes d'organismes, dont les chambres régionales de l'économie sociale (et solidaire)** qui, à la différence des chambres de commerce et d'industrie, ne sont pas des organismes consulaires mais des associations.

Pour être social, l'entrepreneur n'en est pas moins un chef d'entreprise. Il lui faut des connaissances de base en matière de gestion, de comptabilité, voire de management. Au cours de ces dernières années, des formations spécifiques à l'économie sociale (et/ou solidaire) se sont mises en place pour répondre à ces besoins, en formation initiale ou continue à l'université, mais aussi dans des écoles de commerce, dont la prestigieuse ESSEC, qui a en la matière joué un rôle pionnier (en 2003, elle a créé la première chaire d'« entrepreneuriat social »). À quoi s'ajoutent les cycles de formation proposés par des réseaux pour leurs adhérents[4].

---

3. Lucile Manoury, « L'entrepreneur social et l'enjeu de sa professionnalisation », *Les Cahiers de l'UCE*, 2003, signalé par le hors-série pratique *Entreprendre autrement* du magazine *Alternatives économiques*.

4. Pour une présentation des formations disponibles, voir le *Guide de l'entrepreneur social*.

Des guides existent par ailleurs à l'attention des candidats à l'entrepreneuriat social : celui de l'Agence de valorisation des initiatives socio-économiques (Avise)**, publié avec le concours de la Caisse des dépôts et consignations ; le hors-série pratique *Entreprendre autrement* du magazine *Alternatives économiques (voir bibliographie p. 142).*

L'économie sociale en chiffres

• 21 000 coopératives, 3 000 mutuelles (santé et assurances), 2 128 structures d'insertion et 900 000 associations.

• 1,8 million : le nombre d'emplois en France (dans les coopératives, les mutuelles et les associations).

• 10 % environ : la part de l'économie sociale dans le PIB.

Source : le hors-série pratique Entreprendre autrement *du magazine* Alternatives économiques, *n° 14, mars 2004 ;* Guide de l'entrepreneur social, *Avise/Caisse des dépôts et consignations, n° 4, édition 2004-2005.*

RESPONSABILITÉ SOCIALE DE L'ENTREPRISE : MYTHE OU RÉALITÉ ?

La RSE est à l'entreprise ce que l'ISR *(voir article p. 54)* est à l'investissement. Elle désigne les actions visant à concilier responsabilité et logique économique et financière. Mais, pour l'heure, les initiatives en la matière se limitent bien souvent à des actions ponctuelles qui sont loin de modifier en profondeur l'organisation de l'entreprise et son mode de gestion...

« Il faut être socialement responsable », tel est le nouveau mot d'ordre affiché par de grandes entreprises : Total, Danone, Peugeot, etc. Elles sont nombreuses à rivaliser d'initiatives pour manifester leur bonne volonté, qui en menant des actions éducatives et sanitaires en faveur de populations pauvres, qui en adoptant une charte éthique, qui en proposant des produits bio, voire équitables, etc.

Derrière ce mot d'ordre, il y a un concept importé tout droit des États-Unis, la RSE, qui est la traduction d'un concept d'origine anglo-saxonne : *corporate social responsability*. « Social » devant être compris au sens où cela concerne la société (et l'environnement) et non les seules relations sociales. Une traduction plus appropriée et d'ailleurs parfois utilisée serait « sociétal ». Sous son apparente nouveauté, la RSE s'inscrit dans une tradition ancienne : celle de la transparence et de la philanthropie qui a longtemps caractérisé le capitalisme anglo-saxon. C'est dire si sa transposition dans d'autres pays ne va pas de soi.

Pourtant, concomitamment avec l'ISR *(voir article p. 54)*, la RSE s'est rapidement imposée sur le plan international dans les années 1990. Elle s'est progressivement fondée sur des normes ou référentiels internationaux comme la Global Reporting Initiative (GRI) qui, conçue en 1997 par des entreprises en association avec des cabinets de consultants, des universités et des institutions financières, fixe des directives sur la manière dont les entreprises doivent informer sur leur responsabilité sociétale.

Déjà, de nombreuses entreprises se sont engagées volontairement, soit individuellement soit en association avec d'autres entreprises de leur secteur d'activité, dans une politique de RSE. En ce qui concerne la France, Novethic** signale l'Association des entreprises pour la réduction des gaz à effet de serre (Aeres), qui, en septembre 2003, a remis au gouvernement les « contrats d'engagements volontaires » de 24 entreprises (elles s'engagent à contribuer à réduire de 56 % les émissions de l'industrie française d'ici à 2007), ou l'EPE (Entreprises pour l'environnement). La RSE a par ailleurs son observatoire : l'Orse** (Observatoire sur la responsabilité sociétale des entreprises). Sur le plan international, la Global Business Coalition Against HIV rassemble des multinationales s'étant engagées à lutter contre le sida.

On pourra toujours s'interroger sur la spontanéité de ce genre de démarches. Nul doute que les pressions croissantes exercées par les opinions publiques et les sociétés civiles ajoutées aux menaces de boycott ne sont pas étrangères à cette évolution.

Reste que la RSE ne se décrète pas. Dans l'article qu'elle lui consacre, Novethic** distingue trois étapes pour que la RSE devienne un véritable axe stratégique de l'entreprise. La première consiste à établir un diagnostic social (conditions de travail, parité au sein de l'entreprise, politique antidiscrimination) et environnemental (consommation d'énergie, d'eau ou émissions de gaz à effet de serre). La deuxième étape vise à définir les orientations et à fixer des objectifs d'amélioration. La troisième correspond à la mise en œuvre effective des programmes d'action pour modifier les pratiques de l'entreprise. S'ensuit une évaluation (ou *reporting*).

Ces différentes étapes, hormis peut-être la deuxième, sont franchies avec le concours des parties prenantes à l'activité de l'entreprise : les actionnaires, mais aussi les salariés, les fournisseurs, les riverains, les collectivités locales, les pouvoirs publics, etc.

En effet, un des premiers principes de la RSE consiste pour l'entreprise à tenir compte des différents acteurs économiques, sociaux et politiques concernés par son activité. Dans la pratique, on en est loin : nombre d'entreprises (auto) proclamées responsables n'en continuent pas moins à délocaliser leur production dans des pays à bas salaires... D'autres, parfois les mêmes, « font l'éloge des droits de l'homme tout en interdisant les syndicats et toute forme d'expression collective », constate le délégué général de l'Université européenne du travail, Claude-Emmanuel Triomphe, en songeant en particulier à des entreprises américaines[1].

À l'évidence, les entreprises ont encore tendance à considérer la RSE seulement comme un outil de leur politique de communication. Elle est loin de se traduire par de nouvelles manières de produire et de gérer les relations avec les sous-traitants et les salariés. Même la vérification des bonnes conduites des entreprises, confiés à des organismes extérieurs, reste le plus souvent succincte, faute de moyens. Déjà, des articles critiques, pour ne pas dire hostiles, envers la RSE paraissent jusque dans des revues... anglo-saxonnes.

C'est en réponse à cette situation, qui risque à terme, si ce n'est déjà fait, de discréditer la RSE, que différents organismes se sont spécialisés dans l'évaluation de la politique socialement responsable d'une entreprise. En France : les agences de notation Vigeo et Core Ratings. L'heure est à l'effort en vue d'harmoniser les méthodologies et de constituer des référentiels reconnus internationalement.

Parmi ces derniers, le plus connu est la GRI, déjà citée. Mais, pas plus que les autres, celle-ci n'est pourvue de pouvoir de contrôle ou de sanctions. Elle invite seulement les entreprises à produire « si elles le souhaitent, des rapports sur les dimensions économiques, sociales et environnementales de leurs activités, produits et services ».

Les organisations internationales ne sont pas en reste. Citons le Global Compact, un programme lancé en janvier 2000 par Kofi Annan lors du Forum économique mondial de Davos en vue de responsabiliser les entreprises sur la base d'une dizaine de principes auxquels elles sont libres de s'engager. De son côté, la Commission européenne s'emploie depuis 2001 à pousser les entreprises à aller au-delà de simples opérations ponctuelles, à s'engager dans une véritable RSE en instaurant un réel dialogue avec ses parties prenantes : sous-traitants, salariés, etc.

Et les États ? Ils ne sont pas aussi passifs que l'on dit, comme en témoignent les dispositifs législatifs dont beaucoup se sont dotés. En 2002, la France a adopté la loi sur les nouvelles régulations économiques (NRE), dont l'article 116 oblige les entreprises cotées de droit français à publier des informations concernant leur action dans le domaine social et environnemental (sur les émissions de gaz à effet de serre, la parité, etc.), dans leur rapport annuel.

---

1. In *Le Monde*, mercredi 30 mars 2005, supplément économique, p. VIII.

Pour Novethic, cependant, « s'il est envisageable de parvenir à un consensus international sur les indicateurs environnementaux, cela semble difficile pour les critères sociaux ». En outre, la RSE ne concerne encore que les grandes entreprises cotées. Des initiatives (comme la création d'outils de diagnostic et de management) visent cependant à développer cette démarche auprès des PME, voire des TPE. Certaines d'entre elles ont tracé la voie : Body Shop, Patagonia, Nature et Découvertes...

MOTS CLÉS, ACTEURS CLÉS, BIBLIOGRAPHIE

MOTS CLÉS

Coopérative d'activité et d'emploi (CAE)
C'est la troisième catégorie de coopérative de salariés, aux côtés de la Scop et de la Scic. Elle fête en 2005 son dixième anniversaire (la première a été créée à Lyon en 1995). Sa vocation : là où la Scop réunit des salariés-associés, la CAE regroupe des entrepreneurs en herbe, porteurs de projet de création d'entreprise n'occasionnant pas des investissements lourds, en leur fournissant un lieu d'accueil et un statut. En cela, la CAE se différencie des pépinières d'entreprises. Fin 2003, on n'en comptait qu'une trentaine dans l'artisanat et les services, mais il s'agit encore d'entités expérimentales.

Économie sociale
Voir partie VII, « mots clés » p. 232.

Économie solidaire
Voir partie VII, « mots clés » p. 232.

Entrepreneur (entrepreneuriat) social
Voir article p. 135.

Entreprise sociale
Voir encadré p. 124 et article p. 135.

Entreprise solidaire
Expression consacrée par la loi sur l'épargne salariale de 2001 qui la réserve aux entreprises qui embauchent au minimum un tiers de personnes en difficulté et ont une échelle de salaires réduite.

Parties prenantes
Une entreprise ne saurait être réduite à ses *shareholders*, ceux qui en détiennent le capital et en assurent le management. Du fait de ses activités, de leur impact sur la société et l'environnement, des règlements auxquels elle est soumise, l'entreprise est engagée dans des systèmes de relations avec ses salariés, mais aussi avec les pouvoirs publics, les collectivités, etc. Ce sont ses parties prenantes (ou *stakeholders*), une expression directement issue de la théorie anglo-saxonne, qui a renouvelé l'approche de la firme et à laquelle les analyses en termes d'ISR et de RSE font largement écho.

Société coopérative d'intérêt collectif (Scic)
C'est une nouvelle forme de coopérative de salariés, définie par la loi du 17 juillet 2001 (et un décret du 21 février 2002). Son objet : « la production ou la fourniture de biens et de services d'intérêt collectif qui présentent un caractère d'utilité sociale » comme, par exemple, la création d'une activité touristique au Creusot, un atelier de couture à l'attention de femmes issues de l'immigration et qui contribue à leur alphabétisation, etc. Fin 2003, il n'en existait encore qu'une trentaine. Il est vrai que leur intérêt (élargir les associés aux autres parties prenantes – usagers, bénévoles, collectivités locales) est aussi source de complications...

Société coopérative ouvrière de production (Scop)
Elle est née au XIXe siècle (la première à voir le jour en 1844 était la Société des équitables pionniers de Rochdale, créée par 28 ouvriers tisserands, près de Manchester). Ce type d'entreprise s'emploie à concilier solidarité et capitalisme. Dans une Scop, les salariés (appelés « coopérateurs ») détiennent au moins 51 % du capital et représentent au moins 65 % des droits de vote (les votes en assemblée se faisant selon le principe « une personne égale une voix »). La valorisation du capital et la pérennité de l'entreprise priment sur la rémunération du capital : les bénéfices sont pour partie redistribués auprès des salariés, pour partie destinés à alimenter les réserves de la Scop. Avec les mutuelles, les Scop participent d'une tradition ancienne : l'économie sociale.

Voir article p. 126.

ACTEURS CLÉS

Agence de valorisation des initiatives socio-économiques (Avise)
Créée en juin 2002 à l'initiative de la Caisse des dépôts et consignations, avec le concours de partenaires financiers, associatifs, d'entreprises coopératives et mutualistes (CG Scop**, CNCE, CPCA, Crédit coopératif, Esfin-Ides,

FNMF, Fonda, Fondation Macif, France active**, Macif), cette agence a pour vocation de développer la connaissance et de diffuser l'information sur les initiatives « créatrices d'emploi et porteuses de cohésion sociale » : les nouveaux services aux personnes et à la collectivité dans le domaine social ou culturel, l'insertion par l'activité économique, les nouvelles formes d'entrepreneuriat (entreprise sociale) en France et dans le reste de l'Europe.
Elle publie notamment le *Guide de l'entrepreneur social* ainsi qu'une lettre d'information sur l'Europe et l'économie sociale *(Avise Europe).*

37, rue Bergère
75009 Paris
Tél. : 01 53 25 02 25
Fax : 01 53 25 02 20
contact@avise.org
www.avise.org

Centre des jeunes dirigeants de l'économie sociale (CJDES)
Centre de recherche, de formation et d'échanges autour de l'entreprise sociale.

43, rue de Liège
75008 Paris
Tél. : 01 42 93 55 65
Fax : 01 42 93 55 19
www.cjdes.org

Confédération générale des Scop (CG Scop)

Tél. : 01 44 85 47 00.
www.scop-entreprises.com

Conférence des chambres régionales de l'économie sociale – Conseil des entreprises et groupements de l'économie sociale (C. Cres-Ceges)
Présentes dans chaque région, ces chambres régionales de l'économie sociale (et solidaire) sont des associations ayant pour but d'encourager l'économie coopérative et mutuelle dans les régions.

43, rue de Liège
75008 Paris
Tél. : 01 42 93 56 08
www.ceges.org

Délégation interministérielle à l'innovation sociale et à l'économie sociale (DIES)
Créée en 2001 et rattachée au ministère de la Jeunesse, des Sports et de la Vie associative, elle est l'interlocuteur obligé des acteurs de l'économie

sociale au sein des pouvoirs publics. En 2003, la DIES a subventionné la « semaine de la coopération à l'école » qui familiarise, dès le primaire, les élèves au rôle et à l'utilité de l'économie sociale.

18, place des Cinq-Martyrs-du-Lycée-Buffon
75014 Paris
Tél. : 01 40 56 62 02
www.vie-associative.gouv.fr

France active

Créée en 1988 avec le soutien de la Fondation de France, de la Caisse des dépôts et consignations, du Crédit coopératif et d'autres organismes impliqués dans la finance solidaire, France active est une association de financement et de garantie destinée aux entreprises et associations de l'insertion par l'activité économique. En 2002, ses fonds territoriaux ont reçu 11 000 projets. Plus de 3 000 ont bénéficié d'une aide financière.

37, rue Bergère
75009 Paris
Tél. : 01 53 24 26 26
franceactive@franceactive.org
www.franceactive.org

Novethic

Voir partie II, « acteurs clés » p. 72.

Observatoire sur la responsabilité sociétale des entreprises (Orse)

Voir partie II, « acteurs clés » p. 72.

Scop Entreprises

Ce réseau fédère les 1 600 Scop existant en France. Organisé autour d'unions régionales et de fédérations professionnelles, il promeut une vision alternative de l'entreprise et propose des outils de gestion et des modules de formation.

37, rue Jean-Leclaire
75017 Paris
Tél. : 01 44 85 47 00
cgcom@scop.coop
www.scop.com

BIBLIOGRAPHIE

EVEN-GRANBOULAN Geneviève, *Éthique et économie*, Paris, L'Harmattan, 1998.
Un état des lieux de la réflexion et des débats théoriques sur les rapports entre entreprise, management et éthique.

HUMIERES Patrick d' et CHAUVEAU Alain, *Les Pionniers de l'entreprise responsable*, Paris, Éditions d'Organisation, 2001.

Entreprendre autrement, hors-série pratique d'*Alternatives économiques*, n° 14, mars 2004.

Guide de l'entrepreneur social, Avise/Caisse des dépôts et consignations, n° 4, édition 2004-2005.

Recma, revue des études coopératives, mutualistes et associatives
Cette revue de référence a été créée en 1921 par l'économiste et entrepreneur Charles Gide. Elle est publiée trimestriellement par l'Institut de l'économie sociale (IES). Commande auprès de l'IES, 43, rue de Liège, 75008 Paris. Tél. : 01 43 87 00 20.

V. Consommer

Des milliers de kilomètres : c'est au fond ce que vous mangez chaque jour dans vos assiettes. C'est la conclusion à laquelle sont parvenus des chercheurs anglais en calculant le nombre de kilomètres nécessaires pour faire venir jusqu'à vous votre salade, votre viande, vos fruits, etc. Autant de kilomètres qui n'ont pu être franchis qu'au prix de tonnes de kérosène ou de fuel, sans compter l'électricité nécessaire à la préservation de la chaîne du froid.

Acheter des biens produits près de chez soi, au marché, chez un artisan du coin, ce principe figure en bonne place parmi ceux de la décroissance soutenable*, promue depuis quelques années en réaction à un développement durable qui ferait encore trop la part belle à la croissance économique *(voir entretien avec Vincent Cheynet p. 160).*

À leur façon, des hommes et des femmes participent déjà à cette décroissance à travers une pratique qu'on croyait révolue : le glanage (ou le grappillage, la récup', la chine, etc.), auquel certains s'adonnent par nécessité, d'autres pour leur loisir ou par conviction philosophique. C'est le cas d'Alain que l'on a pu découvrir dans le magnifique film d'Agnès Varda *Les Glaneurs et la Glaneuse* *(voir article p. 169).*

Sans aller jusqu'à cette extrémité (si tant est que cela en soit une), on peut aussi consommer intelligemment en achetant à leur juste prix des biens et des marchandises et/ou en privilégiant ceux dont la production satisfait aux exigences de protection de l'environnement et/ou des droits des salariés. C'est le pari des mouvements en faveur d'une consommation citoyenne*, durable* ou encore éthique*.

Pour être citoyenne, cette consommation n'en sert pas moins d'abord des intérêts personnels (c'est notamment le cas de la consommation de produits bio destinée d'abord à garantir le bien-être du consommateur...). Qui plus est, à chaque catégorie socio-professionnelle sa propre perception de cette conception citoyenne. C'est ce que montre Robert Rochefort, directeur du Crédoc dans l'entretien qu'il nous a accordé *(voir p. 150)*. Ajoutons qu'une consommation citoyenne peut représenter un surcoût que tout le monde ne peut assumer. Enfin, il est à craindre que cette consommation ne soit parfois qu'un moyen de se donner bonne conscience... Du moins est-ce l'un des reproches qui lui sont habituellement adressés.

Reste que cette consommation, même marginale, peut, moyennant son inscription dans une action collective, jouer un rôle d'aiguillon auprès des industriels et de la grande distribution. Du moins peut-on l'espérer.

LA CONSOMMATION CITOYENNE

Entretien avec Robert Rochefort

La consommation citoyenne fait de plus en plus parler d'elle. Mais il y a parfois loin entre les intentions affichées par les Français (dans les sondages) et la réalité. C'est ce que montre Robert Rochefort, directeur du Crédoc (Centre de recherche pour l'étude et l'observation des conditions de vie), qui depuis plusieurs années scrute nos comportements de consommation[1].

Des différentes enquêtes que le Crédoc a réalisées, il ressort que la consommation citoyenne recouvre en fait plusieurs conceptions : la consommation équitable, la consommation éthique, etc. Selon que l'on est militant, que l'on appartient à une catégorie socioprofessionnelle supérieure ou que l'on est retraité, elle privilégie la défense de l'emploi en France ou le commerce équitable. Quoique encore marginale en termes de chiffres d'affaires, il faut cependant y voir bien plus qu'un simple phénomène de mode. Pour Robert Rochefort, elle peut servir d'aiguillon aux changements de pratique de la grande distribution.

« La consommation citoyenne joue un rôle d'aiguillon. »

---

1. Économiste de formation, Robert Rochefort est l'auteur de plusieurs ouvrages dont, sur le thème de la consommation : *La Société des consommateurs* (1996) et *Le Consommateur entrepreneur* (1998), publiés chez Odile Jacob.

Qu'est-ce que recouvre la consommation citoyenne ?

Tout d'abord, il faut reconnaître que nous sommes en présence d'un concept flou. Au sens strict du terme, la consommation citoyenne concernerait les produits labellisés comme les produits Max Havelaar, c'est-à-dire qui présentent un certain nombre de garanties quant à leurs conditions de production. Mais, par extension successive, bien d'autres produits, comme les produits bio, ont fini par être englobés sous l'étiquette de consommation citoyenne, ce qui est discutable. En un sens très large, on peut dire que quelqu'un qui achète une voiture de petite cylindrée, qui consomme peu, fait un acte de consommation citoyenne par rapport à quelqu'un qui achète une grosse cylindrée. *A fortiori*, quelqu'un qui renonce à acquérir une voiture pour se contenter de son vélo ou des moyens de transport collectifs est un consommateur citoyen. À une consommation privée il privilégie une consommation de biens publics de substitution.

On le voit, la consommation citoyenne renvoie à une large palette de produits et de comportements. De manière générale, un acte de consommation pourrait être qualifié de citoyen dès lors qu'il ne vise pas seulement à la maximisation de l'intérêt individuel du consommateur, mais qu'il se préoccupe de l'intérêt général. Cela va à rebours des modèles de consommation élaborés par les économistes classiques. Cependant, certains économistes néoclassiques ont déjà intégré dans leur modèle d'autres variables, comme l'altruisme, en considérant que c'est un élément de satisfaction individuelle.

La consommation citoyenne est-elle un phénomène nouveau ?

Oui et non. D'un certain point de vue, la consommation citoyenne n'est rien d'autre que l'expression contemporaine d'une pensée utopique héritée du XIXe siècle. Ce qui est probablement nouveau, c'est l'intégration de la consommation citoyenne dans la grande distribution, laquelle se traduit par l'utilisation des outils du marketing. Voyez les campagnes de communication dont le café Max Havelaar a fait l'objet ces dernières années. Citons aussi le cas des glaces Ben & Jerry's qui ont été rachetées par le puissant groupe Unilever. Si celui-ci s'est engagé à respecter la charte de Ben & Jerry's relative aux conditions de production de ses glaces, le thème de la consommation citoyenne a été abandonné. Le produit devient un simple produit plaisir.

Qui pratique cette consommation citoyenne ?

En fait, à chaque catégorie de population correspond une conception de la consommation citoyenne. Des enquêtes que nous avons menées[2] il ressort que les hauts diplômés et les personnes à hauts revenus sont plus sensibles que la moyenne à la question du travail des enfants ; les ouvriers et les retraités, au *made in France* ; les ruraux, au respect de l'environnement. Selon le cas, une consommation citoyenne consistera donc à boycotter des produits fabriqués par des enfants ou à privilégier des produits fabriqués en France ou non polluants *(voir encadré p. 159)*. Comparés à d'autres Européens, comme les Anglais par exemple, les Français sont moins sensibles à la maltraitance des animaux. Du moins, n'en font-ils pas une cause de consommation citoyenne.

Qu'est-ce que la consommation citoyenne représente globalement ?

À travers les enquêtes du Crédoc, on observe une nette montée du capital de sympathie à l'égard de cette consommation citoyenne. Environ un consommateur sur deux se déclare prêt à faire un acte de consommation citoyenne. De là à passer effectivement à l'acte...

Reste à savoir ce que ces personnes entendent exactement par consommation citoyenne. Force est de constater qu'un certain nombre d'achats intégrés dans cette consommation sont d'abord fondés sur des motivations individuelles. Voyez les produits de l'agriculture biologique, qui représentent environ 2 % de la consommation alimentaire. Ceux qui y recourent invoquent en premier lieu le bien qu'elle procure à leur corps et à leur santé. L'argument écologique n'intervient donc pas en premier. Le cas des consommatrices de lait bio est très significatif à cet égard : la plupart mettent en avant le fait que c'est un lait moins « trafiqué » que les autres et donc meilleur pour leurs enfants. C'est finalement un argument plus individualiste que du type bien public, même si en l'occurrence les deux ne sont pas contradictoires.

Pour l'heure, à peine 2 % des consommateurs pratiqueraient une consommation citoyenne, c'est-à-dire tournée vers l'intérêt général et non un simple argument de santé. S'il est encore trop tôt pour affirmer que cette proportion progressera dans les années à venir, force est de constater que

2. Parmi les enquêtes du Crédoc, citons « Les consommateurs et le commerce équitable » (mai 2001) et « Les Français et la consommation éthique » (janvier 2002, réalisée pour Finansol et Max Havelaar).

cette consommation progresse dans les discours : on en parle de plus en plus.

Qu'en est-il dans les autres pays européens ? Les Français se singulariseraient-ils ?

On constate des différences avec d'autres pays européens. Comment pourrait-il d'ailleurs en être autrement ? La consommation citoyenne indique d'une certaine manière l'entrée de la politique dans la consommation. Il n'est donc pas étonnant de retrouver les différenciations qui se manifestent sur le plan politique. De fait, on observe que les pays qui ont une culture politique centralisatrice et étatique sont des pays où la consommation citoyenne se développe moins, par rapport aux pays de culture libérale ou ceux dans lesquels l'État est traditionnellement non pas faible, mais plus décentralisé. Dans ces pays, et notamment les pays de culture libérale, le citoyen a le sentiment que cela peut avoir du sens de faire de la politique avec son Caddie. À l'inverse, dans un pays de culture centralisatrice et étatique comme le nôtre, le citoyen est enclin à considérer que c'est à l'État d'œuvrer en faveur de la consommation citoyenne en interdisant, par exemple, l'importation de produits qui ne respectent pas l'environnement ou les droits des travailleurs.

À quoi s'ajoutent des variables culturelles. En Angleterre, par exemple, un des thèmes de consommation citoyenne extrêmement développés et pratiquement inexistants dans notre pays, c'est, comme je l'ai indiqué tout à l'heure, le bien-être animal et le *no animal testing* (autrement dit le bannissement de l'expérimentation sur les bêtes). Faire du mal aux animaux est considéré comme un acte anticitoyen. Les actions ont déjà donné lieu à toute une gamme de produits cosmétiques qui n'ont pas été testés sur des animaux. La société française est peu sensibilisée à ce type de cause. Les choses évoluent cependant sous l'effet de la mondialisation et de l'interdépendance croissante des économies, mais aussi à la faveur d'autres arguments. À titre d'exemple, la filière viande d'une grande chaîne de distribution française s'est engagée à pratiquer un abattage non violent. Mais à examiner les choses de plus près, on peut s'interroger sur les motivations réelles de cette chaîne de distribution. De l'avis des spécialistes, une viande issue de ce type d'abattage est réputée plus goûteuse. On peut donc se demander si ce type d'abattage ne serait pas pratiqué non pas tant au nom de valeurs éthiques que pour la satisfaction personnelle du consommateur...

Est-ce à dire que la consommation citoyenne serait soluble dans l'économie marchande ?

Sur ce point, je dois dire que j'ai changé d'opinion. Dans un premier temps, je pensais que la consommation citoyenne allait fortement se développer dans la mesure où elle semblait répondre à la quête de sens des individus. J'ai même écrit que c'est peut-être parce que les politiques se sont mis à se vendre comme des savonnettes que les savonnettes se sont mises à faire de la politique...

Aujourd'hui, j'ai plutôt le sentiment que la consommation citoyenne joue un rôle d'aiguillon, mais que la destinée de cette consommation, à partir du moment où sa thématique s'est largement répandue, est d'intégrer le champ général de la consommation. Cela n'empêchant pas, bien au contraire, l'existence de produits qui, tout en étant situés sur des niches, s'adressent à une large fraction de consommateurs. Je pense, par exemple, aux cartes de vœux de l'Unicef qui se sont très largement diffusées.

Il peut y avoir par ailleurs des initiatives appelées à intégrer l'économie marchande par le jeu de la réglementation. Je pense en particulier au tourisme citoyen. Pour être franc, je doute que ces initiatives, qui n'en sont pas moins très intéressantes, soient en mesure de menacer l'hégémonie des tour-opérateurs. En revanche, en sensibilisant un public croissant aux effets du tourisme sur l'environnement et les sociétés des pays d'accueil, elles peuvent susciter des réglementations internationales et contraindre à terme les grands opérateurs à prendre leurs responsabilités.

Une autre limite de la consommation citoyenne ne vient-elle pas du surcoût qu'elle engendre ?

Je ne poserais pas le problème en ces termes. Le problème n'est pas tant le coût de la consommation citoyenne que la propension, encouragée par le hard discount, à privilégier la quantité sur la qualité. L'achat d'un produit à prix discount devient en soi une finalité, indépendamment de l'utilité réelle du produit et de ses conditions de fabrication. Aujourd'hui, ce qui marche dans la consommation de biens intermédiaires, ce sont les écrans plats, les DVD... autant de choses dont on pourrait facilement, à bien y réfléchir, différer l'achat, voire se passer. Ainsi, sans rogner outre mesure sur son budget de consommation, on peut parvenir à une consommation citoyenne consistant à se procurer les biens dont on a réellement besoin, à un prix raisonnable et pour le consommateur et pour le producteur.

En disant cela, songez-vous à la thématique de la décroissance soutenable ? Quelle est votre position à ce sujet ?

L'économiste que je suis ne peut s'empêcher de songer à ce qui s'est passé au début des années 1970 autour du club de Rome[3] et du rapport Meadows sur la croissance zéro. Il me semble que lorsqu'on en vient à ce genre de slogan, c'est qu'on assiste à l'épuisement d'un modèle culturel de consommation alors dominant, mais sans être en mesure de dire à quoi ressemblera exactement le nouveau modèle de consommation. Reste que l'histoire montre qu'un autre modèle finit par s'imposer et ouvrir la voie à un nouveau cycle de croissance. C'est pourquoi je crois plus à la perspective d'une croissance durable qu'à une décroissance durable. Cette croissance durable se fonderait plus sur la qualité que sur la quantité. Pour autant, elle ne serait pas forcément plus faible que celle qu'on a connue par le passé. En effet, on peut croître en volume en améliorant la qualité sans augmenter la quantité. Par exemple, si on se mettait à construire des maisons écologiques, plus chères à fabriquer, on augmenterait le volume de richesses.

À vous entendre, on perçoit que la consommation citoyenne ne peut prendre sens que dans une démarche collective

En effet, il est illusoire de cantonner la consommation citoyenne à des comportements purement individuels, quand bien même seraient-ils motivés par l'intérêt général. Non pas que je désespère de l'individu, mais la collectivité politique a son mot à dire. S'il faut définir des règles de bonne consommation citoyenne, c'est à l'État de les édicter en croisant les critères sociaux, éthiques, environnementaux. Concrètement, des règles qui définissent les bonnes façons de produire et celles qui ne sont pas viables. Le vrai régulateur de la consommation citoyenne, ce devrait être l'État et les organisations internationales. Dire cela, ce n'est pas dire que l'État doit tout faire ni être prisonnier de cette culture étatique que j'évoquais tout à l'heure. Dans mon esprit, cet interventionnisme aurait tout intérêt à s'inspirer des expérimentations de la société et de ses innovations.

3. Créé en 1968, le club de Rome est une organisation non gouvernementale réunissant des scientifiques, des dirigeants d'entreprise, des hauts fonctionnaires, des chefs d'État, anciens ou en exercice, qui entendent peser sur les évolutions de la planète dans un sens satisfaisant pour l'humanité. Il est à l'origine du rapport Meadows paru en 1972 sur les « limites de la croissance ».

Les Français et la consommation engagée

La consommation citoyenne fait de plus en plus parler d'elle. Mais il y a souvent loin entre les déclarations d'intention et les comportements. C'est ce qui ressort d'une enquête du Crédoc qui, outre la diversité des conceptions des consommations engagées, met en évidence un intérêt non négligeable pour la pratique du boycott.

Un sur dix (38 % précisément), c'est la proportion des Français qui disent tenir compte des engagements de citoyenneté lors de l'achat d'un produit industriel, selon une enquête du Crédoc[4]. Comme le souligne son auteur, ce chiffre paraît particulièrement élevé dans la mesure où les engagements de citoyenneté des entreprises ne sont pas évidents à connaître. « Il n'est pas impossible que les enquêtés aient un peu "enjolivé" la réalité. » La plupart des Français disent d'ailleurs éprouver des difficultés à reconnaître les logos attestant que le produit respecte l'environnement. D'après une autre enquête du Crédoc, réalisée en juin 1999 pour le compte de l'Ademe (l'Agence pour l'environnement et la maîtrise de l'énergie), sur les problèmes d'environnement, seul un Français sur dix reconnaissait les logos de type « NF-Environnement » ou « Écolabel européen ». De même, les actions de mécénat des entreprises dans ce domaine sont le plus souvent méconnues.

Par ailleurs, si les Français manifestent de plus en plus de sympathie à l'égard des principes de la consommation engagée, ils sont encore loin de sauter le pas. Il est vrai que cette consommation est aussi un luxe : les produits équitables ou citoyens sont plus chers que les produits ordinaires. Certes, une majorité de Français – une personne sur deux (52 %) – déclarent être prêts à payer plus cher un produit dès lors qu'il est « éthique ». Pourtant, cette proportion élevée ne se reflète pas dans les actes d'achat, où le rapport qualité-prix continue à primer, comme l'atteste le développement du hard discount. En fait, seules 20 % des personnes interrogées disent être sûres d'accepter un supplément de prix de 5 % en échange d'un engagement de citoyenneté du producteur, contre 32 % qui le seraient « peut-être »...

4. Enquête réalisée entre décembre 2001 et janvier 2002 auprès d'un échantillon représentatif de 2 002 personnes âgées de 18 ans et plus.

Qui pratique la consommation engagée ?

On a d'autant plus tendance à se déclarer attentifs aux engagements citoyens qu'on est diplômé de l'enseignement supérieur, cadre supérieur, qu'on gagne bien sa vie, qu'on a entre 40 et 60 ans et qu'on habite l'Île-de-France[5]. Tout porte à croire que nous sommes donc en présence d'un phénomène élitiste, mais appelé à se diffuser dans le reste de la société.

Parmi les motifs de consommation engagée, le non-recours au travail des enfants est le plus souvent cité, loin devant le fait que le produit est fabriqué en France *(voir tableau p. 159)*. Mais à chaque catégorie de la population ses propres causes : le travail des enfants préoccupe tout particulièrement les cadres moyens, les étudiants, les diplômés de l'enseignement supérieur et les personnes aisées ; le *made in France*, les plus de 40 ans, les indépendants, les retraités, les non-diplômés et les ruraux ; le respect de l'environnement, les cadres supérieurs...

... et le boycott ?

Plus de neuf consommateurs sur dix déclarent être susceptibles de boycotter un produit qui ne respecterait pas certains engagements éthiques. Dans le même temps, à peine plus d'un quart (26 %) déclarent avoir effectivement boycotté un produit pour ce type de motif. Encore une fois, il y a loin entre les déclarations et le passage à l'acte. Cependant, un quart des consommateurs ont déjà eu recours au boycott : la proportion n'est pas négligeable.

Parmi les motifs de boycotter un produit viennent, dans l'ordre décroissant : le travail des enfants (41 % des Français disent recourir au boycott dans cette éventualité), la dégradation de l'environnement (35 %), des licenciements malgré la réalisation de profits (34 %), etc. La maltraitance des animaux ne vient qu'en sixième position (10 %).

Encore une fois, ces motifs varient selon les catégories socio-professionnelles : le travail des enfants motive davantage les jeunes, les étudiants, les cadres, les diplômés du supérieur, les titulaires de revenus élevés, etc. La dégradation de l'environnement concerne un peu plus les ruraux ; les licenciements « abusifs », les ouvriers, les habitants des petites villes de province, etc. Mais, là aussi, il y a un décalage entre les intentions et les

5. 47 % des diplômés de l'enseignement supérieur déclarent tenir compte des engagements citoyens de l'entreprise contre 32 % des non-diplômés , ainsi que 53 % des personnes percevant 3 000 euros et plus par mois contre 29 % de ceux qui perçoivent moins de 900 euros par mois.

comportements effectifs. Par exemple, pour ce qui est des licenciements « abusifs », ce sont les cadres supérieurs, les diplômés, les personnes aisées et les Franciliens qui déclarent le plus avoir déjà boycotté pour ce motif. « Ainsi, écrit l'auteur de l'enquête, si la consommation engagée retient l'attention d'une grande partie de la population – on peut même dire qu'elle s'attire beaucoup de sympathie –, force est de constater que l'attitude des Français n'est pas encore totalement claire, peut-être pas totalement aboutie dans le domaine. » En tout état de cause, « il est certainement trop tôt pour dire que la consommation éthique est appelée à devenir un véritable ressort des motivations d'achat de nos concitoyens, même si elle semble être un thème porteur ».

On peut néanmoins rapprocher l'intérêt croissant de cette thématique avec d'autres tendances comme les pratiques des alterconsommateurs*, caractérisées par une préférence du rapport qualité-prix sur la marque, voire le mouvement contestataire No Logo ou encore le mouvement Slow Food, apparu en Italie en faveur des produits artisanaux et de terroir. Autant de phénomènes qui manifestent une contestation de la société de consommation de masse.

En résumé, la consommation citoyenne ou engagée (ou éthique, ou solidaire) fait de plus en plus parler d'elle, mais il y a encore loin entre les intentions affichées et les engagements effectifs au quotidien. Une des limites de cette consommation tient vraisemblablement à son caractère encore individuel, que souligne d'ailleurs le principe même du sondage qui tente d'en appréhender l'importance à travers les déclarations d'individus. Comme si la citoyenneté engagée pouvait progresser en dehors d'actions collectives, lesquelles supposent des organisations puissantes. On en vient ainsi à une particularité française : la faiblesse de telles organisations, hormis UFC-Que choisir ?**, comparé aux pays anglo-saxons.

Quels sont, dans cette liste, les deux engagements de citoyenneté auxquels vous seriez personnellement le plus sensible lors de l'achat d'un produit industriel ?	**en %**
Ne pas avoir recours au travail des enfants	46
Produit fabriqué en France	32
Respect des conditions de travail des salariés	30
Fabrication non polluante	24
Aide à la recherche médicale	15
Aide aux personnes en difficulté	15
Aide au tiers monde	13
Fabrication européenne	11
L'entreprise s'engage à ne pas faire souffrir les animaux	9
Aides aux activités culturelles et sportives	3

Source : Régis Bigot, « La consommation engagée : mode passagère ou nouvelle tendance de la consommation ? », rapport Crédoc, septembre 2003.

LA DÉCROISSANCE SOUTENABLE
Entretien avec Vincent Cheynet

Décroissance soutenable : l'expression s'est imposée récemment en réaction aux excès de la société de consommation face aux limites du développement durable. Elle se veut aussi une critique de l'économisme, autrement dit une vision strictement économique des enjeux de société.

Est-ce une approche fondamentalement nouvelle ? Comment la mettre en pratique concrètement, à l'échelle de la société, mais aussi dans sa vie quotidienne ? Éléments de réponse avec Vincent Cheynet, qui fut directeur artistique dans une grande agence de publicité avant de participer à la lutte contre la publicité à travers la revue *Casseurs de pub*, qu'il a fondée avec des comparses.

Un engagement qui devait le conduire à cet autre en faveur de la décroissance soutenable. « Je m'inscris dans ce courant sans être économiste », tient-il cependant à préciser. Ce qui ne l'empêche pas de militer aux côtés d'économistes patentés, et non des moindres comme Serge Latouche, l'un des chantres en France de cette décroissance soutenable.

À chaque cause sa publication : après *Casseurs de pub*, Vincent Cheynet participe à *La Décroissance*, un bimestriel créé en l'an 2004 qui entend pointer les excès de la société de consommation, mais aussi dispenser des conseils pratiques pour faire de la décroissance soutenable au quotidien. Le sous-titre donne le ton : « Le journal de la joie de vivre ». Tirée à environ 40 000 exemplaires, *La Décroissance*, qui n'a pas d'équivalent en Europe, hormis en Italie où elle a inspiré *La Decressita*, compte déjà plus de 4 000 abonnés et 12 000 ventes au numéro en moyenne. Est-il besoin de le préciser, *La Décroissance* vit sans publicité...

On doit au même Vincent Cheynet un ouvrage collectif (codirigé avec Michel Bernard et Bruno Clémentin), *Objectif décroissance. Vers une société harmonieuse*[1].

---

1. Paris, Parangon, 2004.

« Il y a urgence à resituer l'économie comme un moyen au service de l'humanité, qui tienne compte des ressources naturelles. »

Vous menez depuis plusieurs années une lutte contre la publicité. Comment en êtes-vous venu à la décroissance soutenable ?

Je travaillais dans une grande agence de publicité tout en militant dans des associations écologiques ; je collaborais aussi à *Carbusters*, une revue internationale qui fédère les associations de lutte contre l'automobile et ses nuisances. Il en est allé ainsi jusqu'au jour où je me suis rendu compte que ma démarche était schizophrénique. D'un côté, je militais pour une terre plus humaine ; de l'autre, je participais à la promotion d'un des instruments de sa destruction, la publicité. La découverte des écrits de François Brune[2], le maître à penser du courant antipub, m'a fait prendre conscience de cette schizophrénie. Je l'avais perçue sans parvenir jusqu'ici à mettre un mot dessus. J'en suis ainsi venu à quitter progressivement le monde de la publicité, en travaillant à temps partiel, avant de rompre définitivement avec ce milieu.

Quand avez-vous entendu parler pour la première fois de la problématique de la décroissance soutenable ?

Je l'ai découverte à la fin des années 1990 à la lecture d'un ouvrage de l'économiste américain d'origine roumaine Nicholas Georgescu-Roegen, traduit en français sous le titre *Demain la décroissance*. Il m'a permis de mettre un autre mot, cette fois sur quelque chose dont, avec d'autres, je pressentais la nécessité. Le discours écologiste ne me satisfaisait pas. À mes yeux, il s'était détourné de ses buts initiaux en faisant sien le concept de développement durable.

En quoi la décroissance soutenable consiste-t-elle ?

L'idée est de sortir de cette société où la consommation n'est plus vue comme un moyen mais comme une finalité. On vit constamment dans une « inversion des valeurs ». Toutes les valeurs censées nous humaniser, comme

2. http://www.casseursdepub.org/index.php ?menu=doc&sousmenu=biblio

l'amitié, le partage, l'amour, etc., sont détournées pour nous faire consommer. Inversement, tout ce qui est de l'ordre du profane, l'argent, la science, etc., est sacralisé et devient une finalité pour la société comme pour les individus. Il y a urgence à resituer l'économie comme un moyen au service de l'humanité, qui tienne compte des ressources naturelles.

Derrière la notion de décroissance soutenable, il y a aussi l'idée de sortir de l'économisme, en intégrant la dimension écologique. Depuis Adam Smith, cette dernière a été escamotée aussi bien par les libéraux que par les marxistes. Les uns comme les autres pensaient que l'exploitation de la Terre était illimitée. En fait, dans son fonctionnement productiviste, l'économie épuise le capital naturel, lequel n'est pas extensible à l'infini. C'est un modèle déconnecté de la réalité physique de la planète. En intégrant la variable écologique, Georgescu-Roegen montre qu'on débouche sur des visions radicalement différentes par rapport aux conceptions classiques de l'économie. Il considérait que les sciences économiques étaient à la fois pas assez matérialistes et trop matérialistes. Pas assez, car elles ne tiennent pas assez compte de la réalité physique de la planète. Trop, car elles réduisent l'homme à un rôle de consommateur, l'épanouissement d'un peuple à la croissance de son PIB.

L'objectif de la décroissance soutenable n'est pas de créer un autre modèle économique qui suppléerait aux défaillances du modèle productiviste. Il s'agit de revenir sur cette inversion des valeurs.

Quel rapport cette idée de décroissance soutenable entretient-elle avec la thématique de la croissance zéro introduite dans les années 1970 par le club de Rome ?

La thématique de la décroissance soutenable invite précisément à aller plus loin. À l'heure actuelle, si l'ensemble de la population mondiale accédait à notre modèle de consommation, cela équivaudrait aux ressources d'au moins cinq planètes !

Nous n'avons pas encore pris conscience du pillage et de l'injustice auxquels donne lieu ce modèle : la surconsommation est le fait d'une fraction surdéveloppée de la population. C'est pourquoi l'idée d'une croissance zéro est insuffisante. C'est bien la décroissance qu'il convient de se fixer comme objectif. Pour autant, même s'ils rompent aussi bien avec la société capitaliste qu'avec la société communiste qui, à bien des égards, était une société matérialiste, productiviste, les principes de la décroissance soutenable ne sont pas fondamentalement nouveaux.

Et les solutions proposées en termes de développement durable ?

Elles ne sont pas satisfaisantes non plus dans la mesure où, si elles visent à prendre en compte les considérations environnementales et de justice sociale, elles ne renoncent pas à la croissance. Ce n'est qu'une couche de peinture verte appliquée sur le modèle industriel, destinée à lui permettre de perdurer. Le développement durable n'interroge pas les finalités humaines.

Plus nous tarderons à enrayer la logique productiviste et consommatrice du système capitaliste, plus les solutions devront être appliquées de manière drastique, pour ne pas dire autoritaire. C'est autant ce risque que le risque environnemental qui motive les partisans d'une décroissance soutenable dont les valeurs sont démocratiques et humanistes tout autant qu'écologistes. Il suffit de voir les craintes suscitées par l'augmentation du prix de pétrole pour vérifier la réalité du risque. Les prévisions des économistes se veulent optimistes : il y aurait encore du pétrole pour les quarante ans à venir. Reste à savoir à quel prix ! L'extraction du pétrole sera de plus en plus coûteuse. Voyez les réactions provoquées par les hausses intervenues à l'automne 2004 : les agriculteurs, les chauffeurs de taxi, etc., ont menacé de bloquer l'accès aux stations à essence ou aux villes. Ce n'est que la préfiguration de ce qui nous attend dans les années à venir si rien n'est fait pour réduire la dépendance au pétrole. À l'évidence, on devra s'orienter vers d'autres ressources énergétiques, mais surtout réduire de manière drastique notre consommation énergétique, bien avant l'épuisement du dernier baril. La décroissance soutenable est quelque chose vers quoi nous serons de toute façon obligés d'aller.

Parler de décroissance est aussi une manière de sortir de l'analyse en termes de « développement », qui n'est autre qu'une vision occidentale, pour ne pas dire capitaliste[3].

Comment mettre en œuvre la décroissance soutenable au niveau de la société ?

Concrètement, un de ses principes consiste en la relocalisation de la production des biens là où ils sont consommés. Il est absurde de porter des paires de chaussures produites à des milliers de kilomètres de là. Pas seulement parce que ces chaussures sont produites par une main-d'œuvre bon marché, employée au détriment des salariés des pays développés, mais parce que cette production à l'échelle mondiale génère des coûts environnementaux dont les

3. Pour une lecture critique du développement, voir Gilbert Rist, *Le Développement, histoire d'une croyance*, Paris, Presses de Sciences Po, 1997.

économistes ne prennent pas la mesure. Pour parvenir jusqu'à nous, la paire de chaussures a emprunté un bateau ou un avion et un camion qui sont consommateurs d'énergie.

Dès lors qu'on prend en compte ces coûts de l'économie, force est de se rendre à cette évidence : nous avons tout intérêt à relocaliser la production des biens et des services destinés à notre consommation courante. Produire localement permet de se passer des transports et de réduire du même coût la consommation d'énergie.

Mais il importe de ne pas s'enferrer dans cette seule vision économique. La société de consommation n'est pas seulement un modèle de développement. C'est aussi un modèle idéologique. Les solutions à ces excès existent, nous les connaissons, mais le plus important est de se soustraire à ce conditionnement idéologique qui a formaté nos habitudes de consommation.

Comment, vous-même, pratiquez-vous au quotidien la décroissance soutenable ?

Je suis nécessairement dans le compromis entre le monde tel qu'il est et celui vers lequel je souhaiterais aller : pour me rendre à Paris depuis Lyon, comme aujourd'hui pour l'entretien qui nous occupe, j'ai pris le TGV. Mais j'ai veillé à prendre plusieurs rendez-vous pour optimiser ce déplacement.

Ce type de compromis n'exclut pas des choix et des ruptures, comme cette décision que j'ai prise de quitter la publicité, un métier qui rémunérait bien. Je travaille désormais dans l'édition, où je gagne moins.

Par ailleurs, je fais l'économie de nombreux biens de consommation réputés indispensables : je n'ai ni voiture, ni portable, ni télévision. Je refuse de prendre l'avion. Je participe par ailleurs à un jardin potager qui permet de consommer des produits locaux. De manière générale, j'évite d'utiliser des biens et des services consommateurs de pétrole. Au-delà de son coût pour l'environnement, il participe d'une économie fondée sur le rapport de force. Je ne peux plus enclencher une clé de contact sans avoir le sentiment de participer à un système d'économie militaro-industriel.

D'ores et déjà, la décroissance peut être mise en pratique à travers des idées simples. Peut et doit : encore une fois, il ne faut pas attendre l'imposition de solutions drastiques par le haut. Mais il est clair que les comportements d'individuels n'auront de poids que s'ils s'inscrivent dans une démarche collective. Ce qui implique des choix de société. Seul l'avenir dira s'ils pourront être faits démocratiquement ou s'ils nous seront imposés. Pour l'heure, les prévisions alarmistes suscitent trop d'indifférence ou de sourires, ou pire le déni.

Peut-on faire de la décroissance soutenable sans le savoir ?

Bien sûr. Beaucoup de personnes qui vivent simplement sont beaucoup plus « écolos » que nombre de militants qui passent leur temps dans les avions.

Que dites-vous à ceux qui prônent le développement des énergies alternatives ?

Cet argument participe de cette croyance dans la toute-puissance de la technique qui caractérise nos sociétés. La solution à nos problèmes résiderait dans l'innovation technique et scientifique. Ce primat accordé à la technique et à la science a un effet pervers : il déresponsabilise les citoyens ordinaires. Il fait en outre naître de faux espoirs. Pour l'heure, il n'y a pas encore d'énergie susceptible de remplacer le pétrole.

Et l'énergie nucléaire ?

Elle représente 15 % de la production électrique dans le monde. Ce qui est loin d'être négligeable. Mais il faut rappeler que l'uranium n'est pas une énergie illimitée. La France qui se vante d'avoir allégé sa facture énergétique importe en fait ce combustible. Son indépendance est toute relative. Je suis contre le nucléaire par principe scientifique : c'est une énergie qui n'est pas maîtrisée par l'homme et qui ne doit donc pas être développée.

Que dites-vous à ceux qui vous reprochent de vouloir revenir à l'âge de pierre ou de la chandelle ?

Il est illusoire de vouloir revenir en arrière. Pour autant, il ne faut pas forcément ranger au placard ce qui appartient au passé. Ce serait verser dans cette idéologie du nouveau dans laquelle nous baignons. Tout ce qui est nouveau n'est pas forcément à adopter.

Derrière la décroissance soutenable, il y a, encore une fois, une volonté de sortir d'un conditionnement idéologique. Il ne s'agit pas de remettre en cause la consommation en tant que telle, ni même la technique et la science. Il s'agit de les resituer comme des moyens au service de l'humain.

Quelle place accordez-vous au politique ?

Une place centrale. La décroissance soutenable passe par une repolitisation de la société, la redécouverte du « dissensus », ou si vous voulez de la conflictualité. À l'inverse de la société de consommation qui incline au confort. Il n'est pas étonnant que l'émergence de cette société soit concomitante au discours sur la fin du politique.

Le but ultime n'est pas forcément la prise du pouvoir, mais son inflexion par la prise en compte des enjeux de la décroissance. Concrètement, on peut envisager la création de partis qui « écologiseraient » les débats de la vie politique.

Précisons encore que la décroissance soutenable est une recherche d'équilibre toujours recommencée. Il ne s'agit pas de construire une société idéale.

Qu'en est-il des actions en faveur de la décroissance soutenable sur le plan international ?

La décroissance soutenable n'est pas une réflexion strictement française. Elle est portée par plusieurs mouvements à travers le monde qui convergent vers la nécessité de trouver des réponses locales aux problèmes globaux. L'action débute depuis son quartier. Certes, les causes débordent ce cadre. Mais envisager l'action au niveau local, voire personnel, permet de rompre avec la tendance à faire porter la responsabilité au niveau supérieur et à déresponsabiliser en conséquence le citoyen.

Quels rapports entretenez-vous avec le mouvement altermondialiste ?

Nous y sommes bien évidemment attentifs. Un point fait cependant débat, il porte précisément sur le préfixe « alter » : s'agit-il de rêver à des lendemains qui chantent ou de transformer le système actuel ? C'est la seconde hypothèse à laquelle nous travaillons.

Dans l'introduction d'*Objectif décroissance*, vous écrivez avec Bruno Clémentin : « Le transport aérien, les véhicules à moteur à explosion seraient condamnés à disparaître. Ils seraient remplacés par la marine à voile, le vélo, le train, la traction animale... » N'est-ce pas illusoire ? Ne serait-ce pas préjudiciable à la mobilité des hommes et, au-delà, à l'émergence d'une société civile mondiale à laquelle chacun aspire ?

Force est de constater que le monde globalisé ne profite pour l'heure qu'à une élite, pour ne pas dire une classe dominante qui appréhende le monde à travers son propre mode de vie. Cette mobilité que vous évoquez et qui serait rendue possible par les moyens de transport modernes ne concerne qu'une partie de la population mondiale. Elle participe moins d'une meilleure compréhension, d'échanges entre les peuples que de l'extension de la société de consommation à l'échelle mondiale pour le profit d'une minorité.

Ceux qui se félicitent de la création d'instances supranationales perdent de vue que ces instances sont propices à la diffusion, même inconsciemment, d'un modèle de société de consommation occidental. Leur légitimité démocratique reste de surcroît à démontrer. Je considère qu'une véritable démocratie est une démocratie de proximité.

Revenons à l'avion. Que faire des opportunités qu'il offre d'aller à la rencontre de l'autre ?

Les hommes n'ont pas attendu l'avion pour se rencontrer. Voyez par ailleurs comment l'avion a transformé le voyage en un produit de consommation consistant à aller d'un point à un autre le plus rapidement possible, autrement dit tout le contraire du principe même du voyage. Un voyage commence là où on part, le déplacement en fait partie intégrante. Cette dimension a été complètement escamotée au profit d'une conception consistant à se rendre à un point plus ou moins éloigné, et ce le plus rapidement possible, pour finalement y consommer les mêmes biens et services. Désormais, la vitesse fait partie intégrante du voyage, alors qu'autrefois c'est la lenteur qui le caractérisait. Or cette dernière ne permettait-elle pas de mieux entrer en contact avec autrui ?

À force de se focaliser sur les moyens techniques de transport, on n'a pas pris la mesure des difficultés que rencontrent les migrants pour se déplacer, du fait de la multiplication des frontières à laquelle on a assisté ces derniers siècles. On arrive à une situation paradoxale bien connue, mais qu'il faut rappeler : alors qu'autrefois les hommes pouvaient franchir de longues distances sans encombre, c'est-à-dire sans se heurter à des frontières nationales, ce sont désormais les marchandises qui ont ce privilège.

La décroissance soutenable revient à inverser ce système de valeurs, à valoriser les échanges humains et à relocaliser la production des marchandises. L'enjeu n'est pas seulement écologique, mais culturel. La production locale participe d'une biodiversité culturelle qu'il faut savoir préserver. Il ne s'agit pas d'entrer dans un système autarcique, mais de valoriser des échanges qui ne soient pas une simple consommation de l'autre, comme c'est le cas actuellement.

Avez-vous le sentiment d'être entendu ?

La difficulté pour un discours comme celui de la décroissance soutenable, qui va aux sources des problèmes, c'est qu'il est souvent perçu comme pathologique. Parce qu'ils remettent en cause radicalement le modèle dominant, ceux qui le défendent sont considérés comme des extrémistes, voire des névrosés !

Pourtant, être radical, ce n'est pas être extrémiste, encore moins malade ! C'est seulement aller à la racine des problèmes. Et la racine de nos problèmes actuels est bien cette course à la croissance économique.

Bien des solutions qui sont proposées aujourd'hui, y compris par les écologistes, me paraissent superficielles. Je pense en particulier aux solutions techniques que l'on met en avant en considérant qu'elles permettraient d'accéder à l'ère de l'économie de l'immatériel. Concrètement, les nouvelles technologies de l'information et de la communication (NTIC), en limitant les déplacements, permettraient de réduire la pollution, la concentration urbaine avec tous les problèmes qu'elle pose. Or cela reste à prouver (tout en nous épargnant certains déplacements, les NTIC en suscitent d'autres). Les vraies solutions sont philosophiques et politiques. Seulement, de telles solutions paraissent inappropriées.

Un mot sur *La Décroissance*. À quel besoin a répondu sa création ?

À l'origine, il ne s'agissait que d'une lettre d'information bimestrielle destinée à porter sur la place publique des débats qui avaient trop tendance à se cantonner aux colloques ou aux séminaires. Sa transformation en un journal à part entière vise à toucher le grand public et à suppléer au manque d'information. Les médias ont trop tendance à privilégier le développement durable.

Outre des textes critiques à l'égard de la société de consommation et de l'économisme, *La Décroissance* donne des conseils pratiques pour consommer moins et mieux. Elle remplit à la fois une démarche militante et pédagogique en montrant que l'économie est une affaire trop sérieuse pour la laisser aux seuls économistes.

Aux sources de la décroissance soutenable

La notion de décroissance soutenable a été inspirée par Nicholas Georgescu-Roegen (1906-1994), un Américain d'origine roumaine, tout à la fois physicien, mathématicien et économiste, qui a jeté les bases de la bioéconomie. La notion de décroissance apparaît pour la première fois dans le titre de la version française de son ouvrage *The Laws of Economic and the Anthropic Process (Les Lois de l'économie et le processus anthropique)*, qui a été traduit par Jacques Grinevald, un universitaire suisse qui enseigne à l'IED à Genève. La version française en est à sa troisième édition.

ENTRE PLANCHE DE SALUT ET ART DE VIVRE, LE GLANAGE SELON ALAIN

Glanage : action de ramasser dans les champs, après la moisson (d'après *Le Robert*). Ancienne, cette pratique a été rendue célèbre par le tableau de Millet *Les Glaneuses*, peint en 1857. On la croyait disparue depuis. Que nenni, ainsi que le révèle le film d'Agnès Varda *Les Glaneurs et la Glaneuse*, qui met en scène des hommes et des femmes vivant du glanage, mais aussi du grappillage et de la récupération. Par plaisir ou par obligation. Parmi eux, Alain, qui, tout en pratiquant le glanage par obligation, le vit d'abord comme une solution à la surconsommation de nos sociétés.

Alain Fonteneau, ce nom ne vous dit peut-être rien, et pourtant vous le connaissez pour peu que vous ayez vu le film d'Agnès Varda *Les Glaneurs et la Glaneuse*[1]. Il fait partie de ces personnages qui vivent du glanage ou de la récup' qu'on rencontre au fil du film. Alain, Agnès l'a surpris un jour sur le marché Edgar-Quinet à Paris, dans le XIVe arrondissement, en train de ramasser précautionneusement des fruits et des légumes abandonnés par les maraîchers. « Vous êtes un grand mangeur de persil ? » C'est la question qu'elle s'est résolue enfin à lui poser après l'avoir déjà repéré manipulant des brins de cette plante. La réponse vaut d'être rappelée : « De temps en temps, oui, parce que c'est très bon, le persil : vitamine C, vitamine E, béta-carotène, zinc, magnésium, c'est excellent... »

1. Le film a été réalisé entre septembre 1999 et avril 2000. Le DVD est disponible auprès de la société de production d'Agnès Varda, Cinétamaris.

Si vous vous rendez sur le marché Edgar-Quinet aux alentours des quatorze heures, vous aurez donc des chances de le rencontrer, Alain. Il a environ une petite quarantaine d'années, des lunettes, le crâne légèrement dégarni. Il est assez bien habillé pour que l'on ne devine pas au premier abord un glaneur par nécessité. Autre possibilité pour le croiser : l'été, dans les champs du côté de La Verrière, dans la banlieue ouest de Paris. La Verrière où se trouve également le foyer de la Sonacotra dans lequel il vit, au milieu de 400 personnes de différentes origines, maghrébine, sénégalaise, malienne notamment.

Le glanage, Alain dit le pratiquer aussi pour le plaisir des plantes, qu'il connaît particulièrement bien. D'après l'article que lui a consacré le magazine *Télérama*[2], il les fait sécher, en prévision de l'hiver, dans la chambre qu'il occupe, et le *Botrytis cinerea* n'aurait plus de secret pour lui... Élevé dans une ferme angevine, Alain est titulaire d'un DEA de sciences agroalimentaires et a enseigné la biologie au collège et au lycée. S'il a décidé de vivre à Paris, c'était dans l'espoir de devenir chercheur.

Comment en est-il arrivé-là ? On ne sait. Ou plutôt, on le devine trop bien : Alain fait partie de ces cohortes de jeunes diplômés de l'enseignement supérieur arrivés sur le marché de l'emploi en pleine période de chômage de masse. Alain, lui, a eu une expérience d'enseignant, mais on devine qu'il a été la proie de gamins chahuteurs. Et inconscients de ce dont ils se privaient : Alain est un pédagogue hors pair ; on le comprend, dans le film d'Agnès Varda, quand on le découvre en train de donner des cours de soutien bénévoles à ces travailleurs immigrés de la Sonacotra.

Scandalisée de voir qu'il ne bénéficiait même pas d'un logement gratuit en échange de son aide, Agnès Varda s'est mise en quatre pour obtenir qu'Alain soit rémunéré. En vain... Aussi, quand il ne glane pas et ne donne pas de cours de soutien, Alain continue à vendre un journal de SDF, *L'Itinérant*. On peut le surprendre de temps en temps à l'une des principales entrées de la gare Montparnasse.

Manifestement, Alain ne se plaint pas de son sort. Mieux, il a fait de ses difficultés les principes d'un art de vivre fondé sur la sobriété. Du film d'Agnès Varda il ne pense pas forcément que du bien, comme il s'en explique dans la suite qui a été donnée au film *(Deux ans après)* : il se borne trop à son goût à décrire sans rien expliquer (sans compter que, pour Alain, Agnès Varda s'y met trop en scène). Que faire face à l'extrême gâchis que le film d'Agnès révèle néanmoins ? Alain a ses idées sur la question. « Avec tout ce

2. *Télérama*, 10 janvier 2001, n° 2661.

qu'on produit, on pourrait nourrir le double de la population mondiale actuelle. Pourtant, plus de 800 millions de personnes souffrent de malnutrition. » Pour Alain, c'est un problème de redistribution, mais aussi de conditionnement de la société par les médias, la publicité qui, en poussant à la consommation, nourrit, si l'on peut dire, l'obésité.

Cette idée, comme bien d'autres, Alain n'a pas manqué l'occasion de l'exposer lors des débats autour du film auxquels il a été convié, comme par exemple ce 20 mai 2004, au cours d'une séance que l'auteur de ces lignes animait.

Glanage ou grappillage ? Comme on l'apprend dans le film d'Agnès Varda, le glanage consiste à ramasser ce qui est à terre, et le grappillage à cueillir ce qui est encore suspendu aux arbres. Alain connaît cette distinction. Mais, explique-t-il, « glanage ou grappillage, celui qui est contraint de s'adonner à ce genre d'activité ne se pose pas la question de savoir si ça vient d'en haut ou d'en bas ».

Qui dit glanage pense aussi *a priori* à une pratique ancienne et, éventuellement, au tableau de Millet. En fait, les glaneurs n'ont pas disparu. Si singulier que soit le parcours d'Alain, sa pratique est plus répandue qu'on ne l'imagine, comme l'illustrent d'ailleurs d'autres « personnages » du film d'Agnès Varda, les uns y recourant par nécessité, d'autres s'y adonnant pour leur plaisir.

Le recours volontaire au glanage comme moyen de lutter contre les excès de la société de surconsommation reste cependant une pratique marginale. Alain a-t-il néanmoins le sentiment que les spectateurs ont pris conscience de ce problème grâce au film d'Agnès ? Il craint que non. « La surconsommation, explique-t-il, découle d'un conditionnement général qu'il est difficile de remettre en cause. » « Pourtant, récupérer, poursuit-il, ne signifie pas forcément être dans la précarité. C'est aussi une question de bon sens. Nous vivons dans une société où nous disposons en principe de tout ce dont on a besoin. Si précarité il y a, c'est un problème d'organisation. Étant donné que nous sommes dans une société de surproduction, sachons utiliser cette surproduction. »

Alain glane lui depuis 1996. « Quand Agnès Varda a commencé à me filmer, au départ, je ne faisais guère attention. Quand je fais les poubelles ou que je glane sur le marché, c'est au vu et au su de tous les gens qui sont dans la rue. Ça fait partie de ma vie de tous les jours. Ça m'est complètement égal. Seulement, comme elle [Agnès] insistait, j'ai fini par lui demander pourquoi elle faisait cela. Agnès Varda, je ne savais pas qui c'était. C'est alors qu'elle m'a expliqué qu'elle faisait un documentaire sur la récupération. Elle m'a demandé si j'étais d'accord d'être intégré dans le film. J'ai dit oui, tout simplement. »

Malgré la relative célébrité acquise depuis, Alain n'a rien changé à son mode de vie. Seulement, peut-on glaner comme le fait Alain, à la fin des marchés, en récupérant à même le sol des fruits et légumes abandonnés sans nuire à terme à sa santé ? C'est l'une des questions que l'on pose souvent, au cours de ces débats, à Alain qui, visiblement, se porte plutôt bien. « Je ne suis jamais allé chez un médecin pour une quelconque intoxication. » Et Alain d'avancer une hypothèse : à force de se nourrir ainsi, il a renforcé son système immunitaire. Aussi ne conseille-t-il pas de se lancer dans ce mode d'alimentation du jour au lendemain. « Certains l'ont fait et sont tombés aussitôt malades. »

Trop beau pour être vrai ? Alain ne serait-il pas dans le déni ? Parmi les spectateurs, certains ont pu le penser. En fait, Alain croit dur comme fer au glanage. il y voit une solution à des dérives de nos sociétés.

« Avec le glanage, on peut, garantit Alain, se procurer tout ce dont on a besoin, y compris pour l'habillement ou même l'ameublement. » Le seul besoin difficile à satisfaire est le logement. Paraphrasant un autre personnage du film d'Agnès, Alain dit se nourrir et s'habiller « 100 % poubelle ». Il ne serait pas même utile d'y consacrer toutes ses journées. Cela n'occupe qu'une partie de son emploi du temps (ses cours de soutien lui prennent entre vingt et vingt-cinq heures par semaine). Mais, pour Alain, nous sommes dans un système capitaliste solidement ancré jusque dans les mentalités et qui incline à privilégier l'échange marchand. « Tout s'organise autour de l'argent ! » Pour preuve, cette anecdote qu'Alain se plaît à rapporter : « Un jour que je vendais des journaux, une personne m'ayant reconnu s'est approchée et m'a demandé : "Mais pourquoi ne travaillez-vous pas ?" Aux yeux de cette personne, je ne travaillais pas ! » Et cette personne de suggérer à Alain de répondre aux offres de Quick et autres McDonald's... La réponse d'Alain a alors fusé : « Mais n'avez-vous pas vu ce qu'ils jettent ! Pourquoi irais-je travailler pour produire des choses destinées en grande partie à être jetées ! » « Qu'est-ce que cela peut vous faire ? L'essentiel est que vous gagniez de l'argent. » Telle a été la réaction du passant anonyme qui, observe Alain, reflétait un état d'esprit général. « Quelqu'un qui fait les poubelles, ça ne peut être qu'un pauvre type. Pour d'autres, en revanche, ce sont des comportements frappés au coin du bon sens. »

Ses cours bénévoles en ont également laissé plus d'un sceptique. « Aux yeux de beaucoup, ce n'est pas du travail. Pourtant, en plus des cours, il y a les heures de préparation. Mais comme ce n'est pas payé, ce n'est pas considéré comme du travail. »

Ce conditionnement des esprits à l'idée qu'il n'y a point de salut hors du travail salarié, un autre film documentaire s'est récemment employé à le dénoncer : *Attention, danger travail,* de Pierre Carles, qui rend compte de plusieurs témoignages d'anciens salariés ayant décidé de sauter le pas, de renoncer à travailler (comprendre : exercer un emploi salarié), après avoir pris conscience du coût que cela représentait. Le glanage : la préfiguration d'une consommation alternative où d'autres formes d'activités, pas nécessairement marchandes, seraient reconnues ? Alain veut le croire.

MOTS CLÉS, ACTEURS CLÉS, BIBLIOGRAPHIE

MOTS CLÉS

Alterconsommateur

Nouvelle sorte de consommateur mise récemment en évidence par les professionnels du marketing. L'alterconsommateur appartient aux catégories socioprofessionnelles aisées et diplômées, et se caractérise par sa défiance à l'égard des produits de marque et de la publicité. Il arbitre ses achats en tenant compte des valeurs éthiques des entreprises. En cela, il s'oppose à celui que ces mêmes professionnels du marketing appellent un hyperconsommateur, adepte des produits de marque et dernier cri.

L'alterconsommateur n'est pas nécessairement altermondialiste ni hostile à la consommation. Au contraire, il lui arrive de surconsommer certains produits ; de privilégier le hard discount sur la distribution classique tout en affichant un goût pour les produits authentiques et de terroir. D'après une étude réalisée en 2004 par la filiale d'un groupe publicitaire, entre 15 et 25 % des consommateurs seraient des alterconsommateurs, qui s'ignorent le plus souvent (contre 11 % d'hyperconsommateurs). Les professionnels du marketing ont semble-t-il trouvé la parade : la valorisation des produits évoquant la tradition ou l'authenticité du terroir...

Consommation citoyenne

Elle privilégie des modes de consommation économes ainsi que l'achat de biens et de services produits dans des conditions respectueuses des droits des travailleurs et de l'environnement. Par rapport à la consommation éthique, la consommation citoyenne suggère un engagement politique, sinon militant ou associatif, du consommateur.

Consommation durable

Conçue en référence au développement durable, elle a reçu une définition officielle lors de la table ministérielle d'Oslo (1995) : « Utilisation de biens et de services qui répondent aux besoins fondamentaux et apportent une meilleure qualité de vie, tout en réduisant au minimum l'utilisation des ressources naturelles, des matériaux toxiques et les émissions de déchets et de polluants tout au long du cycle de vie, de façon à ne pas compromettre les besoins des générations futures. » Vont dans ce sens les écoproduits, les produits « verts » ou « biologiques », « respectueux de l'environnement » ou relevant du « commerce équitable »... Fondamentalement, elle s'inscrit dans la réflexion inaugurée dès les années 1960 sur la recherche d'un mode de vie qui privilégie le bien-être sur l'accumulation matérielle. C'est dire si elle suppose un changement de mentalité, mais aussi une refonte des indicateurs économiques.

En attendant, c'est sur une production durable que sont portés les efforts. Une mobilité durable pourrait aussi être envisagée. Actuellement, les courses se font essentiellement en automobile (85 %), dans des hypermarchés situés en périphérie, ce qui engendre plus de nuisances que les achats en centre-ville. Dans ce contexte, certains fondent leur espoir sur le développement du commerce électronique. C'est oublier que, s'il peut éviter aux clients de se déplacer, il contribue à l'augmentation du trafic de camions de livraison dans les villes et nécessite des espaces de stockage. (Source : Ifen, *L'Environnement en France*, édition 2002.)

Consommation éthique

Mode de consommation qui privilégie l'achat de biens et de services dont la conception et la production satisfont à des critères sociétaux (droits des travailleurs, non-exploitation des enfants) et environnementaux. Y participe l'achat des biens labellisés Max Havelaar ou autres.

Décroissance soutenable

Revenir à une certaine sobriété dans la consommation en privilégiant des biens et des services peu consommateurs d'énergie, tel est l'objectif des tenants d'une décroissance soutenable dont l'ambition est aussi philosophique : inverser le système de valeurs qui fonde la société de consommation.

L'expression est bien sûr un clin d'œil au développement durable (ou soutenable) auquel elle s'oppose en contestant la nécessité de poursuivre la croissance. Pour autant, la décroissance soutenable ne se confond pas avec la croissance zéro que certains revendiquaient au début des années 1970.

Elle invite à aller plus loin en prônant le retour à un mode de vie plus sobre. Au quotidien, elle consiste en des gestes simples : faire ses courses sans sac plastique, remettre à plus tard (voire à jamais) des achats non indispensables, privilégier la consommation bio ou des produits de son jardin, se déplacer à pied ou au moyen des transports en commun, etc. Un des maîtres mots des tenants de cette décroissance est la relocalisation de la production pour éviter l'usage de moyens de transport consommateurs d'énergie.

L'expression même est due au Suisse Jacques Grinevald, qui l'utilise pour la première fois dans le titre de la traduction d'un ouvrage de l'économiste américain d'origine roumaine Nicholas Georgescu-Roegen (1906-1994), inventeur de la bioéconomie (qui applique la loi de l'entropie à la théorie économique). L'ouvrage en question : *Demain la décroissance*[1].

La décroissance renvoie à un mouvement qui compte d'autres maîtres à penser : le philosophe Jacques Ellul (1912-1994), qui a développé une réflexion critique sur la place de la technologie dans les sociétés modernes ; l'économiste Serge Latouche (né en 1940), professeur émérite à l'université Paris-XI, auteur d'une réflexion critique sur le développement[2]. La décroissance est désormais débattue dans des colloques. Des publications lui sont consacrées, comme par exemple *Objectif décroissance*[3]. Elle a son journal, *La Décroissance*, créé par l'association Casseurs de pub, qui compte 4 000 abonnés et 12 000 ventes au numéro.

Plusieurs associations s'en réclament explicitement. Citons : le Réseau des objecteurs de croissance pour l'après-développement (Rocade), créé en 2002 en vue de réfléchir à de nouveaux modèles d'organisation pour les pays du Sud ; le Réseau québécois pour la simplicité volontaire (RQSV), créé en 2000 ; l'association Tout simplement, créée par les habitants d'un petit village de Seine-et-Marne ; l'association Fête-le-vous-même, à l'origine, en 2004, à Lyon, du premier festival d'alternatives non marchandes destiné à promouvoir un mode de vie plus sobre, etc. L'Institut d'études économiques et sociales pour la décroissance soutenable (IEESDS)**, créé en 2002 à Saint-Étienne, a entrepris de fédérer ces initiatives.

Voir entretien avec Vincent Cheynet p. 160.

1. Paris, Sang de la terre, 1995.
2. Il a notamment publié *Survivre au développement*, Paris, Mille et une nuits, 2004.
3. Ouvrage collectif publié aux éditions Parangon en 2004.

ACTEURS CLÉS

Action Consommation
Créée en octobre 2001, cette organisation cherche à promouvoir de nouveaux modes d'achat.

21 *ter*, rue Voltaire
75011 Paris
www.actionconsommation.org

Institut d'études économiques et sociales pour la décroissance soutenable (IEESDS)
Fédère depuis fin 2002 les mouvements et associations se réclamant de la décroissance soutenable.

41, rue des Martyrs-de-Vingré
42000 Saint-Étienne
Tél./fax : 04 77 41 18 16
contact@decroissance.org

Union fédérale des consommateurs (UFC)-Que choisir ?
La principale association française de défense des consommateurs. Créée en 1951, elle publie le magazine du même nom.

9 *bis*, rue Guénot
75011 Paris
Tél. : 01 43 48 55 48
www.quechoisir.org

Pour une présentation complète des acteurs (associations, ONG, entreprises, institutions) promouvant de nouvelles manières de consommer, se reporter au hors-série pratique *La Consommation citoyenne* du magazine *Alternatives économiques (voir bibliographie).*

BIBLIOGRAPHIE

ROCHEFORT Robert, *La Société des consommateurs*, Paris, Odile Jacob, 1996, rééd. 2001.

Une analyse des nouvelles aspirations des consommateurs par le directeur du Crédoc, un observatoire dédié à l'étude des comportements de consommation et de leur évolution *(voir entretien p. 150).*

ROCHEFORT Robert, *Le Consommateur entrepreneur*, Paris, Odile Jacob, 1998.

La Consommation citoyenne, hors-série pratique d'*Alternatives économiques*, n° 10, mars 2003.

Un guide complet sur les tendances, les labels, les pratiques, les lieux où acheter « citoyen » et propices au développement d'une consommation citoyenne, le tout complété d'une bibliographie et d'une présentation des sites web des principaux acteurs et centres d'information.

La Décroissance, le journal de la joie de vivre, bimestriel créé par les Casseurs de pub.

Un regard satirique sur la société de consommation et ses excès, agrémenté de conseils pratiques pour retrouver les saveurs de la sobriété *(voir entretien avec Vincent Cheynet p. 160)*.

VI. Voyager, habiter, etc.

Avec ses 750 millions d'arrivées de touristes (1,6 milliard prévu d'ici à 2020), ses tour-opérateurs et ses multinationales, le tourisme s'est imposé comme l'une des premières activités économiques mondiales. Pour plusieurs pays déjà, il constitue la principale source de revenus. Pour d'autres, il offre de nouvelles perspectives de développement. Mais à quel prix ! Sur le plan social d'abord : l'industrie du tourisme recourt massivement au travail saisonnier dans des conditions qui ne respectent pas toujours le Code du travail, mais au contraire participent d'un dumping social (voir les infractions à la loi dans les stations de ski, les conditions de travail des employés dans les compagnies *low cost*, etc.). Sur le plan environnemental ensuite : la présence de nombreux touristes pèse sur les ressources naturelles et engendre des nuisances. Loin de le favoriser, le tourisme peut donc contrarier le développement local. Ajoutons que, même s'il est en voie de démocratisation, le tourisme reste le privilège d'une faible majorité (en France, 40 % des Français ne partent pas en vacances). *Last but not least*, le tourisme n'est pas toujours synonyme de découverte de l'autre, de sa culture et de ses traditions, comme en témoigne de manière caricaturale le tourisme sexuel.

C'est en réaction à ces aspects les moins positifs du tourisme que de nouvelles conceptions sont apparues. Hormis celles qui sont labellisées « durables » ou « équitables », elles sont en fait loin de constituer un phénomène fondamentalement nouveau. Dès les années 1950-1960, dans le contexte de la décolonisation, des associations proposaient un tourisme responsable, intégré* ou encore alternatif*. Le phénomène s'observe un peu partout en Europe : aux Pays-Bas, en Allemagne, où ce type de tourisme est développé le plus souvent par les Églises, en France et en Belgique, où il s'inscrit dans la tradition du tourisme social*.

Toutes ces associations n'ont pas la même approche du « voyager autrement ». Les unes conçoivent le tourisme comme le vecteur principal d'un développement local, avec le concours de partenaires locaux. Les autres en font un instrument complémentaire d'actions menées dans d'autres domaines : éducation, agriculture, lutte pour les droits de l'homme ou l'émancipation des femmes, etc.

Les unes s'inscrivent dans une démarche militante. Les autres sont des initiatives individuelles qui résultent de la rencontre fortuite de voyageurs avec une communauté locale avec laquelle ils ont voulu maintenir le lien autour d'un projet de coopération dans le domaine touristique.

Au-delà de leur diversité, toutes ont plus ou moins fait leur le concept de tourisme durable* : elles proposent des séjours qui concilient les trois piliers du développement durable, à savoir la croissance économique dans le respect de l'environnement et de l'équité sociale.

Les organisations internationales, à commencer par l'Organisation mondiale du tourisme (OMT, rattachée à l'ONU avec cette particularité de comporter un conseil réunissant des fédérations professionnelles et des entreprises), ne sont pas en reste. Pas plus que les États. Le tourisme international a désormais ses textes appelant au respect de l'environnement : la Charte du tourisme durable, adoptée en 1995 lors de la Conférence mondiale du tourisme durable par l'OMT, le Programme des Nations unies pour l'environnement (PNUE) et la Commission européenne ; le Code mondial d'éthique du tourisme, édicté par l'OMT quelques années plus tard, en 1999. Parallèlement, plusieurs textes internationaux (comme, par exemple, la déclaration de Berlin de 1997 signée par des ministres de l'Environnement de dix-huit pays, la Commission européenne, le PNUE et l'OMT) intègrent la thématique du tourisme durable.

Autant de textes qui ont le mérite de manifester une prise de conscience, mais qui sont loin d'avoir force de loi. Cela pouvant expliquer la facilité avec laquelle les tour-opérateurs ont adhéré à certains de ces textes (la Charte du tourisme durable a été notamment signée par le groupe Accor, le Club Méditerranée, Fram, Nouvelles Frontières).

Pour l'heure, l'ensemble des manières de voyager autrement constitue encore quelque chose de marginal : 2 à 3 % de la consommation touristique dans le monde[1]. En France, le secteur, quoique actif, ne compte que

1. D'après *Le Monde*, 27 septembre 2003.

quelques dizaines d'associations (dont certaines peuvent compter plusieurs milliers de membres) : les unes sont généralistes – elles proposent plusieurs destinations –, les autres spécialisées dans une destination. Mais qu'elles soient généralistes ou spécialisées, on leur reproche de s'adresser principalement à une élite, à tort semble-t-il.

Cependant, ce qu'on a observé au sujet du commerce équitable se vérifie dans le domaine touristique : bien qu'elles soient marginales, ces initiatives jouent un rôle d'aiguillon à l'égard de l'industrie touristique. Auteur d'un des premiers ouvrages de synthèse, Boris Martin revient sur le phénomène *(voir entretien p. 184)*. En guise d'illustration, nous avons par ailleurs recueilli le témoignage de Pierre Alphonse, qui dirige l'agence strasbourgeoise du réseau Arvel**, l'un des principaux et plus anciens acteurs du tourisme social et solidaire* *(voir article p. 190)*. Pour une présentation exhaustive des agences et voyagistes proposant d'autres manières de voyager, le lecteur se reportera aux guides désormais disponibles *(voir bibliographie p. 202)*.

À défaut de voyager, on peut contribuer à transformer l'économie à partir d'autres manières d'habiter, de concevoir et de bâtir son habitat. De fait, à partir des années 1960-1970, la critique portée contre la société de consommation et ses excès a inspiré de nouvelles conceptions, relevant pour les unes d'un habitat écologique*, bioclimatique* ou, depuis la publication du rapport Brundtland sur le développement durable, d'un habitat durable*. D'autres s'inscrivent dans une architecture organique*. Le journaliste Pierre Lefèvre, également ingénieur et anthropologue, revient sur ces formes d'habiter autrement à travers des exemples concrets *(voir article p. 195)*, non sans en pointer les limites et les insuffisances. Cependant, il n'exclut pas que de nouvelles approches de l'habitat, notamment celles qui privilégient en milieu urbain le collectif sur l'individuel, puissent à terme dessiner les concours d'une économie fondée sur d'autres conceptions de la richesse et de la croissance.

La liste des autres manières de pratiquer et de concevoir l'économie proposées dans cet ouvrage ne prétend pas à l'exhaustivité. C'est ce que nous avons voulu manifester en concluant ce panorama par un « etc. ». De fait, d'autres pratiques auraient pu être abordées, notamment dans le domaine des transports (cf. les initiatives en matière de covoiturage ou de transport à la demande développées dans la perspective d'une mobilité durable[2]) ou dans celui de la politique économique (cf. les expériences de

---

2. Sur ce thème de la mobilité durable, on renverra le lecteur aux actes d'un colloque organisé au centre culturel international de Cerisy à l'initiative de l'Institut pour la

budget participatif lancées dans différentes villes d'Amérique latine, mais également françaises comme Saint-Denis). Sans compter toutes celles que le lecteur met en œuvre à son insu, comme à celui de l'auteur, et dont il reste à inventer des mots pour les dire et les percevoir.

ville en mouvement. Ils sont publiés sous le titre *Les Sens du mouvement* (Paris, Belin, 2004), sous la direction de Sylvain Allemand, François Ascher et Jacques Lévy.

LES FORMES ALTERNATIVES DU TOURISME
Entretien avec Boris Martin

Journaliste et voyageur, impliqué dans la défense des droits de l'homme et les actions en faveur des pays en développement, Boris Martin est l'auteur d'un ouvrage issu d'un séminaire qui réunissait des personnes issues de différents horizons, des théoriciens et des spécialistes d'autres manières de voyager : *Voyager autrement. Vers un tourisme responsable et solidaire*. Il nous livre ici son analyse sur le tourisme équitable* en en soulignant à la fois l'intérêt et les limites. Pour l'essentiel, celles-ci tiennent à la difficulté de promouvoir un engagement citoyen dans un contexte – les vacances – censé être dédié aux loisirs et... à la reconstitution des forces de travail.

« Le tourisme équitable permet une réflexion sur la société, et notamment la place qu'y occupe le travail. »

Tourisme équitable : que recouvre exactement cette expression ?

Je dois dire que moi-même j'ignorais, il y a encore quelques années, ce que cela voulait bien dire. De prime abord, la formule peut sembler une contradiction dans les termes. Le tourisme se réfère *a priori* aux loisirs et aux vacances. C'est tout sauf un « problème », du moins nous semble-t-il. Aussi ne m'étais-je pas préoccupé des enjeux économiques, sociaux, culturels et même politiques qu'il peut revêtir quand on s'y intéresse de plus près.

Aujourd'hui encore, j'observe que l'expression surprend, voire sème le trouble. Si l'on cherche à promouvoir un tourisme équitable, c'est qu'il ne l'est pas naturellement. Pourquoi ? À cause de qui ? etc. Autant de questions qui ne manquent pas d'éveiller l'intérêt, une fois l'effet de surprise passé.

Mais jusqu'à certaines limites. Par définition, les vacances, c'est le temps des loisirs pour soi et ses proches, après des semaines ou des mois de travail. Les gens sont donc prêts à consentir un effort, mais pas durant le moment où ils aspirent à jouir d'une totale tranquillité, d'un droit à ne rien faire, y compris s'engager pour une bonne cause !

Une autre limite tient à l'idée que l'on se fait du tourisme en tant qu'activité économique : *a priori*, il est favorable aux pays d'accueil et à leur population. On ne sait pas ce que cela rapporte, mais on se dit que c'est une source de devises, d'emplois, etc. On ne voit pas spontanément en quoi il peut être nuisible. En bref, c'est un jeu gagnant/gagnant pour les pays expéditeurs de touristes et les pays d'accueil, du moins le pense-t-on.

Pourquoi le qualifier d'équitable et pas de durable ou de solidaire ?

Il y a en effet plusieurs expressions pour désigner d'autres manières de voyager. Et la liste paraît illimitée : on parle aussi de tourisme communautaire, de tourisme responsable, de tourisme éthique*, d'écotourisme*, etc. Autant de conceptions qui s'inscrivent dans des traditions plus ou moins anciennes avec leurs particularités. Le tourisme équitable s'inspire des principes du commerce équitable, comme le tourisme durable s'inspire de ceux du développement durable. On parle davantage d'écotourisme pour mettre l'accent sur l'enjeu écologique, de tourisme communautaire quand il s'agit de promouvoir la connaissance interculturelle en proposant des séjours au contact des populations.

Cette fluctuation sémantique reflète la diversité des milieux qui s'emploient à promouvoir de nouvelles manières de voyager, à savoir les milieux du développement, de la défense des droits de l'homme, de l'écologie. C'est le milieu par excellence de la militance où on brasse en permanence des idées, sans être porté sur la formalisation.

Personnellement, je préfère parler de tourisme équitable car cela souligne bien le principe d'équité, sinon d'équilibre. Le caractère équitable permet de faire le lien avec la problématique des droits de l'homme et celle du développement.

De quand date cet intérêt pour le tourisme équitable et les autres manières de voyager ?

On peut faire remonter l'apparition de ces formes alternatives aux réflexions autour de la responsabilité des anciennes métropoles, dont la

France, à l'égard de leurs colonies. Réflexions qui ont nourri dans certains milieux militants ce que le philosophe Pascal Bruckner a appelé le « sanglot de l'homme blanc » : la mauvaise conscience des anciens pays colonisateurs à l'égard des peuples colonisés. Cela s'est traduit à partir des années 1970 par de nouvelles manières d'envisager le tourisme dans ces pays : des séjours d'immersion destinés à mieux connaître les cultures des anciens peuples colonisés, à se rapprocher d'eux. Cette démarche s'est naturellement greffée sur une réflexion menée en parallèle sur le développement des pays du tiers-monde. De fait, les pionniers du tourisme équitable, qui ne disait pas encore son nom, sont issus du milieu développementaliste et tiers-mondiste.

Voilà pour une première étape qu'on peut appeler le temps du tourisme équitable expérimental. On part en voyage pour aller à la rencontre de l'autre, constater les ravages du sous-développement dans les pays du Sud.

Parallèlement, on assiste à un essor du tourisme international, et ce à la faveur de l'invention des avions long-courriers, de l'augmentation du niveau de vie, de l'apparition de nouveaux opérateurs comme Nouvelles Frontières, par exemple, qui contribuent à démocratiser le tourisme. On passe d'un tourisme élitiste à un tourisme de masse, démocratisé ; des destinations de rêve sont désormais accessibles aux classes moyennes.

Dans les années 1980, au moment où ce tourisme de masse se développe, une autre réflexion s'engage, au-delà des cercles des pionniers, les développementalistes, autour des impacts du tourisme sur la société et l'environnement. Très vite – en tout cas plus vite que ce qu'on imagine –, la nécessité de réformer ce tourisme s'est fait sentir. Au début des années 1980 se tient l'Ecumenical Coalition on Third World Tourism, à Bangkok, à l'initiative de l'Église catholique. La tenue de cette manifestation en Thaïlande n'est pas fortuite : le pays est particulièrement concerné par le développement du tourisme sexuel. Les débats autour de ce dernier provoqueront une prise de conscience plus générale des problèmes posés par le tourisme de masse dans les pays en développement.

En quoi consistait l'offre en matière de tourisme équitable à ses débuts ?

Dans un premier temps, le tourisme équitable a procédé à partir d'actions de lobbying plus que de pratiques pour sensibiliser l'opinion publique et les décideurs. C'est ainsi qu'ont été créés des réseaux citoyens censés alerter les autorités et les instances internationales, notamment l'OMT.

Des ONG n'ont cependant pas voulu s'en tenir à cette action de conscientisation. Elles ont voulu montrer qu'il y avait d'autres manières de voyager, en prenant en charge l'organisation de séjours équitables ou solidaires. Mais force est de reconnaître que cela dépassait leur compétence. Les premières expériences relevaient d'initiatives personnelles au sein d'ONG ; elles consistaient à organiser un séjour pour des collègues bénévoles.

Et aujourd'hui, en quoi consiste-elle exactement ?

La pratique la plus courante consiste à créer une structure pour organiser des voyages avec un village ou une communauté dans un pays du Sud, sur la base d'une convention, à un tarif plus élevé que ceux des agences de tourisme classiques, le solde servant à financer des projets de développement dans le village. Pendant son séjour, le voyageur est hébergé chez l'habitant ; le but étant d'aller vraiment à la rencontre de l'autre, en prenant son temps.

Ce surcoût ne fait-il pas courir le risque d'un tourisme pour clientèle aisée ?

C'est l'objection habituelle. En fait, les personnes aisées qui ont envie de faire un tourisme équitable ont toujours eu cette possibilité. Je doute qu'elles soient intéressées par les prestations offertes par des structures de tourisme équitable. Ce dernier s'inscrit dans une démarche militante. C'est un état d'esprit plus qu'une question de classe sociale.

S'agit-il de mettre fin au tourisme de masse ?

Ce serait une erreur d'opposer le tourisme équitable au tourisme de masse. Après tout, celui-ci a permis de démocratiser le voyage ; grâce à lui, des gens aux revenus modestes ont pu séjourner à l'étranger. Désormais, un voyage en Chine est accessible au plus grand nombre. D'ailleurs, le tourisme de masse a été amplement encouragé par les syndicats eux-mêmes.

Il reste qu'au moment où nous parvenons à une démocratisation que d'aucuns appelaient de leur vœu, elle semble être remise en cause, notamment par le tourisme équitable qui revient finalement à dire : « Vous voyagez mal ! Vous causez du tort aux populations du Sud. »

S'agit-il pour autant de remettre en cause le tourisme de masse tel qu'il est pratiqué ou de le transformer progressivement en se servant du tourisme équitable ? Personnellement, j'opterais pour la deuxième option.

Le tourisme équitable est aussi, dites-vous dans votre ouvrage, un enjeu de citoyenneté. Pourriez-vous préciser en quoi ?

Nos sociétés modernes reposent sur le triptyque suivant : le travail, les loisirs comme compensation du travail accompli, enfin le droit au droit. À partir du moment où je travaille, j'ai droit à des compensations, sous forme de congés payés et éventuellement d'un voyage à l'étranger. Durant ces congés, je suis en droit de ne pas avoir de comptes à rendre à quiconque, j'ai le droit d'être en vacances, pis, d'être irresponsable. Je sais qu'il y a des enfants exploités de par le monde, voire dans le pays où je séjourne, mais ce séjour n'est pas le moment de s'en préoccuper ; je sais que le paysan d'à côté manque d'eau, mais cela ne doit pas m'interdire de disposer d'une piscine dans mon hôtel de luxe ! Etc. Tout se passe comme s'il y avait une division des tâches avec un temps pour le travail, un temps pour soi, un temps pour la citoyenneté ! Ou, pour le dire autrement : quand je voyage, je suis touriste ou voyageur mais pas citoyen.

Voyager avec un esprit citoyen, en réfléchissant à la conséquence de ses actes, telle est la finalité du tourisme équitable. C'est dire encore une fois s'il va à l'encontre des habitudes. Et c'est cela qui rend la réflexion autour du tourisme équitable des plus passionnantes : au-delà de la recherche de solutions aux excès du tourisme traditionnel, il questionne sur la place qu'y occupe le travail. Il n'est pas inintéressant de remarquer que les débats autour de la fin du travail ont été concomitants avec celui relatif au tourisme équitable, mais aussi au commerce équitable, qui invite à de nouvelles conceptions du système productif, de la relation marchande entre producteurs et consommateurs.

La grande distribution manifeste un intérêt croissant à l'égard du commerce équitable ; qu'en est-il des tour-opérateurs et autres professionnels du tourisme traditionnel à l'égard du tourisme équitable ?

Ils ont une attitude des plus ambiguës, comme pour le commerce équitable au demeurant. Les tour-opérateurs ont mis du temps avant de se mobiliser. Ils ont certes manifesté un grand intérêt pour ce que faisaient les ONG, ont accepté de discuter avec elles, ont répondu présents aux invitations des autorités publiques, de l'OMT en soutenant le principe d'une charte, etc. De là à s'impliquer réellement...

Mais dès lors que la demande se développera, on peut augurer qu'ils s'y impliqueront davantage. Après tout, les tour-opérateurs sont des commerçants ! Il y a déjà des initiatives de la part de chaînes hôtelières qui, par exemple, invitent leurs clients à épargner l'eau ou qui renoncent à l'installation de piscines, etc.

Les tour-opérateurs sont la cible à sensibiliser prioritairement. Mais il importe de parler leur langage en les sensibilisant aux effets à terme de la dégradation de l'environnement sur leurs activités, en leur disant qu'ils scient la branche sur laquelle ils sont assis. On ne peut pas faire l'économie des tour-opérateurs pour transformer le tourisme.

Quel poids représente le tourisme équitable ?

En l'absence de recueil statistique systématique, il est difficile de le dire. Des estimations circulent : les formes alternatives ne représenteraient encore qu'une goutte d'eau. Mais est-ce le plus important ? La véritable révolution n'est-elle pas à faire sur le plan des mentalités plus que sur l'aspect strictement économique des choses ? Nul doute que les tour-opérateurs ajusteront en conséquence leur offre.

Un tourisme équitable est-il envisageable dans les pays du Nord ?

À défaut d'un tourisme équitable, on a vu se développer des formes nouvelles de tourisme, soucieuses de protéger l'environnement, à commencer par l'écotourisme, d'inspiration écologique, qui s'appuient sur des pratiques anciennes.

La comparaison avec les pays du Sud met en évidence le rôle que peut avoir la société civile dans la promotion d'un tourisme équitable, comme d'ailleurs d'autres manières de faire de l'économie. Pourquoi les pays du Sud supportent-ils moins bien le choc du tourisme de masse que les pays du Nord ? Par-delà les écarts de niveau de richesse et de moyens disponibles pour réparer ses effets sur l'environnement et la société, il y a aussi une société civile moins organisée, et donc moins à même de contraindre les industries du tourisme. Voilà une autre illustration de ce que je disais tout à l'heure, à savoir que, sous son apparente superficialité, le tourisme équitable est une ouverture pertinente sur des enjeux de société d'importance.

Et vous, Boris Martin, pratiquez-vous le tourisme équitable ?

J'essaie d'avoir cette démarche. Dans le cadre de cette réflexion, mais aussi spontanément. Il se trouve que je ne supporte pas de voyager en groupe. Ce qui ne veut pas dire que je reprocherais à d'autres de le faire. Il faut en finir avec la caricature du touriste. Je trouve que de faire l'effort de partir à l'étranger, c'est déjà beaucoup. Comment reprocher à un retraité qui n'a pas eu l'occasion de voyager de le faire dans des conditions de confort ? Et puis, voyager en groupe, en prenant le même bus ou le même avion, n'est-ce pas limiter les effets sur l'environnement ?

Toujours est-il que j'ai cette inclination à voyager seul. J'ai tendance à privilégier les hôtels locaux, à aller au contact de la population en me déplaçant en train et/ou en bus. J'ai toujours voyagé ainsi. Au fond, j'ai fait du tourisme équitable sans le savoir.

POUR UN TOURISME SOCIAL ET SOLIDAIRE : L'EXEMPLE D'ARVEL

Le tourisme social et solidaire compte plusieurs associations plus que trentenaires nées dans le sillage de mai 1968. Parmi elles, Arvel, dont la première agence a vu le jour à Villeurbanne. Deux autres ont été ouvertes depuis, dont l'une à Strasbourg en 1996. Elle est dirigée par Pierre Alphonse qui a bien voulu nous expliquer les principes de ces voyages qui tentent de concilier voyage et solidarité, mais aussi les difficultés auxquelles une agence comme la sienne se heurte face à la concurrence des tour-opérateurs.

Arvel – cinq lettres pour Association, Rencontres, Voyages, Études, Loisirs – est une association créée dans le sillage de mai 68 par un ancien enseignant, André Barthélemy, qui, avec le concours de plusieurs amis militants, entendait œuvrer dans la pure tradition du tourisme social. Arvel est membre de l'Union nationale des associations de tourisme et de plein air (Unat)**. Ouverte à Villeurbanne, la première agence propose des formules destinées à permettre à des familles démunies de partir en vacances. Des réductions sont prévues en fonction du quotient familial et du nombre d'enfants. Avec le temps, Arvel s'inscrira aussi dans le tourisme solidaire en proposant des voyages combinant dépaysement et rencontre avec l'autre : les habitants de pays du Sud et des personnes engagées dans des projets de développement local.

Parmi les premières destinations proposées, il y eut... la Yougoslavie. Pourquoi une telle destination ? « Parce qu'à l'époque, explique Pierre Alphonse, le pays suscitait l'intérêt du fait de ses expériences en matière d'autogestion. Le voyage était l'occasion de découvrir par ses propres yeux comment le pays s'organisait. » Parmi les autres destinations, il y eut aussi l'Algérie, nouvellement indépendante. Aujourd'hui, Arvel propose de nouveaux séjours dans ce pays, mais pour y faire découvrir d'autres expériences, plus modestes, comme dans le massif du Hoggar. À la vocation sociale, Arvel a ajouté une autre vocation : la solidarité (avec les pays du Sud).

Au total, Arvel compte quelque 25 000 membres, ainsi que deux autres agences, l'une à Évreux, l'autre à Strasbourg, créée avec le concours de Pierre Alphonse. L'ensemble emploie 21 salariés. En 2004, plus de 13 500 personnes ont voyagé par l'intermédiaire d'Arvel dans une quarantaine de pays.

Comme d'autres agences qui œuvrent à un autre tourisme que le tourisme de masse des tour-opérateurs, Arvel a subi de plein fouet les aléas de la conjoncture internationale : plusieurs destinations ont été retirées du catalogue pour cause de guerre et de conflit (Irak, Casamance, etc.), ou de fléaux (la Chine durant le SRAS).

En dehors de formules classiques de voyage, Arvel propose des voyages solidaires avec le concours d'associations locales. Solidaire, le tourisme promu par Arvel l'est par sa vocation à créer les conditions d'une réelle rencontre avec les populations locales. Un moment du séjour est tout particulièrement consacré à la présentation d'une association locale. Entre 15 et 25 euros sont reversés par chaque voyageur à cette dernière.

« Solidaire, le tourisme que nous proposons l'est aussi dans la mesure où l'essentiel des dépenses, hormis le transport aérien, sont effectuées sur place et bénéficient à des acteurs locaux. » Cependant, comme n'importe quelle autre entreprise commerciale, Arvel négocie les tarifs. Pierre Alphonse n'hésite pas à parler de ses formules comme de « produits », mais en veillant à ce que les partenaires locaux y trouvent leur compte. Un tourisme solidaire, donc, mais équitable aussi. À ceci près que, à la différence de produits comme le café, un voyage est difficilement labellisable.

Outre Arvel, le marché du tourisme solidaire compte plusieurs autres agences de voyage, notamment Croq'Nature et La Burle, toutes deux partenaires d'Arvel, les unes généralistes, les autres spécialisées dans une destination. Souvent, ces dernières ont été créées à l'initiative de personnes ayant séjourné dans un pays du Sud : une fois revenues, elles ont commencé par faire du commerce équitable autour de produits artisanaux avant de se lancer dans l'organisation de voyages. C'est sur ce type d'initiatives qu'Arvel s'appuie. C'est le cas, par exemple, pour les séjours proposés au Sénégal : ils ont été mis en place par un Mulhousien qui y a vécu six mois avant de lancer son projet.

Qui pratique un tourisme solidaire ? Dans le cas d'Arvel, il s'agit principalement d'enseignants qui, il est vrai, disposent de plusieurs semaines de vacances. D'autres font le choix de ne partir qu'une fois dans l'année pour disposer des quelques semaines nécessaires à un voyage Arvel. Outre des retraités, Arvel compte aussi parmi ses clients des salariés venus par le truchement de leur comité d'entreprise.

Aujourd'hui encore, le tourisme solidaire reste une formule méconnue. Ceux qui en ont entendu parler se préoccupent d'abord de savoir combien d'argent est laissé sur place. « Les gens sont devenus méfiants, suite aux malversations commises », constate Pierre Alphonse.

Si marginal soit-il, le tourisme solidaire peut-il susciter de nouvelles pratiques ? Pierre Alphonse aimerait le penser, mais, regrette-t-il, le secteur du tourisme s'est trop perverti, en l'absence de réglementation, pour pouvoir être rapidement influencé par les formes alternatives de tourisme. « Aussi longtemps que le voyage connotera d'abord plage et soleil, il sera difficile de l'inscrire dans une démarche solidaire. Les tour-opérateurs qui commencent à s'y intéresser réduisent le plus souvent le voyage solidaire aux excursions et aux traversées de désert. » Arvel privilégie, elle, les visites d'ateliers d'artisans. Elle exige en outre de ses partenaires qu'ils rémunèrent les guides afin d'éviter que ceux-ci en soient réduits à se livrer à ces visites commerciales qui, au final, augmentent le coût du séjour du touriste.

Le voyage, Arvel le conçoit comme une opportunité de favoriser le développement local. Et Pierre Alphonse de rêver d'un site qui répertorierait, pour chaque destination donnée, les producteurs locaux auprès desquels le touriste pourrait faire ses achats avec la garantie que ses dépenses profitent réellement au développement de ces producteurs et de leur famille. Quand le tourisme solidaire rejoint le commerce équitable, dont l'une des vocations est précisément de réduire les intermédiaires entre producteurs et consommateurs *(voir article p. 84)*...

Après plus de trente ans d'existence, Arvel a fait le choix de conserver son statut d'association avec un conseil d'administration et une assemblée générale. Pourquoi ? « Un choix politique ! Le tourisme solidaire ne peut rimer qu'avec démocratie. » À Arvel, les destinations à privilégier ou pas sont de fait débattues. À l'heure actuelle, la Birmanie est toujours bannie du catalogue, alors que la Chine y a fait finalement son entrée. L'Iran y figure également. « Si nous n'y allions pas, comment pourrions-nous faire évoluer les choses ? » interroge Pierre Alphonse.

LES DIX COMMANDEMENTS DU TOURISTE RESPONSABLE

Inutile d'avoir la foi militante chevillée au corps pour être un touriste citoyen ou responsable. Un tourisme intelligent commence par des gestes simples, que d'ailleurs on accomplit sans toujours s'en rendre compte. Démonstration à travers cette liste de recommandations qui ne prétend pas à l'exhaustivité et que chacun peut appliquer, s'il ne le fait déjà sans le savoir.

• D'eau, tu n'abuseras pas (surtout dans les pays qui en manquent) en évitant de multiplier les douches, les lessives, etc., et de fréquenter les hôtels qui en abusent (pour l'arrosage de leur pelouse, de leur piscine).

• L'utilisation de l'avion tu éviteras, dans la mesure du possible. Un vol transatlantique ou vers l'Asie du Sud-Est provoque des émissions de gaz à effet de serre équivalant à près de la moitié des émissions annuelles d'un Français.

• Le covoiturage tu pratiqueras pour optimiser l'usage de la voiture.

• Le train ou le bus tu privilégieras (d'après l'Agence de l'environnement et de la maîtrise de l'énergie, le bus est le moyen de transport collectif le moins coûteux en énergie par personne transportée).

• Les écoproduits tu adopteras : par exemple, des piles électriques qui se chargent le jour à l'énergie solaire (pour plus d'informations : www.echoway.org).

• L'hébergement chez l'habitant tu préféreras aux hôtels des tour-opérateurs, le premier assurant de réelles retombées financières aux populations locales.

• Tes déchets tu récupéreras pour ne pas dégrader l'environnement local.

• Les emballages non recyclables tu éviteras ; rares sont les pays du Sud disposant de systèmes de tri ou de recyclage comme les nôtres.

• La consommation de produits locaux tu privilégieras pour t'alimenter afin de ne pas encourager le fret international, coûteux pour l'environnement.

• La consommation d'électricité tu économiseras (dans les pays du Sud, elle est produite à partir d'énergies fossiles dont la combustion provoque l'émission de gaz à effet de serre).

VERS UN HABITAT DURABLE ?

Étymologiquement, le terme d'économie vient des mots grecs *oikos* (maison) et *nomos* (administration). Avant d'être un enjeu de politique et de société, l'économie était donc d'abord une affaire privée, relevant de la sphère domestique (du latin *domus*, qui signifie... « maison »). C'est une première raison pour se pencher dans ce livre, même brièvement, sur les autres manières d'habiter. Une autre raison s'impose cependant : au-delà de leurs implications urbanistiques, les nouvelles manières d'habiter amènent à remettre en question le bien-fondé de l'économie marchande elle-même. C'est du moins ce que suggère le journaliste Pierre Lefèvre qui s'intéresse depuis quinze ans aux nouvelles approches de l'habitat. Également ingénieur et anthropologue de formation, il a réalisé des études pour l'Agence pour l'environnement et la maîtrise de l'énergie (Ademe)** sur ce sujet. Il a en outre participé à un groupe de travail dirigé par Écodev (programme du CNRS de recherches interdisciplinaires sur les technologies pour l'écodéveloppement) sur l'habitat dans les pays du Sud, avec pour objectif de faire émerger dans ces pays une recherche sur les technologies du bâtiment qui soit propre aux problématiques locales. Coauteur d'*Un nouveau climat, les enjeux du changement climatique*[1], il prépare actuellement deux ouvrages pour le grand public sur l'habitat durable.

Habiter autrement. L'idée apparaît dès les années 1960 dans la mouvance de Mai 1968. Le mouvement est d'abord américain. Il n'est pas encore question d'habitat écologique, encore moins durable (ces notions viendront un

1. Paris, La Martinière, 2004, prix du Livre de l'environnement.

peu plus tard). À l'époque, les préoccupations n'étaient pas même environnementales ; elles exprimaient d'abord une réaction contre le modèle de société de consommation de masse qui faisait des individus de simples consommateurs. Dans ce contexte, l'enjeu était de défendre le droit d'être acteur de son propre habitat en participant à sa conception et/ou à sa construction sans se laisser imposer le pavillon ou l'habitat collectif conçu clés en main par les promoteurs immobiliers. Concrètement, ce mouvement se traduisit par un retour au monde rural avec, notamment aux États-Unis, la construction de maisons en bois... dans les arbres (selon des principes plus rudimentaires encore que celles qui se construisent ces dernières années, le plus souvent pour une clientèle aisée). L'ouvrage *Shelter* publié en 1973 aux États-Unis a été fondateur de ce mouvement et a inspiré beaucoup d'autoconstructeurs. Plusieurs exemples d'habitats vernaculaires y étaient décrits avec beaucoup de détails. Il est devenu très rapidement un grand classique de la contre-culture et a très largement inspiré les premières expériences françaises.

Il faut cependant attendre les années 1980 et les chocs pétroliers pour que l'idée d'un habitat écologique s'affirme. On redécouvre alors, rappelle Pierre Lefèvre, les vertus écologiques de l'habitat traditionnel. De fait, les maisons de nos aïeux reposent sur le principe de l'inertie thermique : elles absorbent aussi bien la chaleur que la fraîcheur. Elles sont en outre exposées de façon à profiter au mieux de la lumière naturelle. Les matériaux utilisés sont locaux. Bref, c'est un habitat écologique qui ne disait pas encore son nom. Ce regain d'intérêt pour ce type d'habitat est le fait d'architectes qui, dès les années 1970-1980, privilégient les matériaux locaux et traditionnels : le bois bien sûr, mais aussi le torchis.

L'habitat écologique devait-il pour autant s'en tenir à ces seuls matériaux ? La question a alimenté une sorte de conflit entre anciens et modernes. Les seconds sont incarnés par des architectes qui, tout en se définissant comme écologistes, vont s'engager dans la voie de la haute technologie avec l'idée de montrer qu'on peut concilier écologie et modernité. Ils prônent des solutions technologiques pour assurer, par exemple, la ventilation, une exposition optimale à la lumière solaire, etc. Au début des années 1990, l'architecte allemand Rolf Disch pousse la logique jusqu'à concevoir à Fribourg-en-Brisgau une maison expérimentale tournante : équipée de panneaux solaires, elle tourne en fonction du soleil. Pour Pierre Lefèvre, c'est tout ce qu'il ne faut pas faire ! « Ce type d'habitat atteint un niveau de sophistication qui en surenchérit le coût et rend cet habitat inaccessible aux ménages à faibles revenus. »

Mais au juste, qu'est-ce qu'un habitat écologique ? Pour Pierre Lefèvre, c'est un habitat qui présente au moins quatre caractéristiques.

C'est d'abord un habitat qui limite son impact sur l'environnement par une consommation modérée d'eau et d'énergie. Des maisons sont conçues principalement dans cet esprit : elles produisent leur propre besoin en énergie thermique et électrique (grâce aux panneaux solaires). Il existe aujourd'hui à travers l'Europe plusieurs maisons autosuffisantes en énergie. Pour Pierre Lefèvre, on peut aller au-delà en utilisant le réseau électrique déjà en place pour interconnecter entre elles ces maisons, c'est le principe des maisons à énergie positive. « On sortirait ainsi d'une logique de production électrique centralisée pour entrer dans une logique de production décentralisée et interconnectée. » Reste que le photovoltaïque est consommateur d'espace. Du moins est-ce le reproche qui lui est habituellement fait. Pour Pierre Lefèvre, la critique tombe dès lors qu'on installe des panneaux solaires sur toutes les surfaces disponibles, comme les toits des maisons. « Par ce moyen, et en considérant toutes les énergies renouvelables, on pourrait parvenir en France à couvrir près de la moitié de nos besoins énergétiques d'ici à 2030. Et en travaillant à réduire nos besoins d'énergie, ce serait sans doute 70 %, voire 80 % de nos besoins qui pourraient être couverts par les énergies renouvelables d'ici à 2050. »

Deuxième caractéristique de l'habitat écologique : il préserve la santé des habitants par l'usage, par exemple, de matériaux sains peu chargés en composés organiques volatils (soupçonnés d'être cancérigènes) que l'on trouve dans un certain nombre de matériaux (peinture, colles, plastiques).

Mais, pour Pierre Lefèvre, il ne faut pas s'en tenir à la seule phase de construction. Il faut penser la maison et son impact sur l'intégralité de son cycle de vie, depuis sa conception jusqu'à son éventuelle démolition (ou plutôt « déconstruction ») en passant par la période d'utilisation. C'est la troisième caractéristique d'un habitat écologique.

Enfin, ultime caractéristique : le bien-être. Pour être écologique, un habitat ne sacrifie pas nécessairement celui-ci. Bien au contraire. D'autant qu'on dispose de nouvelles générations de matériaux qui permettent d'atteindre un certain niveau de confort. Mais les matériaux ne font pas tout. Pierre Lefèvre invite les architectes à approfondir la réflexion sur l'aspect formel de l'habitat écologique : une maison n'est pas seulement une affaire d'angles droits, c'est aussi des angles de plus ou moins 90° et des courbes dont la combinaison participe de l'ambiance intérieure et extérieure. Des architectes se sont déjà engagés dans cette voie, comme l'Américain Frank Lloyd Wright à qui on doit le concept d'architecture organique qu'il oppose à la conception d'un Le Corbusier qui avait été jusqu'à parler de « machine à habiter ». Derrière cet enjeu formel, il y a une idée simple : la conception de l'habitat part des besoins profonds des individus. Sans se revendiquer d'aucune chapelle, l'architecte et urbaniste belge Lucien Kroll rejoint pourtant ces préoccupations ; il conçoit ses projets en partant de la parole des habitants, qu'elle soit plurielle, parfois contradictoire ou hésitante. C'est sa matière première.

L'accent mis jusqu'à présent sur l'habitat individuel ne doit pas faire oublier une autre réalité : l'habitat écologique peut être aussi collectif ! Parmi les exemples les plus innovants, on trouve les promoteurs propriétaires (ou constructeurs). Le principe : les familles s'associent pour acquérir les terrains et monter des projets de petits ensembles en travaillant avec un architecte.

Pas plus qu'il ne saurait être exclusivement individuel, l'habitat écologique n'est à envisager systématiquement loin des villes. Il peut être urbain, n'en déplaise aux écologistes radicaux en rupture de ban avec la société moderne. En témoignent les réalisations rennaises de l'architecte Bernard Menguy qui, depuis une trentaine d'année, œuvre en faveur d'un habitat écologique en milieu urbain. Citons la résidence Belle-Île en région rennaise, l'un des premiers projets français de bâtiment collectif écologique avec La Salvatierra, une autre réalisation rennaise. Signe d'une évolution des temps, les élus de Rennes et des communes voisines ont emboîté le pas à Bernard Menguy, et d'autres projets émergent.

« Bâtir sa petite maison dans la prairie n'est pas forcément écologique, résume Pierre Lefèvre. Cela accentue le mitage du paysage et implique, faute de moyens de transport collectifs, de passer beaucoup de son temps dans sa voiture pour se rendre à son travail, faire ses courses, conduire ses enfants à l'école, etc. » Et Pierre Lefèvre d'ajouter, non sans un brin de provocation, qu'« il vaut mieux au final un habitat dense en béton bien pensé, du type maisons en bande ou habitat collectif, qu'une maison bioclimatique isolée avec des matériaux sains, récupération des eaux de pluie et *tutti quanti* ». Au vu de l'évolution de la démographie mondiale, il ne peut d'ailleurs en être autrement. D'ici à 2025, la population mondiale sera urbanisée à 50 %. Elle l'est déjà à hauteur de 80 % dans les pays développés.

Pour ces différents motifs, Pierre Lefèvre prône un habitat dense. Étant entendu que dense ne signifie pas « un habitat où on serait à plusieurs dans quelques mètres carrés ». Par habitat dense, il faut entendre de petits immeubles collectifs combinés à des pavillons en bande, qui satisfont le besoin d'espace des individus. À l'image de ce « quartier durable » conçu à Fribourg-en-Brisgau ou de cet autre qui s'apprête à voir le jour en France, dans la ZAC

Andromède, en banlieue de Toulouse, en vue d'accueillir les cadres de l'usine de l'A 380 : les trottoirs bitumés y ont été proscrits et une coulée verte doit y être aménagée ; il s'agit pourtant bien d'une ville, avec de l'habitat collectif et individuel.

Pour Pierre Lefèvre, un habitat écologique passe aussi par la valorisation de la biodiversité en milieu urbain. « Si les citadins sont si nombreux à vouloir quitter la ville même le temps d'un week-end, c'est pour retrouver le calme, mais aussi pour satisfaire le besoin de voir loin, de jouir d'une diversité de paysages, de sortir de l'univers standardisé et monotone des villes. Or, s'il est vrai que les façades manquent de diversité en ville, en revanche, on peut retrouver de la campagne dans la ville. » D'aucuns commencent à parler d'écosystèmes urbains en observant notamment l'existence d'espèces animales devenues urbaines au fil du temps...

On le voit, on ne peut repenser l'habitat écologique en le cantonnant à ses seules dimensions architecturales. L'habitat écologique est aussi, et peut-être d'abord, un enjeu urbanistique. Une approche encouragée par l'introduction de la thématique du développement durable à partir du milieu des années 1980, suite à la publication du rapport Brundtland en 1987 qui a inspiré l'idée d'un habitat durable : un habitat envisagé dans une perspective plus globale, en lien d'ailleurs avec un développement urbain durable. L'Agenda 21 lancé ensuite au sommet de la terre de Rio de 1992 a déjà inspiré des plans d'action au niveau des villes. En France, les communes sont ou seront bientôt dotées d'un plan d'aménagement et de développement durable.

Cet habitat durable se révèle propice à toutes sortes d'innovations architecturales comme la végétalisation des toits, qui permet de résoudre le problème des eaux pluviales, lesquelles surchargent les stations d'épuration, tout en offrant un espace rafraîchissant durant l'été. L'exemple le plus connu est encore fourni par le quartier écologique de Fribourg-en-Brisgau. Il est d'autant plus intéressant qu'il s'accompagne d'une réappropriation de la vie du quartier par ses habitants à travers des réunions organisées périodiquement.

Où l'on voit que l'aménagement de la ville dans une perspective de durabilité a des implications en termes de démocratie et de gouvernance locales. Forts de ce constat, des architectes ont imaginé des espaces collectifs jusque dans les immeubles. Et Pierre Lefèvre de rêver d'immeubles où l'on pourrait étendre son linge, bricoler avec son voisin, etc.

Au-delà de l'apparente anecdote, c'est une société du partage et de l'entraide, voire de la décroissance, qui s'esquisse. Pour autant, l'habitat écologique s'oppose-t-il à l'économie marchande ? Rien n'est moins sûr. « On peut amender cette économie dans le sens d'une plus grande durabilité sans pour autant en remettre en cause les principes fondamentaux », explique Pierre Lefèvre, qui constate que la valorisation de nouveaux matériaux de construction peut susciter de nouveaux marchés ou niches et intéresser à ce titre les industriels et la grande distribution. Déjà, la diffusion de l'énergie photovoltaïque dans certains pays impulse un nouvel effort de recherche et la création de nouveaux emplois. Même constat avec l'énergie éolienne. Rien qu'en Allemagne, un des pays les plus dynamiques dans ce domaine, près de 50 000 emplois ont été créés dans ce secteur (500 000 le seront d'ici à 2020 pour l'ensemble des énergies renouvelables). En quelques années, une entreprise comme Enercom est passée d'une demi-douzaine de salariés en 1984 à près de 6 000 aujourd'hui...

Habitat durable et économie marchande ne s'opposent donc pas. Du moins à court terme. Pour Pierre Lefèvre, il est probable qu'à long terme on assiste à la fin d'un cycle qui ouvre sur une nouvelle conception de l'économie et, avec elle, de la croissance et de la richesse. « La période que nous vivons est manifestement une période de transition. L'habitat durable peut contribuer à aller de l'avant en suscitant, en plus des économies d'énergie, de nouveaux modes de consommation, plus collectifs et sobres. »

Mais alors, comment expliquer son piètre développement dans un pays comme le nôtre ? Pour Pierre Lefèvre, il y a plusieurs raisons à cela, à commencer par l'inévitable domination du lobby nucléaire. Sans faire sien le discours des écologistes radicaux, il souligne le poids de l'énergie nucléaire dans la production d'électricité française (près de 85 %, soit la proportion la plus élevée au monde) et la priorité donnée depuis les années 1960 à l'énergie nucléaire dans l'effort de recherche (90 % des budgets de recherche dans le domaine énergétique sont absorbés par le secteur nucléaire).

Autre explication du retard français en matière d'habitat durable : le cloisonnement des professionnels. « Malgré l'existence d'exemples suffisamment nombreux, les architectes français sont encore mal ou peu formés à ces questions d'habitat durable. » De même que les artisans du secteur du BTP. En outre, avec l'habitat durable, on entre dans une ère d'incertitude quant aux coûts. Or l'économie n'aime guère l'incertitude. Aussi les architectes sont-ils tentés de s'en tenir à des manières de faire dont ils peuvent facilement maîtriser le coût. Tout comme les industriels, ils sont également tentés de se focaliser sur les niveaux minimaux de qualité environnementale à atteindre pour se revendiquer de la démarche haute qualité environnementale (HQE)*. Si la conception initiale de cette dernière partait de bonnes intentions, elle a eu pour effet pervers, estime Pierre Lefèvre, de réduire la réflexion de l'habitat durable à des exigences de qualité dans le choix des matériaux de construction. « C'est aborder l'enjeu par le petit bout de la lorgnette. Même si c'est un aspect important, l'habitat durable ne saurait se limiter à ses conditions de construction. » Encore une fois, il doit être envisagé dans son environnement global. Or, regrette Pierre Lefèvre, on commence tout juste, en France du moins, à aborder les implications territoriales de l'habitat durable.

MOTS CLÉS, ACTEURS CLÉS, BIBLIOGRAPHIE

MOTS CLÉS

Voyager autrement

Tourisme responsable, durable, équitable... autant de notions mises en avant pour attester l'émergence de nouvelles conceptions du voyage, plus respectueuses de l'environnement et des cultures et économies locales. Pour être nouvelles, les formules de voyage auxquelles elles renvoient ne s'en inscrivent pas moins dans la filiation de pratiques anciennes nées le plus souvent dans le contexte de décolonisation : tourisme alternatif, intégré ou solidaire, etc. Sans être exhaustive, la liste qui suit entend seulement rendre compte de la diversité des acteurs qui contribuent à ces formes de tourisme. Selon le cas, ils envisagent le tourisme comme un vecteur de développement local ou comme un moyen de valoriser ce développement dans le domaine agricole ou éducatif, la lutte des droits de l'homme, etc.

Écotourisme
Contraction d'écologie et de tourisme, l'écotourisme s'est développé à partir de 1985 dans les milieux naturalistes nord-américains en vue de sensibiliser les touristes à la dégradation des espaces naturels occasionnée par leur fréquentation massive. Les premières initiatives ont débouché sur la constitution en 1990 d'une Société nationale d'écotourisme. L'écotourisme a également son sommet mondial. Concrètement, il consiste en séjours organisés

dans des régions encore peu perturbées par la présence humaine. « Mais, peut-on lire dans la brochure coordonnée par l'Unat, souvent exploité comme un simple argument de marketing, l'écotourisme est devenu prétexte au développement de produits très spécialisés (découverte de la faune ou de la flore, au détriment d'une vision globale de l'écologie), ou utilisés uniquement à des fins financières. » En réponse à cette dérive, le Sommet mondial de l'écotourisme organisé en mai 2002 à Québec rappelait les nécessaires dimensions humaines et solidaires de ce tourisme.

Tourisme alternatif

Une notion apparue dès les années 1950 dans le contexte de la décolonisation, pour désigner un tourisme plus soucieux de prendre en compte la réalité des économies et des sociétés locales des pays du Sud. Dès les années 1960-1970, des responsables du musée Guimet proposent des « voyages d'immersion » à Poona, en Inde. Les voyageurs sont immergés dans des familles d'accueil où ils bénéficient d'informations, voire de formations en fonction de leurs compétences professionnelles, dans l'esprit de l'éducation populaire. Tombé en désuétude, ce tourisme alternatif se perpétue dans une certaine mesure à travers le tourisme solidaire ou équitable.

Tourisme culturel

Un tourisme conçu en réaction contre le tourisme de masse et le « bronzer idiot ». D'aucuns reprochent cependant aux formules existantes, outre leur caractère élitiste, leur tendance à privilégier la découverte du patrimoine sur les pratiques culturelles contemporaines et locales.

Tourisme durable

Il s'agit de la transposition au tourisme des principes du développement durable, lequel vise, rappelons-le, à concilier croissance avec respect de l'environnement et équité sociale. Le tourisme durable a sa charte, élaborée en 1995 à l'occasion d'une conférence organisée par l'Organisation mondiale du tourisme (OMT). Il a également ses rendez-vous annuels comme les Sommets du tourisme durable, à Chamonix (site : www.sommets-tourisme.org).

Concrètement, le tourisme durable renvoie aussi bien à des initiatives associatives tournées vers le développement local qu'aux engagements des puissants tour-opérateurs en matière de droit du travail et de respect de l'environnement.

Tourisme équitable

Directement inspiré du commerce équitable, il désigne les initiatives soucieuses de garantir une juste rémunération des partenaires locaux (guides, employés, hôtels, etc.) dans le cadre d'une coopération inscrite dans la durée. Il s'accompagne d'un effort de responsabilisation du voyageur. En 2002, les associations Croq'Nature, Tourisme et Développement solidaires, La Route des sens et Djembé ont édicté, avec le soutien de la Plate-Forme pour le commerce équitable, une charte du tourisme équitable (www.croqnature.com/tourismequitable.htm).

Voir entretien avec Boris Martin p. 184.

Tourisme éthique

Expression apparue en réponse aux préoccupations suscitées par le développement du tourisme sexuel. Dès 1999, l'Organisation mondiale du tourisme (OMT) édicte le Code mondial d'éthique du tourisme. L'année suivante, le secrétariat d'État français au Tourisme promulgue la Charte nationale d'éthique du tourisme.

Tourisme intégré

Forme de tourisme communautaire imaginée dans les années 1960-1970 par le Français Christian Saglio, dans la région de Casamance (Sénégal). Il consiste à adapter le tourisme aux traditions et modes de vie locaux. Les bénéfices sont gérés par un système bancaire.

Tourisme social

Il recouvre les initiatives visant à démocratiser l'accès aux vacances en proposant des locations ou des séjours à des tarifs établis en fonction du quotient familial. Apparu au début du XXe siècle, ce tourisme a été développé principalement en France et en Belgique par des associations, mais aussi des coopératives et des mutuelles. En France, ce tourisme social a été encouragé par l'introduction des bons-vacances par les caisses d'allocations familiales ou des chèques-vacances par l'Agence nationale pour les chèques-vacances. Cependant, le tourisme social doit faire face à une concurrence de plus en plus vive. Les acteurs de ce tourisme sont fédérés au sein de l'Unat. Au niveau international, ils sont regroupés au sein du Bureau international du tourisme social (BITS).

Le tourisme social a ses chartes : la déclaration de Montréal (www.bits-int.org), adoptée par le BITS en 1996, et la charte de l'Unat (www.unat.asso.fr), adoptée en 2002.

(Source : Unat [coord.], *D'autres voyages, du tourisme à l'échange.*)

Tourisme solidaire

Comme le tourisme alternatif, il apparaît dans le contexte de la décolonisation, à l'initiative de militants de différents horizons idéologiques et religieux, qui voient dans le tourisme un instrument pour établir de nouvelles relations avec les populations anciennement colonisées. Concrètement, il consiste en différentes formules qui vont du soutien à un projet de développement avec une association locale à la participation à un fonds d'entraide. Ce faisant, il vise à faire des populations locales des pays du Sud des acteurs du tourisme.

Habiter autrement[1]

Architecture organique
L'architecture organique a une multitude de pères fondateurs. Le plus connu est sans doute l'Américain Franck Lloyd Wright. Il pense que le bâtiment doit s'inscrire dans le paysage et s'inspirer de la diversité de formes et de volumes qu'offre la nature. Aux conceptions fondées sur l'angle droit et le mur vertical, il oppose d'autres propositions qui se veulent plus fluides, plus humaines, plus harmonieuses. Dans la démarche organique, il y a également l'idée de replacer l'homme au cœur du projet architectural.

Démarche HQE
Elle vise à limiter l'impact environnemental et sanitaire d'un bâtiment sur l'ensemble de sa durée de vie, depuis le chantier de construction jusqu'à sa déconstruction. La démarche repose sur le respect de quatorze cibles (intégration du bâtiment dans son environnement, gestion de l'eau, confort olfactif, confort acoustique, qualité sanitaire de l'air et de l'eau, etc.).

Habitat bioclimatique
Le concept est antérieur à la démarche HQE et ne s'intéresse qu'aux aspects thermiques de l'habitat. Il s'agit de concevoir intelligemment son habitat en fonction du climat et de l'environnement pour en assurer un confort optimal (frais en été et chaud en hiver). Cela passe notamment par une bonne orientation de la maison et l'agencement des pièces. La démarche HQE a fait siens ces principes, en ajoutant d'autres préoccupations qui concernent notamment la gestion de l'eau, de l'air et la qualité sanitaire de la maison.

Habitat durable
Approche de l'habitat développée dans la perspective du développement durable, suite au sommet de la terre de Rio (1992), soit dans un triple souci de respect de l'environnement, d'équité sociale et de croissance.

---

1. Les rubriques « mots clés » et « acteurs clés » ainsi que la bibliographie relatives à l'« habiter autrement » ont été réalisées avec le concours de Pierre Lefèvre.

Habitat écologique
Habitat conçu dans le respect de l'environnement à partir de matériaux naturels et d'énergies renouvelables.

ACTEURS CLÉS

Voyager autrement

Arvel
Un des principaux acteurs du tourisme social et solidaire. La première agence a été créée à Villeurbanne en 1969. Deux autres ont vu le jour depuis.

Voir article p. 190.

31, cours Émile-Zola BP 2080
69616 Villeurbanne Cedex
Tél. : 04 72 44 95 50

16, rue de la Division-Leclerc
67000 Strasbourg
Tél. : 03 88 15 14 60

42, boulevard Chambeaudoin
27000 Évreux
Tél. : 02 32 38 08 57

www.arvel-voyages.com

Union nationale des associations de tourisme et de plein air (Unat)
Créée en 1920, elle regroupe les différents acteurs du tourisme familial et social ainsi que des vacances de plein air, soit aujourd'hui 56 membres (principalement des fédérations) qu'elle représente auprès des pouvoirs publics avec pour devise : « Des loisirs, du tourisme et des vacances pour tous. » Récemment, l'Unat a coordonné une brochure recensant notamment les organismes français qui proposent des voyages responsables, solidaires ou durables *(voir bibliographie)*.

8, rue César-Franck
75015 Paris
Tél. : 01 47 83 21 73
www.unat.asso.fr

Pour une présentation des autres principales agences et associations de tourisme solidaire, éthique, etc. (Croq'Nature, Djembé, etc.), se reporter aux guides mentionnés en bibliographie p. 202.

Habiter autrement

Agence pour l'environnement et la maîtrise de l'énergie (Ademe)

Elle a pour mission de susciter, de coordonner, voire de réaliser, des opérations en faveur de la protection de l'environnement ou des économies d'énergie. Elle intervient notamment auprès du grand public à travers un réseau d'espace info-énergie (tél. : 0810 050 060). Elle a notamment lancé un grand programme national de subventions en faveur du chauffage et de l'eau chaude solaires.

2, square La Fayette
BP 90406
49004 Angers Cedex 01
Tél. : 02 41 20 41 20
www.ademe.fr

Association HQE

Créée en 1996, l'Association HQE (reconnue d'utilité publique en 2004) regroupe les acteurs du bâtiment dans le but de développer la qualité environnementale des bâtiments. L'association vise à assurer la promotion de la démarche HQE* et sa reconnaissance, en particulier par la formation et la certification. Cette démarche consiste à maîtriser les impacts des bâtiments sur l'environnement extérieur et à créer un environnement intérieur sain et confortable.

4, avenue du Recteur-Poincaré
75016 Paris
Tél. : 01 40 47 02 82
www.assohqe.org

Cantercel (atelier d'architecture)

Situé à une cinquantaine de kilomètres au nord de Montpellier, dans un espace de 100 hectares entièrement consacré à l'expérimentation architecturale, Cantercel, « le chant de la terre et du ciel », est le premier site classé de ce type dans toute l'Europe. C'est un lieu unique où s'invente une nouvelle architecture écologique. Plus de 2 000 personnes visitent chaque année le site. Certains y viennent en simples curieux. D'autres y trouvent des conseils ou une inspiration pour leur propre projet.

La Vacquerie
Saint-Martin-de-Castries
BP 01
34700 Lodève
Tél. : 04 67 44 64 39
atelier_cantercel@yahoo.fr
www.cantercel.org

Écocentre du Périgord

L'écocentre propose des visites pour découvrir en grandeur et en temps réels des techniques écologiques portant sur le bâtiment, l'énergie, l'eau et le paysage. C'est un lieu qui permet d'expérimenter, de façon pédagogique, dans des conditions réelles, des techniques simples et contemporaines appelées à se diffuser.

Froidefon
24450 Saint-Pierre-de-Frugie
Tél. : 05 53 52 59 50
info@ecocentre.org
www.ecocentre.org

Hespul (association)

Créée en 1991, l'association milite pour le développement du photovoltaïque. Elle propose d'aider les particuliers à monter leur dossier de demande de subventions et d'autorisation pour brancher leur installation au réseau EDF.

69100 Villeurbanne
Tél. : 04 37 47 80 90
info@hespul.org
www.hespul.org

Terre vivante

Terre vivante est une maison d'édition militante qui publie des ouvrages d'écologie pratique. Tous s'adressent au grand public. Elle a déjà à son catalogue quelque treize ouvrages sur l'habitat écologique.

Domaine de Raud
38710 Mens
Tél. : 04 76 34 80 80
infos@terrevivante.org
www.terrevivante.org

BIBLIOGRAPHIE

Voyager autrement

MARTIN Boris (dir.), *Voyager autrement. Vers un tourisme responsable et solidaire*, Lausanne, éditions Charles Léopold Mayer, 2003.

Un état des lieux de la réflexion et des initiatives en faveur d'un tourisme respectueux de l'environnement et de l'équilibre des sociétés, par un voyageur qui a longtemps voyagé « autrement » sans le savoir *(voir entretien p. XX)*.

SCHEOU Bernard, *Éthique et tourisme*, rapport du Conseil national du tourisme, Paris, La Documentation française, 2005.

D'autres voyages. Du tourisme à l'échange

Cette brochure, coordonnée par l'Unat**, présente les organismes français qui proposent des voyages responsables, solidaires, durables, etc., ainsi que les organismes représentant en France des projets touristiques développés dans des pays du Sud. Le tout est complété par un glossaire des différentes formes de tourisme citoyen ainsi que des adresses utiles. La brochure est disponible auprès de l'Unat.

Un carton rouge au tourisme ? 10 principes et défis pour un développement durable du tourisme au XXIe siècle, Dante, 2002 (disponible sur www.akte.ch).

LECUYER Philippe (dir.), *Guide des vacances écologiques*, Montclar-de-Quercy, éditions du Fraysse, 2004.

WIRTH Héloïse, *Partir autrement. Guide des vacances alternatives*, Paris, Balland, 2004.

Tourisme solidaire. Des voyages vers l'essentiel, Unat, février 2005 (également disponible sur le site www.tourism-site.org).

Vacances, j'oublie tout ?, Paris, Ritimo, mars 2005, 2e édition.

Un guide pour les amateurs de tourisme éthique, dispensant conseils et informations pratiques, ainsi que des recommandations sur les chartes et labels existants.

Disponible sur commande auprès de Ritimo, 21 *ter*, rue Voltaire, 75011 Paris, e-mail : contact@ritimo.org

Voyager autrement, hors-série pratique d'*Alternatives économiques*, n° 18, mars 2005.

Un panorama complet des enjeux, des chartes et labels, des opérateurs, le tout complété de « pistes pour agir ».

COLLOMBON Jean-Marie, *Tourisme solidaire et développement durable*, 2004.

Caractériser le tourisme responsable, facteur de développement durable, 2003.

Sites Internet

- www.bits-int.org : site du Bureau international du tourisme social (BITS).
- www.tourisme-durable.net : site consacré au tourisme durable.
- www.tourisme-solidaire.net : site du forum international Tourisme solidaire et développement durable.
- www.ten-tourism.org : site du réseau Ten pour un autre tourisme.

Habiter autrement

AUBERT Claude, OLIVA Jean-Pierre et BOSSE-PLATIERE Antoine, *Maisons écologiques d'aujourd'hui*, Mens, Terre vivante, 2003.

CAMPREDON Jean-Pierre, MARTIN Éric et CROC Daniel, *Habiter autrement*, Aix-en-Provence, Édisud, 2001.

GAUZIN-MÜLLER Dominique, *L'Architecture écologique. 29 exemples européens*, Le Moniteur, 2004, 3e édition.

GAUZIN-MÜLLER Dominique, *Vingt-cinq maisons écologiques*, Paris, Éditions du Moniteur, à paraître en novembre 2005.

GRÜBER Astrid et Herbert, *Construire en paille aujourd'hui*, Mens, Terre vivante, 2003.

WINES James, *L'Architecture verte*, Cologne (Allemagne), Taschen, 2000.

La Maison écologique

Le seul magazine spécialisé sur l'écoconstruction et les énergies renouvelables décentralisées. Pratique, il s'adresse aux particuliers désirant construire, rénover ou encore aménager de manière écologique leur habitation.

BP 60145
14504 Vire Cedex
Tél. : 02 31 66 96 49
Contact@la-maison-ecologique.com
www.lamaisonecologique.com

VII. Économie solidaire, économie humaine, économie heureuse… Nouvelles approches de l'économie

En réaction à l'approche formelle et/ou libérale de l'économie, plusieurs conceptions de l'économie ont été développées, les unes anciennes, les autres récentes, selon des directions différentes, certaines ne répugnant pas à réformer l'économie marchande, d'autres militant au contraire pour une rupture radicale avec cette économie. Au moins quatre orientations peuvent ainsi être distinguées :

– l'alteréconomie*, portée par le mouvement de l'altermondialisation et qui, comme le préfixe « alter » l'indique, entend amender le système capitaliste ;

– l'économie sociale* et solidaire* : dans la tradition du solidarisme, elle recouvre une multitude d'initiatives allant des mutuelles et des coopératives aux régies de quartier en passant par les entreprises sociales, etc. *(voir entretien avec Jean-Louis Laville, p. 224)* ;

– l'économie humaine : elle vise explicitement à replacer l'homme au centre de l'économie et de son analyse. On peut distinguer celle que défend René Passet dans une perspective écologiste et celle de Jacques Généreux, qui conteste le modèle par trop réducteur de l'*Homo œconomicus** sur lequel se fonde la théorie économique, du moins la conception qu'en ont les tenants d'une économie libérale *(voir entretien p. 214)* ;

– une « autre économie », non capitaliste, défendue par le philosophe et économiste Alain Caillé, qui anime *La Revue du Mauss* *(voir bibliographie p. 232)*, et, dans une perspective marxiste, par l'économiste Serge Latouche, qui ne cache pas son scepticisme à l'égard de l'alteréconomie.

Bien qu'elles divergent sur des points fondamentaux, certaines de ces orientations se retrouvent dans le même souci de renouveler la science économique en intégrant davantage d'autres dimensions, sociale, anthropologique, politique, écologique ; leurs partisans se sont d'ailleurs retrouvés autour de l'idée d'une économie plurielle.

Un autre point de convergence réside dans la contestation de la conception actuelle de l'enseignement de la science économique au lycée et à l'université : un enseignement que d'aucuns considèrent comme trop abstrait et faisant trop la part belle aux mathématiques. Cette critique a été au centre d'une pétition lancée voici quelques années par des étudiants et à laquelle plusieurs économistes patentés ont apporté leur soutien.

Et si l'on peinait à encourager de nouvelles manières de concevoir l'économie, faute de disposer des outils adéquats pour saisir, d'une part, les limites de l'économie marchande et capitaliste et, d'autre part, les nuisances occasionnées par nos modes de production et de consommation de masse ? C'est tout le sens du débat engagé depuis quelques années par des économistes aux côtés de sociologues et de philosophes autour des limites d'indicateurs comme le PIB et le PNB. Cette réflexion, initiée en France par les philosophes Dominique Méda *(Qu'est-ce que la richesse ?)* et Patrick Viveret (auteur en 2001 d'un rapport pour le secrétariat d'État à l'Économie solidaire et d'un ouvrage issu de ce rapport, *Reconsidérer la richesse*), ainsi que par les économistes Jean Gadrey (coauteur de l'ouvrage *Les Nouveaux Indicateurs de richesse*) et Bernard Perret (auteur d'un rapport au Conseil de l'emploi, des revenus et de la cohésion sociale, remis en janvier 2002), a d'ores et déjà conduit à l'élaboration de pas moins d'une trentaine d'indicateurs (dont le désormais célèbre Indicateur de développement humain, IDH) qui permettent de mieux apprécier l'amélioration du bien-être de la collectivité par la prise en compte des externalités négatives de l'activité économique sur l'environnement et la société.

Autre signe d'évolution : le regain d'intérêt suscité par l'économie politique, qui revient à considérer l'économie comme une affaire d'arbitrages politiques et non de lois ainsi que le suggère une approche étroite de la science économique.

UNE ÉCONOMIE HUMAINE

Entretien avec Jacques Généreux, économiste

Jacques Généreux est un économiste, mais un économiste pas comme les autres. Depuis plusieurs années, il s'emploie à promouvoir une économie... humaine. Une approche qui se propose d'intégrer l'apport des autres sciences sociales et humaines pour refonder les hypothèses de la science économique encore dominée par le modèle de l'*Homo œconomicus*, un agent économique censé agir d'abord pour optimiser sa propre satisfaction. En 2001, Jacques Généreux lançait dans la revue *Esprit* un manifeste en faveur de cette économie humaine. Il reçut le soutien de plusieurs de ses pairs, mais aussi de sociologues. Parallèlement, il créait une collection d'ouvrages ayant vocation à proposer d'autres approches de l'économie contemporaine et de ses mécanismes. Parmi ses nombreux ouvrages, citons *Les Vraies Lois de l'économie*[1], où il bouscule nombre d'idées reçues, à commencer par l'existence de lois qui réduiraient en conséquence la capacité d'action des hommes. Des ouvrages dans lesquels il faut voir aussi une contribution à la réhabilitation de l'économie politique et, avec elle, de l'idée d'arbitrages et de choix collectifs là où la science économique tend à ne parler que de lois justement (du marché en l'occurrence).

Si le réseau international de chercheurs constitué sur la base de son manifeste est, selon ses propres termes, « en état de veille », lui-même n'en poursuit pas moins la promotion de cette approche à travers un engagement politique. Dans cet entretien, il revient sur la genèse de ce courant d'action en montrant ses affinités, mais aussi ses divergences avec d'autres courants de pensée qui, comme l'alteréconomie ou l'approche en termes de décroissance soutenable, contestent l'emprise de la vision néolibérale de l'économie.

1. Paris, Le Seuil ; t. I, 2001 ; t. II, 2002.

« Si lois il y a en économie, ce sont des lois humaines, historiquement, culturellement et socialement construites. »

Vous vous employez à promouvoir une économie humaine. Avant de nous en présenter les principes, rappelez-nous comment vous êtes devenu économiste...

Si on m'avait dit que je serais un jour économiste, je ne l'aurais pas cru. Pour une raison simple : longtemps, j'ai ignoré ce que cela représentait ! Quand j'étais jeune, je voulais faire de la politique. J'en fais d'ailleurs désormais[2]. Pouvoir agir sur le cours des choses, c'est ce qui m'intéressait, et la politique me paraissait être la voie royale pour y parvenir. Jusqu'au jour où j'ai découvert l'économie, dont j'ignorais tout. Jusqu'au mot même d'économie quand j'ai commencé mes études ! Je me souviens de ce jour où, au lycée, un professeur avait demandé ce que nous souhaitions faire plus tard ; un de mes camarades avait alors répondu qu'il voulait devenir économiste. Ce mot m'avait aussitôt plongé dans un abîme de perplexité. Je ne savais pas ce qu'il signifiait ! Cela me paraissait quelque chose de saugrenu.

Quand j'ai commencé mes études supérieures à Sciences Po, je ne savais toujours pas en quoi pouvait consister l'économie. La découverte fut littéralement un choc, car j'ai découvert alors qu'à travers elle on pouvait tenir un discours rigoureux sur des questions humaines et de société qui allait au-delà d'un discours philosophique ou moral. C'était un domaine de connaissances grâce auquel on pouvait contribuer à améliorer le fonctionnement des sociétés, apporter la solution à toutes sortes de problèmes, comme le chômage par exemple. Depuis lors, j'éprouve une véritable passion pour cette discipline.

On peut faire l'hypothèse qu'il en est ainsi des milliers d'économistes qui œuvrent à travers le monde : l'économie leur procure, à eux comme à moi, le sentiment d'être utiles socialement. Voyez d'ailleurs les ouvrages d'économistes : vous n'en trouverez pas qui ne manifeste un réel souci humaniste, une volonté de résoudre des problèmes de société. Peu partagent le discours dominant selon lequel nous vivrions dans un monde autorégulé par les forces du marché et dans lequel, par conséquent, il ne serait pas utile

2. Jacques Généreux est membre du Conseil national du Parti socialiste.

d'intervenir. Ils considèrent qu'au contraire il faut se préoccuper d'économie parce que son fonctionnement ne va pas de soi.

Venons-en à cette économie humaine que vous cherchez à promouvoir. En quoi consiste-t-elle ? De quel(s) constat(s) découle-t-elle ? *A priori*, économie et humaine sont deux mots qui ne vont pas, plus, ensemble...

Ce qui m'a amené à militer pour une économie humaine, c'est le contraste grandissant entre la motivation personnelle des économistes et les critiques dont leur discipline fait désormais l'objet. Depuis une quinzaine d'années, l'économiste a mauvaise presse : quand on ne le soupçonne pas d'avoir une vision libérale de la société, son utilité sociale est mise en doute. C'est quelqu'un qui ne serait préoccupé que par des questions d'optimisation du profit... Moi-même, je ne suis plus aussi fier de dire que je suis économiste.

Au-delà d'un problème de communication entre la profession des économistes et le reste de la société, il y a un problème de fond : la mauvaise compréhension du fonctionnement de l'économie et de la pensée économique du fait d'une insuffisante prise en compte de la dimension humaine.

C'est en partant de cette contradiction que je me suis engagé dans une réflexion sur cette économie humaine et, à travers elle, sur la manière de renouer le dialogue des économistes avec la société. Il en a résulté le « Manifeste pour l'économie humaine », une démarche personnelle à l'origine, mais à laquelle j'ai pu associer des chercheurs de différents horizons disciplinaires et géographiques (le manifeste a été soutenu par 300 chercheurs, économistes, mais aussi sociologues d'une trentaine de pays) rencontrés à l'occasion de mes activités d'enseignant et d'éditeur et grâce à l'émission de France Culture à laquelle je participais. L'idée était de constituer un réseau international des chercheurs partageant cette même vision d'une économie humaine. Ce réseau avait aussi pour vocation de mieux communiquer sur ce qu'est l'économie en montrant qu'il n'y a pas que le discours économique abstrait, attaché à dégager des lois et servant de fondement à l'idéologie libérale de l'économie de marché.

Concrètement, en quoi consiste cette économie humaine ?

Elle correspond à au moins trois choses. En premier lieu, c'est l'affirmation d'une finalité de l'économie ; ensuite, une méthode ; enfin, un engagement social des chercheurs et des universitaires vis-à-vis de la société.

Affirmation d'une finalité, d'abord : si l'économie peut en avoir une, ce ne peut pas être autre chose que d'être, aussi bien dans la pratique que sur le plan théorique, au service de l'épanouissement et du développement de l'homme. C'est-à-dire ce que l'on appelle classiquement la satisfaction des besoins des individus, mais, au-delà de cela, il y a aussi l'égale participation de tous au progrès humain. Selon quels critères ? Au nom de quelle justice ? Cela est précisément en débat.

Une telle finalité ne peut pas ne pas avoir d'incidence sur le plan méthodologique et même épistémologique. Si on veut une économie humaine, il faut partir d'une conception anthropologique aussi réaliste que possible en intégrant l'apport des sciences sociales et humaines : la sociologie, l'anthropologie, mais aussi la psychologie, la neurobiologie, etc. Or ce que nous enseignent ces dernières, c'est que, contrairement au postulat que pose la théorie libérale, un individu ne préexiste pas à la société. C'est la société qui donne corps à l'idée d'individu. C'est, pour le dire autrement, le développement économique, social et culturel qui a donné naissance à l'idée même d'individu. L'homme ne saurait être réduit à cet agent économique qui n'entre en relation avec les autres que pour procéder à des échanges, soit l'*Homo œconomicus*. C'est un individu social, dès la naissance et par sa psyché (il n'est pas jusqu'à son désir d'être soi, de s'affirmer qui ne se manifeste par rapport à autrui). On ne peut l'appréhender indépendamment du tissu de relations qu'il entretient avec autrui et qui l'enserre.

Dès lors que les relations sociales sont déterminantes, pourquoi ne pas parler de socio-économie plutôt que d'économie humaine ?

On pourrait aussi se réclamer de la psycho-économie ou de l'anthropo-économie, voire de l'économie politique. C'est pour éviter de privilégier un point de vue sur les autres que l'idée d'économie humaine s'est imposée. Elle souligne la nécessaire transversalité que j'évoquais tout à l'heure.

Voilà pour la finalité, qu'en est-il des implications méthodologiques et épistémologiques ?

Dès lors que l'économie se soucie de l'homme, elle ne peut raisonner plus longtemps à partir d'une représentation abstraite de celui-ci. Elle doit le saisir dans ses différentes composantes. Si lois il y a en économie, elles ne peuvent être celles qui régissent le monde physique. Ce sont des lois humaines, historiquement, culturellement et socialement construites. La démarche ne peut être que pluridisciplinaire. Cela implique d'inscrire la science économique dans les sciences humaines et sociales. C'est d'ailleurs pourquoi, comme je l'ai déjà dit, le réseau était ouvert à d'autres spécialistes que des économistes : des sociologues, des socio-économistes, etc.

C'est donc à une véritable révolution que revient la pratique d'une économie humaine...

Révolution ? Non, dans la mesure où cette approche pluridisciplinaire ne signifie pas l'abandon des outils d'analyse propres à la science économique. L'essentiel de ses concepts reste pertinent. En revanche, ce qui l'est moins, ce sont les postulats anthropologiques sur lesquels repose le *mainstream* de la science économique, et notamment le modèle néoclassique. Dans cette perspective, l'homme est un agent de consommation et de production, autonome, mû par une rationalité tournée exclusivement vers l'optimisation de son utilité (c'est-à-dire de sa satisfaction) ; il n'entre en relation avec les autres que dans le cadre d'échanges.

Soit le fameux *Homo œconomicus* que j'évoquais tout à l'heure et qui ressemble plus à un électron qu'à un homme. Cette vision a répondu au souci de la science économique de se rapprocher des sciences physiques : simplifier la réalité devait lui permettre de dégager plus facilement des lois et des régularités, de prévenir l'avenir aussi.

Certes, on a besoin d'un minimum d'abstraction pour théoriser et tirer des conclusions. De là à considérer, comme Milton Friedman, que ce qui compte ce n'est pas tant que les hypothèses soient vraies, mais que les conclusions soient réalistes...

S'agit-il de renoncer à *l'Homo œconomicus* ou de l'articuler aux autres facettes de l'être humain, l'*Homo sociologicus*..., selon les distinctions établies par l'économiste Vilfredo Pareto[3] ?

La division du travail entre les disciplines que prônait Pareto (l'étude de l'*Homo œconomicus* revenant aux économistes, *l'Homo sociologicus* aux sociologues, etc.) peut avoir son utilité sur un plan strictement méthodologique. Mais elle rencontre très vite ses limites si les différents spécialistes ne confrontent pas leurs connaissances respectives pour approcher la réalité dans sa complexité. Ce que je dis là ne vaut pas seulement pour l'analyse des comportements humains. Cela s'applique aussi à l'analyse des

3. Vilfredo Pareto (1848-1923) : économiste et sociologue italien qui chercha à faire de l'économie une science objective en lui assignant l'étude des comportements et des rationalités économiques de l'homme (soit l'*Homo œconomicus*), à partir du postulat selon lequel, dans ce domaine, il agit en vue d'optimiser son utilité.

entreprises. On ne peut séparer la question de leurs finalités de la question des relations qui s'établissent entre elles et leur environnement comme en leur sein. La productivité d'une entreprise ne peut être appréciée indépendamment des systèmes de relations internes et externes qu'elle noue avec ses salariés, ses actionnaires, les institutions locales, les consommateurs, etc.

Venons-en au troisième point : l'engagement des économistes. En quoi consiste-t-il ?

Il ne s'agit pas de faire de l'économie pour le seul plaisir de développer des modèles sophistiqués, mais de mettre la connaissance scientifique au service de la société. Cela passe par un effort de communication et de dialogue avec l'opinion publique. L'économie doit sortir des laboratoires, des amphithéâtres et des bibliothèques. Cela passe par un effort de vulgarisation (lequel ne signifie pas forcément simplification).

Si le modèle néolibéral s'est imposé, c'est que ceux qui le portent n'ont eu de cesse de communiquer à travers la presse économique, mais aussi d'autres canaux. Ceux qui contestaient le bien-fondé de ce modèle ne sont pas parvenus, du moins jusqu'à une période récente, à se faire entendre. Il a fallu attendre les mouvements anti- puis altermondialistes contre les effets du modèle néolibéral pour que des économistes commencent à se manifester, à travers notamment l'association Attac**.

Il ne suffit pas que l'approche de l'économie humaine soit fondée théoriquement pour qu'elle s'impose, encore faut-il convaincre l'opinion et les dirigeants. Si juste soit-il, un traité d'économie humaine ne pourra transformer le monde. Il faut aller jusqu'au bout de la démarche : prolonger l'effort de théorisation par un travail de diffusion et une participation aux débats de société.

Comment vous positionnez-vous par rapport à ce qu'on appelle depuis peu l'alteréconomie, cet effort de refondation de la science économie engagé dans le sillage des mouvements altermondialistes ? Ou encore par rapport aux tenants de la décroissance soutenable qui prônent une rupture avec le modèle productiviste ?

Comme je l'ai dit, la vocation de l'économie humaine est d'affirmer une finalité, une épistémologie, enfin un engagement. Cela est compatible avec des démarches qui cherchent à transformer de l'intérieur l'économie marchande, comme par exemple l'économie sociale et solidaire. De même, celles qui prônent la rupture, comme celle de la décroissance soutenable, sont loin de s'opposer à l'économie humaine. Mais des divergences sur des aspects précis comme, par exemple, la question de la croissance.

Sur quoi portent ces divergences précisément ?

Personnellement, la question me semble moins celle de savoir s'il faut renoncer ou non à la croissance que de savoir quelle croissance on veut. Je crois à l'utilité de la croissance des services aux personnes, des activités immatérielles, des biens relationnels...

Néanmoins, si les approches radicales déconcertent dans la mesure où elles bousculent nos modes de vie et façons de voir, elles ont le mérite de poser de vraies questions, en replaçant la question du lien social comme l'élément constitutif de l'humanité. Dans la perspective radicale des tenants d'une décroissance soutenable, le progrès réside moins dans l'accumulation de richesses matérielles que dans la capacité de vivre en harmonie avec les autres. La priorité n'est plus tant un développement économique qu'un développement humain. Ce qui est important dans la vie, ce n'est pas tant les biens qu'on a accumulés que la qualité du lien qu'on a tissé avec ses proches, ses amis. Ce qui rejoint le bon sens populaire !

En bref, nous sommes en présence d'une approche qui nous questionne sur ce qui est la nature même du progrès, du développement. Elle éveille notre vigilance. En cela, l'économie humaine trouve matière à dialoguer avec elle.

Reste une différence : l'économie humaine prend l'homme tel qu'il est. Or celui-ci est ainsi fait qu'il lui arrive de préférer crever plutôt que de changer radicalement son mode de vie, de surcroît sous le coup d'une injonction. C'est aussi cela la réalité humaine : dites à vos voisins et proches qu'au nom d'une société meilleure il faut procéder à une *tabula rasa*, la majorité refusera quand bien même elle souscrirait au bien-fondé d'un modèle alternatif. Il faut composer avec ce réalisme-là et ne pas sombrer dans une idéologie antidéveloppementaliste qui serait le pendant de l'idéologie développementaliste.

En disant cela, accepteriez-vous d'être qualifié de pragmatique ?

C'est une appellation que je récuse totalement ! Je ne considère pas qu'il suffirait d'examiner au cas par cas les solutions en fonction de leur efficacité. Rien ne peut être jugé à l'aune de ce seul critère. Tout dépend des finalités qu'on se fixe. Or qu'est-ce qui permet de fixer ces priorités si ce n'est le débat, la confrontation des points de vue et donc des idéologies. Le pragmatisme en est une : il consiste à masquer son caractère idéologique en faisant croire que les choix sont arrêtés uniquement au nom du bon sens, du réalisme.

Ce qui est vrai du pragmatisme l'est d'autres postures économiques : ce sont des idéologies, elles ne prennent sens que par rapport à un système de pensée et de valeurs.

Le néolibéralisme est-il amendable ?

Le modèle néolibéral n'a pas seulement des effets désastreux. Il est faux théoriquement. C'est ce que je me suis employé à exposer dans *Les Vraies Lois de l'économie*. Je montre qu'il ne suffit pas de faire une critique morale ou écologique du modèle néolibéral. On ne peut se borner à dénoncer les injustices ou les effets sur l'environnement au risque de conforter la position de ceux qui considèrent que ces conséquences découlent d'une application insuffisante des principes de ce modèle. En clair, si injustice il y a, elle s'explique par une dérégulation insuffisante du marché. Ce qui est faux. Le « Manifeste pour l'économie humaine » avait aussi pour objet de rappeler que les acquis de la science économique démentaient la justesse du modèle néolibéral.

Son succès actuel, le modèle néolibéral le doit donc moins à son bien-fondé théorique qu'à une domination intellectuelle et politique. Au moment même où le discours libéral s'imposait aux gouvernants et aux grandes organisations internationales à partir des années 1970-1980, la démonstration était apportée dans les revues scientifiques, y compris américaines, de la fausseté des théorèmes qui lui servaient de fondement théorique. Le modèle de l'économie pure et parfaite était abandonné ou considérablement amendé par les théoriciens économistes.

L'économie humaine compte-t-elle des pionniers, des économistes qui l'auraient incarnée sans le savoir ?

Indéniablement, on retrouve ici et là des hypothèses, des théories qui vont dans le sens d'une économie humaine : l'importance des passions et des valeurs morales a été soulignée par le célèbre auteur de *Recherches sur la nature et les causes de la richesse des nations*, Adam Smith, auquel on doit aussi une théorie des sentiments moraux. On peut également mentionner les travaux sur le don et la réciprocité repris par *La Revue du Mauss* animée par le philosophe et économiste Alain Caillé. Citons aussi l'économie solidaire *(voir entretien avec Jean-Louis Laville p. 224)*. Mais il s'agit à chaque fois de bribes d'une économie qui reste à construire : une économie qui procède à partir d'une ontologie ou, pour le dire autrement, qui saisit l'homme dans sa complexité pour apporter des réponses aux questions relatives à la croissance, au chômage, etc.

Et Marx ?

Par bien des aspects, Marx a repris les présupposés anthropologiques de la théorie classique. Il n'entre pas dans la boîte noire de l'homme. Des intuitions l'amènent bien à appréhender celui-ci comme un être social, mais c'est pour mieux souligner les déterminations économiques. Sa vision de l'homme est par certains aspects pessimiste, par d'autres optimiste. Elle se fonde sur le postulat que l'homme est un loup pour l'homme en considérant que c'est par la mobilisation des forces productives et de l'abondance que l'homme sortira de la société de classes et des rivalités auxquelles elle donne lieu. Dans le *Manifeste du parti communiste*, il fait de cette abondance matérielle la priorité avant même l'abolition des classes. Il faut mobiliser les forces productives, même par la force, pour parvenir à la société d'abondance ! C'est seulement à cette condition que chacun aura selon ses besoins et qu'on pourra ainsi installer l'égalité sociale. La différence de Marx avec les libéraux ne réside pas tant dans ses présupposés que dans les conclusions qu'il en tire. Pour les libéraux, la solution réside dans la vertu du marché. Marx pense, lui, que c'est dans la dictature du prolétariat. Leur conception de l'homme n'est pas fondamentalement différente. C'est en ce sens que je dis que l'on peut trouver ici et là, dans la pensée libérale, la pensée marxiste et, aujourd'hui, la pensée altermondialiste, des bribes d'économie humaine, mais ces pensées ne sont pas émancipées du postulat suivant lequel l'individu est un être autonome, en rivalité avec les autres. Or l'homme n'existe que dans le lien avec autrui. Son dilemme est de concilier son désir d'affirmation et sa nature sociale.

Dans quelle mesure l'économie humaine peut-elle répondre aux revendications en faveur d'un autre enseignement en économie que l'actuel où domine la mathématisation ?

Il me paraît évident que l'économie humaine est en phase avec ce que demandent les étudiants. Bien au-delà de la protestation contre l'emprise de la mathématisation dans l'enseignement, ils aspirent à une science économique plus en prise avec les enjeux de société contemporains. Les auteurs de la pétition, des étudiants en économie, réclamaient aussi un enseignement moins dominé par l'idéologie libérale, plus ouvert sur les autres approches. Ce qui est une des préoccupations de l'économie humaine.

Cela étant dit, la question du poids des mathématiques ne doit pas occulter des choses plus fondamentales. Certes, dans certaines facultés, les travaux dirigés en science économique s'apparentent plus à des travaux dirigés en mathématiques. Or les mathématiques ne sont pas le seul langage du discours économique. Toute théorie pourrait être exposée sans la référence à la moindre équation.

Il reste que les mathématiques sont un outil indispensable en science économique, laquelle tire d'ailleurs sa scientificité de cet usage, mais tous les étudiants en économie n'ont pas vocation à devenir des économistes. C'est pourquoi je prône que les premières années soient consacrées à dispenser une formation intellectuelle à travers l'économie. Quelle science économique enseigner à des étudiants qui, une fois engagés dans leur carrière, n'en s'en serviront plus, du moins à la manière du théoricien ? Telle est la question qu'il conviendrait de se poser.

Où en est aujourd'hui l'économie humaine ?

Le manifeste a été traduit dans différentes langues dont l'allemand, le russe et l'arabe. Des groupes se sont constitués dans différents pays. Mais force est de reconnaître que le réseau que j'ai constitué est en état de veille. Mon intention initiale était de fédérer les initiatives en encourageant des actions locales auprès des opinions publiques et des autorités pour combattre la pensée dominante. Seulement, faire vivre un tel réseau demande un investissement de tous les instants. Or la vie universitaire est très prenante. Moi-même, je me suis davantage investi en politique. Une décision prise suite au 21 avril. Je suis donc moins disponible pour participer au développement de ce réseau. Pour autant, je ne renonce pas à promouvoir l'économie humaine, et mon engagement politique est dans la suite logique de mon action en faveur de cette économie. À travers mes contributions aux débats de mon parti, je m'emploie à promouvoir d'autres conceptions que la conception productiviste de l'économie, héritage commun du libéralisme et du marxisme. La production est un instrument et non pas une fin. La finalité, c'est l'épanouissement humain à travers le lien social.

UNE ÉCONOMIE SOLIDAIRE
Entretien avec Jean-Louis Laville, sociologue

Économie solidaire : l'expression est encore méconnue du grand public. Pourtant, elle sert à désigner des expériences et des initiatives qui trouvent leur origine dans une tradition ancienne : dès la première moitié du XIXe siècle, Pierre Leroux (1797-1871) introduit dans le vocabulaire philosophique la notion de solidarité, sur laquelle insiste ensuite l'école solidariste avec Léon Bourgeois (1851-1925), Émile Durkheim (1858-1917) et Célestin Bouglé (1870-1940).

Pour autant, l'expression n'est ni un slogan ni un mot d'ordre, mais un concept forgé à la fin des années 1980 par Bernard Eme et Jean-Louis Laville pour désigner des initiatives qui s'emploient à réconcilier économie et démocratie. Depuis, Jean-Louis Laville a proposé une réflexion approfondie sur l'économie solidaire, ses principes et ses perspectives de développement, en France et à l'étranger, à travers des enquêtes et plusieurs ouvrages[1]. La consécration est obtenue en 2000 avec la mise en place d'un secrétaire d'État à l'Économie solidaire, le premier du genre en France et en Europe.

Pour Jean-Louis Laville, l'économie solidaire est plus que jamais d'actualité. Mais en quoi celle-ci se différencie-t-elle de l'économie sociale et de ce qu'il est convenu d'appeler le « tiers secteur » ? Quelles sont ses perspectives de développement ? Dans quelle mesure la France se différencie-t-elle des autres pays européens en matière d'économie solidaire ? Autant de questions auxquelles Jean-Louis Laville a bien voulu répondre au moment de la sortie du *Dictionnaire de l'autre économie*, codirigé avec le sociologue Antonio David Cattani, qui enseigne à l'université fédérale de Rio Grande do Sul à Porto Alegre. On y trouve naturellement une entrée pour « économie solidaire », mais aussi pour

---

1. Citons : *L'Économie solidaire, une perspective internationale* ; *Sociologie de l'association* (avec Renaud Sainsaulieu), Paris, Desclée de Brouwer, 1997, rééd. 2004 ; *Associations, démocratie et société civile* (avec plusieurs auteurs dont Alain Caillé et Bernard Eme), Paris, La Découverte, 2001.

« évaluation démocratique », « société civile », « socialisme participatif », etc. Preuve s'il en était besoin que l'économie solidaire touche autant à l'économique qu'au politique ; constat confirmé avec la parution d'*Action publique et économie solidaire*[2], qui analyse les rapports avec les politiques publiques en France et au Brésil.

> « L'économie solidaire vise à démocratiser l'économie à partir d'engagements citoyens en posant la solidarité comme principe économique. »

Vous défendez depuis plusieurs années l'idée d'une économie solidaire. Comment expliquez-vous la faible notoriété qu'elle continue à rencontrer au-delà des cercles d'économistes et de sociologues ?

L'économie solidaire pâtit d'un décalage entre la représentation dominante de l'économie et la réalité de celle-ci. Dans nos sociétés contemporaines, on pense souvent que l'économie se réduit à la somme, d'une part, des entreprises privées concurrentielles et, d'autre part, des entreprises et des services publics. Or, en fait, il y a ce qu'on peut appeler une troisième composante. Les conceptions n'évoluent que lentement, c'est pourquoi la montée du monde associatif n'est pas encore largement perçue, de la même façon que les conséquences du passage à une société de services ne sont pas clairement identifiées.

Que recouvre concrètement l'économie solidaire ?

Elle recouvre des initiatives visant à démocratiser l'économie à partir d'engagements citoyens en posant la solidarité comme principe économique, et ce quel que soit le statut juridique adopté (association, coopérative, mutuelle). Au-delà de leurs spécificités, ces initiatives reposent sur l'égalité entre les membres ; elles œuvrent pour la justice sociale, par exemple à travers un commerce équitable entre le Sud et le Nord, ou la défense de l'accession de tous aux services ou à l'emploi.

---

2. Ramonville-Saint-Agne, Érès, 2005.

Cela renvoie à des expériences plus anciennes qu'on ne l'imagine, datant de la première moitié du XIXe siècle. Mais cela recouvre aussi une nouvelle génération d'initiatives apparues en réponse à la mondialisation néolibérale. L'économie solidaire insiste sur leur dimension non seulement socio-économique, mais aussi sociopolitique. Dit autrement, elle témoigne d'un questionnement politique sur l'économie.

La solidarité recouvre-t-elle la même signification d'un pays à l'autre ?

Non. En fait, on peut distinguer au moins deux conceptions de la solidarité ayant prévalu dans les pays développés depuis le XIXe siècle. Tout d'abord, une conception démocratique qui met l'accent sur le fait qu'il ne saurait y avoir de véritable démocratie politique sans démocratisation de l'économie. En d'autres termes, on ne peut être citoyen si on reste asservi dans l'activité économique. D'où des initiatives qui ont cherché à promouvoir une solidarité démocratique comme principe économique en organisant en conséquence la production et le travail ; ces associations fondées sur la revendication autant que sur l'entraide sont devenues pour certaines des coopératives et des mutuelles.

À cette solidarité on peut opposer une solidarité philanthropique, dominante dans le contexte nord-américain, et selon laquelle il incombe aux citoyens les plus favorisés d'apporter un soutien aux citoyens les plus fragilisés économiquement.

Sans doute devrait-on pondérer ces deux conceptions de solidarité dans chacun des contextes nationaux européens. Dans les pays anglo-saxons, la solidarité philanthropique bénéficie d'une grande légitimité, les pays d'Europe continentale ayant été quant à eux marqués par une forte solidarité démocratique.

Quand apparaît l'économie solidaire proprement dite ?

Dès les années 1960, on assiste dans les différents pays d'Europe occidentale à l'émergence d'associations et de coopératives qui cherchent à revaloriser la solidarité démocratique. Les premières initiatives manifestent une réaction contre la situation faite aux personnes travaillant dans des entreprises privées. Des coopératives se créent avec l'idée de sortir de la logique taylorienne dans de nouveaux secteurs, notamment intellectuels, pour qu'ils soient organisés de manière collective et non plus pour satisfaire la seule rémunération du capital. D'autres actions collectives découlent d'une critique contre l'absence de possibilité de prise de parole des usagers dans le cadre de services publics qui avaient été conçus de manière trop standardisée. On voit ainsi émerger des services aux personnes âgées ou aux enfants, des expériences qui visent aussi à un développement plus équilibré du territoire, etc. Autant d'initiatives qui sont d'une certaine façon à mi-chemin de l'association et de la coopérative traditionnelles.

Même si certaines de ces initiatives se présentent comme des alternatives à l'économie marchande, elles traduisent aussi une complémentarité avec celle-ci comme avec le secteur public. Elles plaident pour un modèle de développement fondé sur la pluralité, une économie plurielle en somme. L'économie solidaire cherche à se consolider, mais peut aussi contribuer à un nouvel encadrement du marché par des règles sociales et environnementales ou à la reconnaissance de la parole des usagers dans le service public.

En quoi se différencie-t-elle du tiers secteur dont on parle également depuis quelques années ?

Le tiers secteur recouvre des initiatives qui reposent largement sur une solidarité philanthropique, mise en œuvre à travers des formules juridiques comme les fondations. Cette notion de tiers secteur véhicule l'idée d'une hiérarchisation entre les différentes composantes de l'économie : elle revient à considérer que le marché est la solution normale ou naturelle pour satisfaire les besoins et que, lorsqu'il échoue, c'est vers l'État qu'il convient de se tourner. Ce n'est qu'en cas d'échec de l'un et de l'autre que le recours au tiers secteur se justifie. Il s'agit là d'une conception subsidiaire.

Au contraire, dans les conceptions européennes de l'économie solidaire ou même sociale, il y a une volonté de donner droit de cité à cette économie, à égalité avec les autres composantes de l'économie, marchande et non marchande. On est moins dans une vision de subsidiarité que d'articulation avec les deux autres composantes, ce qui implique à la fois des tensions et des ajustements.

Cependant, au sein de cette sensibilité européenne, il faut distinguer les approches de l'économie solidaire de celles de l'économie sociale. Alors que celles-ci mettent plus l'accent sur l'aspect l'économique, les approches de l'économie solidaire soulignent le double registre d'action qui caractérise les initiatives qu'elle recouvre : un registre socio-économique et un registre sociopolitique, avec l'idée qu'il y a un certain nombre de phénomènes qui relèvent plus d'une sphère intermédiaire, entre l'économie marchande et l'économie non marchande.

En France, comme dans d'autres pays, on a cependant tendance à confondre les initiatives d'économie solidaire avec le traitement social du chômage. Or il importe de rappeler que l'économie solidaire ne saurait être confondue avec une économie d'insertion. Il s'agit bien d'une troisième composante de l'économie, et non d'une économie qui aurait pour fonction de créer des emplois provisoires en attendant la « reprise ».

À quand remontent les premières recherches sur l'économie solidaire ?

Au niveau international, les premières recherches ont été d'initiative nord-américaine. Elles ont donc porté sur la notion de tiers secteur en se centrant sur ce qu'on appelle en France les associations à but non lucratif. Ces associations ont connu depuis environ un quart de siècle un regain de dynamisme en termes à la fois de création et de poids dans l'ensemble des activités productives. Dans toutes les économies dites développées, ce sont les activités d'enseignement, de recherche, de santé, d'action sociale, de services aux personnes, de loisirs et de culture qui ont été les secteurs les plus créateurs d'emplois. Or, dans ces domaines, les associations sont très présentes.

D'autres recherches européennes ont été menées par la suite. Elles ont mis l'accent sur l'économie sociale en soulignant le rôle d'organisations qui ne sont ni privées, à but lucratif, ni publiques : les coopératives et les mutuelles.

En résumé, les premières recherches américaines ont plutôt mis l'accent sur le critère de non-distribution des profits, alors que les recherches européennes ont porté leur attention sur des organisations dans lesquelles il y a des limites apportées à l'appropriation privée des résultats, ce qui amène à inclure, en sus des associations, les coopératives et les mutuelles. La perspective de l'économie solidaire y ajoute une réflexion sur les rapports entre économie et société, donc sur le modèle de développement.

Vous avez mené un programme international. Quels en sont les enseignements ?

Ce programme a permis de mettre au jour l'interdépendance dans la longue durée (un siècle et demi) des actions collectives relevant de ce qu'on appelle l'associationnisme et de l'action publique. Ce sont ces actions collectives qui ont permis d'une certaine façon l'émergence de l'action publique.

Quand on analyse en même temps l'évolution de l'État social et celle des services sociaux comme nous l'avons fait pour neuf pays, avec Marthe Nyssens, dans *Les Services sociaux entre associations, État et marché*[3], on en arrive à des conclusions à la fois différentes et complémentaires de celles que l'on fait lorsqu'on appréhende l'État social uniquement à travers les mécanismes de protection sociale institutionnalisés. En effet, ce que nous montrent les

3. Paris, La Découverte, 2001.

recherches centrées sur les services sociaux, c'est que les choix qu'expriment les pouvoirs publics sont tributaires de la configuration d'un certain nombre d'initiatives émanant de la société civile. Ces initiatives ont souvent servi de matrices à partir desquelles ont pu être pensées les formes de l'action publique. Tel est l'enseignement que l'on peut tirer de la comparaison internationale dans ce champ de l'économie sociale et solidaire.

Contrairement à ce que nous propose le cadre théorique du tiers secteur, le marché ne précède pas l'action publique qui précéderait l'intervention d'un tiers secteur. C'est le marché qui, en se diffusant, suscite de la part de groupes sociaux des réponses qui serviront de matrices à l'action publique.

L'économie solidaire rencontre-t-elle partout le même succès ?

Dans différents pays, on constate des avancées, avec notamment la reconnaissance de l'économie sociale par le gouvernement suédois, de l'entreprise sociale par le gouvernement anglais, la création du secrétariat d'État à l'Économie solidaire en France. Mais force est de constater une certaine difficulté à pérenniser des formes émergentes d'action publique. Voyez le secrétariat d'État qui a été dissous depuis.

Cependant, l'économie solidaire est loin de demeurer un phénomène strictement européen. Elle connaît un certain succès dans d'autres parties du monde, comme au Brésil par exemple. Depuis quelques années, un certain nombre de débats s'y sont déroulés dans le cadre des forums sociaux mondiaux sur le thème de l'économie solidaire, précisément. À partir de ces forums s'est constitué un groupe d'économie solidaire brésilien qui s'est structuré en forums régionaux. C'est à lui que l'on doit la création d'un secrétariat d'État à l'Économie solidaire au sein de l'actuel gouvernement Lula. Voilà une nouvelle illustration de ce prolongement de la mobilisation de la société civile dans l'action publique que j'évoquais tout à l'heure. À ceci près que au Brésil, ce sont les échanges internationaux qui ont impulsé un mouvement social national. Cette configuration inédite des relations entre société civile et pouvoirs publics mérite une réflexion spécifique à laquelle l'ouvrage *Action publique et économie solidaire*, coécrit par des acteurs sociaux, des responsables publics et des chercheurs, souhaite contribuer.

Un mot sur le dictionnaire que vous venez de diriger avec le sociologue Antonio David Cattani. À quel besoin répond-il ?

Quand on parle d'économie, dans la plupart des médias comme des enseignements, on oublie une grande partie de l'économie réelle. Les approches orthodoxes de l'économie manifestent la tendance à un triple réductionnisme : la création de richesses dans l'économie n'est appréhendée qu'à travers le marché, le marché est restreint à un marché uniquement régi par la loi de l'offre et de la demande, l'entreprise est assimilée à la seule entreprise de capitaux. Le dictionnaire veut regrouper différents aspects de l'économie qui ont ainsi été occultés, aux niveaux pratique et théorique.

Au niveau pratique sont prises en compte les dimensions non marchandes et non monétaires. Les activités non marchandes, à travers l'associationnisme comme à travers l'État social et le secteur public, ont une histoire longue qui mérite d'être restituée face aux attaques dont elles font constamment l'objet dans la rhétorique libérale. Mais, au-delà de ce rappel historique, l'une des premières raisons d'être de ce dictionnaire est la vitalité des initiatives qui se sont développées depuis un quart de siècle. Des finalités solidaires ont été introduites dans les comportements économiques quotidiens (nouveaux services et modes d'échanges, production, commerce, consommation, épargne...), faisant émerger de nouvelles perspectives en matière de droits et de rapports de genre. Un premier ensemble de rubriques explicite donc les approches de l'économie, anciennes ou plus récentes, qui ne peuvent être ramenées à une logique de marché ou de valorisation du capital. Contre la perspective d'une substitution de la société civile à l'État, il importe de poser la question d'une démocratisation réciproque de la société civile et de l'État, d'une articulation renouvelée entre action collective et intervention publique.

Au niveau théorique sont prises en compte les conceptualisations qui ne se cantonnent pas à l'étude des comportements fondés sur la rationalité stratégique, mais intègrent d'autres formes d'agir économique. L'économie de la régulation, l'économie des conventions ou la sociologie économique, par exemple, soulignent que l'économie ne résulte pas du simple jeu de l'offre et de la demande, mais suppose des institutions et des motivations autres que l'intérêt matériel. Ces différentes analyses également présentées dans plusieurs rubriques admettent la force structurante de la solidarité, de la convention et du droit dans la coordination des groupes humains et dans l'établissement d'ordres sociaux stabilisés.

À ces deux niveaux, pratique et théorique, les propositions abondent. Il n'existait pourtant pas de document dans lequel ces avancées pussent être synthétisées dans un souci de mise en rapport des idées et des pratiques. Tel est le projet de ce premier dictionnaire qui ne prétend pas à l'exhaustivité, mais qui veut présenter en 54 rubriques un état des savoirs sur divers aspects de l'économie qui ont été trop longtemps invisibilisés ou infériorisés.

Comment entendre l'« autre économie » ? Une économie radicalement différente, ou une économie avec laquelle il faut composer ?

L'« autre économie » n'est pas un vague projet idéaliste, mais un ensemble pluriel de réalités qui existent et se démarquent de l'économie marchande capitaliste par leurs logiques solidaires. Comme il a été clairement montré par de multiples exemples lors des forums sociaux mondiaux, la croyance en une seule économie qui serait naturelle est en fait le moyen qu'utilisent les multinationales pour renforcer leur puissance et peser sur l'agenda des pouvoirs politiques. La remettre en cause en montrant la diversité de l'économie concrète, celle qui fait vivre les habitants de la planète, c'est permettre qu'un débat démocratique puisse orienter les choix économiques. L'économie est un sujet qui a été soustrait à la délibération publique par les pouvoirs privés les plus influents dans le cadre de la mondialisation actuelle, il s'agit de retrouver une capacité de confrontations sur le champ des possibles en économie. C'est aussi une conception du changement social qui s'exprime, refusant tant la résignation que l'idée d'un système économique différent qui serait intégralement à inventer. Les pratiques en œuvre aujourd'hui sont le creuset à partir duquel peuvent être formulées les propositions et menées les luttes permettant pour demain une économie humaine.

Penser l'« autre économie », ce n'est donc pas verser dans l'économisme. C'est au contraire s'attaquer à cette naturalisation de l'ordre économique qui sous-tend les approches libérales intégristes. Le dictionnaire veut mettre en lumière des aspects de l'économie qui sont cachés ou dénigrés. Ce faisant, il souligne l'histoire des tensions entre économie et démocratie tout en montrant l'actualité des théories et des pratiques hétérodoxes.

MOTS CLÉS, ACTEURS CLÉS, BIBLIOGRAPHIE

MOTS CLÉS

Alteréconomie

Néologisme forgé dans le sillage du mouvement de l'altermondialisation et qui exprime l'idée non d'une rupture avec l'économie de marché, mais d'un effort visant à la réformer. D'où les détracteurs qu'elle compte déjà. En 2003, *La Revue du Mauss* lui consacrait un numéro spécial, mais pour manifester un scepticisme non seulement quant à sa possibilité de faire le poids, mais également quant à sa raison d'être. Le philosophe et économiste Alain Caillé n'hésitait pas à écrire dans son texte d'introduction : « Il est illusoire aujourd'hui de viser à édifier une "autre économie" que l'économie de marché capitaliste. Mais d'autre part, [...] il est infiniment souhaitable d'inventer de nouvelles régulations de marché, et [...] ce qui peut légitimement être visé, c'est l'invention de nouvelles manières de se rapporter à l'économique et d'instituer socialement l'économie, c'est-à-dire de modifier le champ des bénéficiaires plus ou moins primaires de l'activité marchande. On pourrait dire en résumé : "Autre économie, alteréconomie, non ; autre institution de l'économie, oui." »

Charte

Ensemble d'engagements pris par une organisation ou un ensemble d'organisations. Rares sont les domaines abordés dans cet ouvrage qui n'aient leur(s) charte(s) : le commerce équitable (charte de la Plate-Forme française pour le commerce équitable, par exemple), le tourisme (Charte du tourisme durable adoptée en 1995 par l'OMT, le Programme des Nations unies pour l'environnement et la Commission européenne ; Charte nationale d'éthique du tourisme adoptée en 2000 par le secrétariat d'État au Tourisme), etc.

Ces textes n'ont pas de valeur légale, ce qui en limite la portée. Par ailleurs, nombre d'associations et d'entreprises élaborent leur propre charte, ce qui ne contribue guère à la visibilité. Enfin, rares sont les chartes élaborées par les populations du Sud. Parmi les exceptions, dans le domaine du tourisme : la Déclaration d'Imilchil, élaborée par des associations de pays du Sud (lors des Journées méditerranéennes sur le tourisme durable organisées par le CCFD en août 2000).

Développement durable/soutenable

Selon la définition du rapport Brundtland publié en 1987, le développement durable (ou soutenable) « est un développement qui répond aux besoins du présent sans compromettre la capacité des générations futures de répondre aux leurs ». Dit autrement, il vise à concilier trois objectifs apparemment contradictoires : la poursuite de la croissance, la protection de l'environnement, enfin, la justice sociale. On comprend le scepticisme qu'il peut susciter (le développement durable compte beaucoup de détracteurs). Pourtant, il a le mérite d'obliger à sortir d'une pensée binaire en prenant la mesure de la complexité du monde et de ses interdépendances. Il incite notamment les entreprises à tenir compte des externalités négatives de leurs activités sur l'environnement naturel et social. C'est dire le changement de mentalité qu'il implique chez les dirigeants et les actionnaires, mais aussi au plan de l'organisation des entreprises.

Le développement durable figure désormais en bonne place dans les rapports d'activité des entreprises cotées en bourse. Reste à veiller à ne pas en faire un simple slogan au service d'une politique de communication. C'est tout l'enjeu de l'investissement socialement responsable* (ISR) qui s'est développé ces dernières années.

Économie sociale

Entre secteur public et secteur privé, elle désigne l'ensemble des organisations qui contribuent au lien social par l'économique : entreprises coopératives, mutualistes et associations. Issues de diverses traditions de pensée (socialisme associationniste, christianisme social, solidarisme, etc.), ces organisations ont pour caractéristiques communes quatre principes majeurs : une finalité de services aux personnes ou à la collectivité plutôt que de profit ; l'autonomie de gestion ; un contrôle démocratique par leurs membres ; une primauté des personnes et de l'objet social sur le capital dans la répartition des excédents[1].

Économie solidaire

Expression forgée par Bernard Eme et développée par Jean-Louis Laville pour désigner « l'ensemble des activités économiques soumises à la volonté d'un agir démocratique où les rapports sociaux de solidarité priment sur l'intérêt individuel ou le profit matériel ; [l'économie solidaire] contribue ainsi à la démocratisation de l'économie à partir d'engagements citoyens »[2]. Relèvent ainsi de cette économie les services de proximité et aux personnes, les initiatives en matière de finance solidaire, de voyage solidaire, de commerce équitable, etc. Avant d'être un slogan auquel se seraient ralliés des acteurs socio-économiques, l'économie solidaire est un concept dont la création par des chercheurs a répondu au besoin de souligner les spécificités d'expériences et d'initiatives apparues à partir des années 1960-1970 par rapport à celles habituellement rangées sous le vocable d'économie sociale (coopératives, mutuelles) ou, plus récemment, de tiers secteur.

Voir entretien avec Jean-Louis Laville p. 224.

Homo œconomicus

Une vision théorique de l'homme, due à l'Italien Vilfredo Pareto (1848-1923) et développée par les économistes néoclassiques pour étudier le comportement de l'homme dans ses dimensions économiques : consommateur ou producteur. Fondé sur des hypothèses particulières (l'*Homo œconomicus* cherche à optimiser son utilité, c'est-à-dire sa satisfaction), ce modèle a été amplement critiqué et amendé par les théoriciens économistes eux-mêmes.

Label

Il certifie les conditions de production ou de fabrication particulières d'un produit. En principe, le label ne peut être délivré qu'à partir d'une certification effectuée par un organisme indépendant garantissant le respect du cahier des charges défini par les pouvoirs publics. Depuis, la notion s'est banalisée non sans abus : sous couvert de label, il s'agit en fait de marques. C'est le cas du label Max Havelaar et de bien d'autres labels apparus en

1. D'après Jacques Defourny, « Économie sociale », in Jean-Louis Laville et Antonio David Cattani (dir.), *Dictionnaire de l'autre économie*, Paris, Desclée de Brouwer, 2005.
2. B. Eme et J.-L. Laville, « Économie solidaire », in Jean-Louis Laville et Antonio David Cattani (dir.), *op. cit.*

faveur du commerce équitable, ou de l'agriculture bio. Parmi les labels au sens strict, citons : pour l'agriculture bio, le label AB, créé par le ministère de l'Agriculture et de la Pêche en 1985, et l'écolabel européen, créé en 1992.

Norme

Ensemble de prescriptions techniques garantissant des conditions de production ou de gestion standards. À la différence d'un label, une norme s'applique à une entreprise ou à un site (un hôtel, un parc ou un centre de loisirs, etc.) à partir d'une démarche volontaire. Les normes les plus répandues sont celles de l'organisation internationale ISO qui, depuis sa création en 1947, a défini plus de 15 000 normes internationales dans de nombreux domaines d'activité. En 1996, elle a lancé la norme ISO 14 001.

Citons aussi le Council on Economic Priorities Accreditation Agency (CEPAA), un organisme américain aujourd'hui appelé Social Accountability International (SAI), qui, dans le domaine de la consommation, a élaboré en 1997 la norme SA 8000 pour répondre à la demande des associations de consommateurs. Cette norme s'appuie sur les grands textes de référence en matière des droits de l'homme, dont la Déclaration universelle des droits de l'homme de l'ONU, les conventions du Bureau international du travail et la convention de l'ONU sur les droits de l'enfant.

En France, le processus de normalisation est assuré par l'Association française de normalisation (Afnor).

Utopie

Mot forgé par le philosophe anglais Thomas More (1478-1535) à partir de la contraction de mots grecs (*ou*, un adverbe de négation, et *topos*, qui signifie « lieu »). Une utopie est donc un lieu qui n'existe pas, sinon par l'imagination. Malgré la crise des grandes idéologies issues du XIXe siècle, l'utopie connaît depuis quelques années un regain d'intérêt. Le *Dictionnaire de l'autre économie*, dirigé Jean-Louis Laville et Antonio David Cattani, lui consacre une entrée. Mais parle-t-on de la même utopie que celle qu'imaginaient Thomas More ou, plus tard, Charles Fourier (1772-1837) avec ses phalanstères, ainsi que d'autres socialistes utopistes (Owen, Saint-Simon, Proudhon) en dessinant les contours d'une cité idéale où seraient réconciliés les principes d'efficacité et de solidarité ? Rien n'est moins sûr malgré l'invocation récente d'un « nouveau monde » : les alternatives au capitalisme contemporain se veulent pratiques, ancrées dans le réel. Mieux : elles existent déjà, ainsi qu'en témoigne notamment l'ouvrage coécrit par Josée Landrieu et Véronique Léna, *Cinq histoires pour inventer le monde sans trop se raconter d'histoires*[3], qui relate plusieurs initiatives à travers le monde, dont notamment le budget participatif à Villa El Salvador (Pérou). Seulement, on ne les perçoit pas faute de disposer des lunettes adéquates à même de rendre compte des inventions de la société. À moins qu'elles ne soient « empêchées » par les institutions existantes, pour reprendre l'analyse développée par le sociologue Gérard Demuth.

Si ces expériences se gardent le plus souvent de se qualifier comme telles, une dimension proprement utopique (la projection dans un avenir plus ou moins lointain) n'en est pas totalement absente. Elle se révèle d'ailleurs indispensable à la dynamique de changement. C'est ce que montrent les travaux récents de sociologie autour d'Internet et des discours qui ont accompagné sa naissance et son essor. Dans *L'Imaginaire d'Internet*[4], le sociologue Patrice Flichy met en évidence leur rôle dans la mobilisation des différents acteurs engagés dans l'invention et la diffusion d'Internet (penseurs, ingénieurs, techniciens, chercheurs, mais aussi écrivains, journalistes). Utopiques, les expériences le sont aussi par ces communautés virtuelles qu'elles forment à partir d'engagements ponctuels ou transitoires d'individus attachés à leur autonomie.

ACTEURS CLÉS

Association pour une taxation des transactions financières pour l'aide aux citoyens (Attac)

Créée en juin 1998 à l'initiative du directeur général du *Monde diplomatique*, Bernard Cassen, à la suite de l'éditorial publié en 1997 par le directeur de la rédaction de ce même journal, Ignacio Ramonet, sous le titre « Désarmer les marchés », Attac a pour vocation de promouvoir et de mener « des actions de tous ordres en vue de la reconquête, par les citoyens, du pouvoir que la sphère financière exerce sur tous les aspects de la vie politique, économique, sociale et culturelle dans l'ensemble du monde ».

La taxe dont Attac propose l'instauration s'inspire de celle imaginée par le prix Nobel d'économie James Tobin : une taxe sur les mouvements de capitaux spéculatifs. On connaît les réserves que le prix Nobel Tobin eut lui-même à l'égard de l'efficacité d'une telle taxe. L'association Attac n'en fait plus elle-même son seul cheval de bataille. Outre la participation aux

3. La Tour-d'Aigues, Éditions de l'Aube.
4. Paris, La Découverte, 2001.

manifestations internationales (Forum social mondial, contre-sommets, etc.), elle privilégie l'action pédagogique auprès des citoyens, notamment à l'occasion d'universités d'été. C'est un « mouvement d'éducation populaire tourné vers l'action » ; il a pour vocation d'opposer une contre-expertise dans l'esprit du « militantisme de dossier » qui caractérise de longue date le militantisme anglo-saxon.

Associée dans un premier temps à l'antimondialisme, Attac a récusé cette étiquette pour lui préférer celle d'altermondialisme. Attac est contre la mondialisation d'inspiration libérale, mais pas contre la mondialisation. Avec la Confédération paysanne de José Bové, elle symbolise l'émergence de nouveaux mouvements sociaux transnationaux et le renouveau de l'action contestataire. Aujourd'hui, Attac est présente dans une cinquantaine de pays. En France, elle compte 30 000 membres (dont 1 000 personnes morales) et 215 comités locaux.

Attac France
66-72, rue Marceau
93100 Montreuil-sous-Bois
Tél. : 01 41 58 17 40
attac@attac.org
www.france.attac.org

Caisse des dépôts et consignations

Cette vénérable institution (elle a été créée en 1816) s'est imposée comme un interlocuteur privilégié pour les acteurs de l'économie sociale et solidaire*, de l'ISR* et de la RSE*.

Au titre de ses missions d'intérêt général relatives à la cohésion sociale, elle apporte son soutien à des formes alternatives de financement dans le cadre du système financier et bancaire traditionnel. Elle a également participé à la création de différents acteurs de l'ISR et de l'économie sociale et solidaire : France active, Novethic, Finansol, etc. Elle participe aux travaux de l'Avise, de Finansol, etc. Membre du Corporate for Social Responsability (CSR) Europe, elle œuvre à la promotion de la RSE au niveau européen.

Sur le plan de la recherche, elle apporte son soutien aux travaux théoriques visant au renouvellement de la science économique.

Siège social
56, rue de Lille
75356 Paris 7 SP
Tél. : 01 58 50 00 00
www.caissedesdepots.fr

Centre Walras

Rattaché à l'université Lyon-II/CNRS, ce centre dispose d'un pôle de recherche sur l'innovation en matière d'économie solidaire animé par l'anthropologue Jean-Michel Servet *(voir entretien p. 40)*.

Université Lumière Lyon-II/CNRS
Institut des sciences de l'homme
14, avenue Berthelot
69363 Lyon Cedex 07
Tél. : 04 72 72 64 07

Fondation Charles Léopold Mayer pour le progrès de l'homme (FPH)

Cette célèbre association suisse créée en 1982 en vue de contribuer aux mutations à long terme de nos sociétés publie de nombreux livres sur la solidarité dans différents domaines (tourisme, finance, etc.) ainsi que sur le développement durable.

Chemin de Longeraie 9
1006 Lausanne
Suisse
38, rue Saint-Sabin
75011 Paris
Tél. : 01 48 06 48 86
Site : www.fph.ch

Institut de l'économie sociale (IES)

Octogénaire, cet institut créé à l'initiative du penseur et entrepreneur Charles Gide publie la revue scientifique de référence en matière d'économie sociale : *Recma, revue des études coopératives, mutualistes et associatives*.

43, rue de Liège
75008 Paris
Tél. : 01 43 87 00 20

Pekea

Mouvement lancé en 2001 en vue d'encourager le développement d'un « savoir politique et éthique sur les activités économiques ». Il réunit plus de 700 chercheurs de différentes nationalités et disciplines ainsi que des personnes impliquées dans le monde associatif et économique.

Maison de Ronceray
110, rue de la Poterie
35000 Rennes
www.pekea.org – pekea@pekea.org.

Autres sites à consulter

www.social.gouv.fr.economie-solidaire.

Quoique le secrétariat d'État à l'Économie solidaire ait disparu en 2002, son site est toujours accessible. On y trouve de nombreuses informations sur l'économie solidaire et ses différentes composantes (finances solidaires, commerce équitable).

www.universite-cooperative.org.

Le site de l'Université coopérative européenne (UCE) s'emploie à favoriser la coopération entre les chercheurs et les acteurs de l'économie sociale et solidaire, autour notamment d'un programme de recherche sur l'entrepreneuriat social.

BIBLIOGRAPHIE

Sur l'économie sociale et solidaire

COLLECTIF, Cosmopolitiques, *L'Économie peut-elle être solidaire ?*, La Tour-d'Aigues, Éditions de l'Aube, 2004.

DACHEUX Éric et CLERC Denis, *Pour une économie alternative et solidaire*, Paris, L'Harmattan, 2001.

DEMOUSTIER Danièle, *Économie sociale et solidaire : s'associer pour entreprendre autrement*, Syros, 2003.

GUIGUE Bruno, *L'Économie solidaire, alternative ou palliatif ?*, Paris, L'Harmattan, 2002.

LAVILLE Jean-Louis (dir.), *L'Économie solidaire, une perspective internationale*, Paris, Desclée de Brouwer, 1994, rééd. 2000.

Un état des lieux de l'économie solidaire à travers le monde (principalement l'Europe et l'Amérique du Sud).

LAVILLE Jean-Louis et CATTANI Antonio David (dir.), *Dictionnaire de l'autre économie*, Paris, Desclée de Brouwer, 2005.

De A comme altermondialisation à U comme utopie, une soixantaine de notions et de concepts qui renouvellent l'approche de l'économie et de ses rapports avec le social et le politique par un peu plus d'une cinquantaine de chercheurs et de penseurs de différents horizons disciplinaires et géographiques.

Sur l'économie humaine

« Manifeste pour l'économie humaine », *Esprit*, juillet 2001.

Sur les nouveaux instruments de mesure de la richesse

GADREY Jean et JANY-CATRICE Florence, *Les Nouveaux Indicateurs de richesse*, Paris, La Découverte, coll. « Repères », 2005.

Un bilan complet de plus d'un quart de siècle de débat et de réflexion sur les alternatives proposées aux PIB, intégrant des critères sociétaux et/ou environnementaux ainsi que d'autres formes de richesse (informelle, domestique, etc.).

Depuis la création de l'indicateur de développement humain en 1990, une trentaine d'autres ont vu le jour, incluant des critères sociétaux et/ou environnementaux, en complément ou en alternative au PIB.

MEDA Dominique, *Qu'est-ce que la richesse ?*, Paris, Flammarion, 2000.

Une réflexion critique sur la conception économique de la richesse, par l'auteur du célèbre *Le Travail, une valeur en voie de disparition* (Paris, Aubier, 1995). On y trouvera également un état de la réflexion sur les nouveaux indicateurs conçus ces dernières années pour pallier les insuffisances du PIB.

VIVERET Patrick, *Reconsidérer la richesse*, La Tour-d'Aigues, Éditions de l'Aube, 2005.

À lire aussi

MARIS Bernard, *L'Antimanuel d'économie*, Rosny-sous-Bois, Bréal, 2003.

Un regard lucide et humouristique sur la science économique par... un économiste.

ÉCONOCLASTES LES, *Petit bréviaire des idées reçues en économie*, Paris, La Découverte, 2003, rééd. 2004.

Ouvrage collectif réunissant des contributions critiques d'étudiants en économie et de quelques-uns de leurs éminents aînés (Bernard Guerrien, Jean-Paul Piriou et Jean Gadrey) sur la science économique et son enseignement.

HEURGON Édith et LANDRIEU Josée (dir.), *Des nous et des je qui inventent dans la cité*, La Tour-d'Aigues, Éditions de l'Aube, 2003.

Actes du colloque de « prospective du présent » organisé au centre culturel international de Cerisy. Les nouveaux modes d'action et de mobilisation dans le domaine social, politique et économique. Pour une synthèse : Sylvain Allemand, *S'engager autrement. Lecture d'un colloque de Cerisy*, La Tour-d'Aigues, Éditions de l'Aube, 2003.

LANDRIEU Josée et LENA Véronique, *Cinq histoires pour changer le monde sans trop se raconter d'histoires*, La Tour-d'Aigues, Éditions de l'Aube, 2002.

Revues

Alternatives économiques

Créé en 1980, ce mensuel (publié depuis 1984 par une société coopérative ouvrière de production) rend compte de l'actualité économique sous l'angle de l'économie politique et de la socio-économie.

L'Économie politique

Créée à l'initiative du magazine *Alternatives économiques*, cette revue théorique s'emploie à réhabiliter une approche politique de l'économique, par opposition à la vision libérale encline à privilégier l'économique (les lois du marché) sur le politique (le rôle des institutions étatiques et internationales).

Recma, revue des études coopératives, mutualistes et associatives

C'est la revue scientifique de référence pour les chercheurs en économie sociale. Fondée 1921 par le penseur et entrepreneur Charles Gide, elle est publiée trimestriellement par l'Institut de l'économie sociale (IES).

Commande auprès de l'IES : (voir coordonnées p. 254).

La Revue du Mauss

Créée en 1981 à l'initiative du philosophe et économiste Alain Caillé, cette revue s'emploie, à travers des contributions d'économistes, de sociologues, de philosophes et d'anthropologues, à proposer une autre approche de l'économie que celle de la science économique fondée sur le modèle de l'*Homo œconomicus**. Mauss, du nom du célèbre ethnologue Marcel Mauss, qui a mis en évidence le système de don et de contre-don qui organise la circulation des biens dans les sociétés primitives, mais aussi pour Mouvement antiutilitariste en sciences sociales (autrement dit le primat de l'hypothèse de la maximisation de l'utilité, imputée à Jeremy Bentham). À lire notamment les numéros consacrés à l'alteréconomie : *L'Alteréconomie. Quelle autre mondialisation ?* (fin), n° 21, 1er semestre 2003.

Silence, écologie, alternatives, non-violence

Revue militante en faveur du mouvement coopératif.

CONCLUSION

Que retenir de ce panorama de nouvelles manières de produire, de consommer, de voyager, etc., soucieuses d'équité sociale et/ou de l'environnement ? Les principaux enseignements que l'on peut en tirer ne valent pas tant pour mener à bien sa propre expérience (encore une fois, le présent ouvrage n'est pas un guide pratique) que pour appréhender les enjeux et les défis que ces initiatives impliquent aussi bien sur le plan théorique et méthodologique que sur le plan politique.

Sous le nouveau, de l'ancien

Bien des expériences et initiatives présentées au fil de ces pages s'inscrivent dans des traditions et pratiques anciennes. On l'a vu pour le tourisme (avec l'exemple de l'agence Arvel) et l'entrepreneuriat (avec les Scop). Plus généralement, c'est le principe des expériences relevant de l'économie sociale et solidaire qui est ancien : il apparaît au XIXe siècle avec les premières coopératives et mutuelles. Si nouveauté il y a dans ce domaine, elle réside dans l'affirmation d'une économie solidaire portée par des initiatives apparues en réponse à la montée du chômage de masse et des préoccupations relatives au lien social. De même, le commerce équitable se révèle plus ancien qu'on l'imagine, tant dans ses principes (conçus dès le XIXe siècle) que dans ses manifestations (le label Max Havelaar a été précédé d'environ vingt ans par les Artisans du Monde).

Se doter de nouvelles lunettes

Les solutions, on l'a vu, ne manquent pas. Seulement, on ne les perçoit pas d'emblée, faute de disposer de bonnes lunettes. D'où l'enjeu que constitue la définition de nouveaux concepts, même critiquables (écologie industrielle, agro-écologie, investissement socialement responsable, gouvernance, développement durable, décroissance, etc.). Ils sont d'autant plus intéressants qu'ils permettent de poser également un autre regard sur le passé et de mesurer l'antériorité d'expériences qu'on ne percevait pas faute de disposer, encore une fois, de lunettes adéquates.

... et de nouveaux indicateurs

En plus des concepts, ce sont les outils de mesure de la richesse qu'il s'agit de reconsidérer. Les économistes et autres experts en conviennent volontiers : le PIB n'est plus adéquat pour rendre compte de la richesse produite par une société. Depuis la création du désormais célèbre indicateur de développement humain (lequel intègre le taux de croissance, le taux de scolarisation et le taux d'espérance de vie à la naissance), une trentaine d'autres indicateurs ont vu le jour, qui s'efforcent d'intégrer, pour les uns des variables sociétales, pour les autres l'impact de l'activité économique sur l'environnement. Reste que le PIB a la vie dure[1]...

Une reconnaissance dans la durée

Bien des initiatives sont « empêchées », selon l'expression du sociologue Gérard Demuth, par les institutions existantes ou par le processus d'institutionnalisation auxquelles elles sont contraintes tôt ou tard. Ce constat a été au centre d'un colloque de « prospective du présent » organisé au centre culturel international de Cerisy, sous la direction d'Édith Heurgon et de Josée Landrieu[2]. Il se vérifie de nouveau avec l'examen des nouvelles manières de pratiquer et de concevoir l'économie (cf. l'existence éphémère du secrétariat d'État à l'Économie solidaire pour ne citer que cet exemple). Cela étant dit, bien des initiatives encore méconnues il y a quelques années sont parvenues à s'imposer, sinon à acquérir une visibilité (commerce équitable, microcrédit, etc.), et confirment, s'il en était besoin, que c'est dans la durée que les nouvelles manières de pratiquer et de concevoir l'économie doivent être envisagées.

1. Pour un état des lieux de la réflexion et une présentation synthétique des principaux indicateurs alternatifs, voir Jean Gadrey et Florence Jany-Catrice, *Les Nouveaux Indicateurs de richesse*, Paris, La Découverte, coll. « Repères », 2005.

2. *Des nous et des je qui inventent dans la cité*, La Tour-d'Aigues, Éditions de l'Aube, 2003.

La force du collectif

À trop invoquer la citoyenneté, on suggère que les solutions passent par une prise de conscience individuelle. Ce qui est souvent vrai. Mais des actions individuelles gagnent aussi en efficacité en s'inscrivant dans une démarche collective. On l'aura relevé en particulier à propos de la consommation citoyenne qui, lorsqu'elle est le fait de consommateurs isolés, tend parfois à masquer la poursuite d'intérêts particuliers (comme son bien-être).

Ainsi que le montre Alexis Roy dans un ouvrage consacré aux débats autour des OGM en France[3], ce sont les associations de consommateurs qui sont parvenues à dissuader la grande distribution de les commercialiser. Preuve qu'on peut contraindre les agents les plus puissants de l'économie marchande, y compris les multinationales.

D'autres exemples montrent le rôle décisif joué par des ONG dans les changements de comportement de grandes firmes multinationales. L'une des illustrations les plus connues concerne le fabriquant d'articles de sport Nike, qui a mis en place avec la Banque mondiale un vaste programme pour améliorer les conditions de travail des salariés de ses sous-traitants asiatiques, suite à la campagne de diverses ONG. Depuis, plusieurs multinationales en sont venues à travailler avec des ONG, notamment pour des actions de préservation de la biodiversité : Ikea, BP, Carrefour...

Des personnalités hors du commun parviennent à elles seules à faire bouger les choses, mais la notoriété qu'elles en tirent tend à escamoter la préparation du terrain par des collectifs (ONG ou même syndicats). On pense à l'Américain Michael Moore, qui a beaucoup fait à travers son film *The Big One* pour faire évoluer la politique d'une multinationale comme Nike. Mais son action a été précédée de celle de syndicalistes qui jouèrent un rôle central dans la mise en place d'une charte.

Le rôle des médias

On ne compte plus les reportages et articles consacrés à l'une ou l'autre manière de pratiquer ou de concevoir l'économie. Mais, le plus souvent, la présentation est parcellaire et insiste sur le caractère nouveau, au point de donner l'impression que nous avons affaire à un phénomène de mode. Des journaux spécialisés ont vu le jour, qui s'emploient à rendre compte plus régulièrement de l'actualité en la matière. Le caractère militant est le plus souvent revendiqué ou assumé. D'autres titres fleurent bon le concept marketing et cachent mal leur volonté de surfer sur la vague alter, bio ou néo...

---

3. *Les Experts face au risque. Le cas des plantes transgéniques,* Paris, PUF, 2001.

Capitaliser les savoirs

On ne compte pas non plus les initiatives plus intéressantes les unes que les autres. Seulement, beaucoup restent méconnues. D'où un nécessaire effort d'information, mais aussi de capitalisation des expériences et des savoirs pouvant profiter aux candidats à de nouvelles manières de produire, de consommer, etc. Différents organismes contribuent déjà à la diffusion de l'information, favorisent les échanges entre les différents acteurs, conseillent les porteurs de projet. Citons l'Avise, dans le domaine de l'entrepreneuriat social, la Plate-Forme pour le commerce équitable (PFCE), Novethic en matière d'IRS et de RSE, etc. D'autres organismes, parfois les mêmes, contribuent à cet effort de capitalisation à travers la formation continue.

Éduquer et former aux nouvelles manières de faire de l'économie

On ne transformera pas les mentalités et les comportements si on ne porte pas l'effort en amont, au niveau de l'éducation et des formations initiales. C'est tout l'enjeu des diplômes spécialisés en économie sociale et solidaire mis en place ces dernières années par des universités, des instituts universitaires professionnalisés (IUP), des écoles de commerce, des collèges coopératifs[4]... Mais cet effort ne saurait se limiter aux formations spécialisées. L'école se doit de doter les futurs citoyens des clés de compréhension du monde économique et de l'entreprise.

C'est en vue de promouvoir cette idée que l'institut de recherches de la FSU et l'association Attac ont pris l'initiative d'organiser chaque année, depuis 2003, les Rencontres nationales sur l'enseignement de l'économie. L'initiative a reçu en 2003 le soutien et la participation active de nombreux syndicats, associations, réseaux et revues, dont le SNES, le Snesup, la CGT, l'APSES (Association des professeurs de sciences économiques et sociales), le Mouvement des étudiants pour la réforme de l'enseignement d'économie, la revue *Alternatives économiques*, le réseau Pekea, Action Consommation, la Ligue de l'enseignement, Finansol, le Crid, la Fondation Copernic et *La Revue du Mauss*. L'édition 2004 portait sur « la formation des citoyens et le monde de l'entreprise ».

« Le rôle d'une école laïque attachée à la liberté de l'esprit et à l'examen scientifique, peut-on lire dans le communiqué de presse diffusé en 2004, n'est pas d'être la caisse de résonance de tous ceux qui font de l'"Entreprise" un mythe et veulent en diffuser une vision quasi religieuse auprès de

4. Pour un panorama complet, voir le hors-série pratique *Entreprendre autrement* du magazine *Alternatives économiques*, à la rubrique « Formations ».

l'opinion, et plus particulièrement auprès des jeunes. Son rôle consiste au contraire à favoriser une appréhension scientifique du monde complexe et divers des entreprises, avec la distance qui convient et en variant les points de vue, et, par là, à doter tous les futurs citoyens et acteurs de la vie économique et sociale des instruments intellectuels qui leur permettront à la fois de comprendre les logiques qu'ils rencontreront dans leurs vies professionnelles et de contribuer à la transformation des réalités économiques et sociales. » Pour l'heure, ce rôle est principalement assuré par les enseignements de sciences sociales et économiques dispensés à partir de la seconde. Mais leur avenir n'est guère assuré.

Pour plus d'information :
http://institut.fsu.fr/rencontres/2004/rencontres_2004_presenttion.htm

Enseigner autrement la science économique

Corollaire de ce qui précède : il convient de revoir la conception de l'enseignement de l'économie, à l'université notamment, en y intégrant l'apport d'autres disciplines comme la sociologie et l'histoire, et de mieux resituer l'économique dans sa complexité. C'est l'un des enjeux de la controverse soulevée par des étudiants qui prônent une ouverture aux autres approches dites hétérodoxes [5]. Déjà, de nouvelles approches s'affirment, mais elles ne jouissent pas de la même inscription et reconnaissance dans le champ académique. Socio-économie, économie solidaire, économie humaine, etc., autant d'approches qui obligent, il est vrai, à une compréhension pluridisciplinaire de l'économique. La plupart des grandes écoles de commerce ou de management commencent cependant à proposer des formations à l'économie sociale ou au développement durable.

L'entreprise comme cadre d'action

Si, comme on l'a dit, l'idée d'une entreprise citoyenne paraît galvaudée ou relever davantage d'une politique de communication, l'entreprise n'en reste pas moins un cadre d'action possible pour faire de l'économie autrement. Pour preuves, les entreprises sociales qui perpétuent une longue tradition, les initiatives en faveur de la responsabilité sociale de l'entreprise ou les rapports sociétaux et environnementaux que les entreprises cotées en Bourse doivent désormais produire depuis l'adoption de la loi sur les nouvelles régulations économiques. Ajoutons également le rôle non négligeable (quoique pas abordé dans ces pages) que pourraient jouer les comités

5. Pour un état des lieux, voir *Les Éconoclastes*, un collectif d'étudiants et de chercheurs, mentionné en bibliographie p. 232.

d'entreprise à travers leurs activités culturelles et touristiques, leurs achats de jouets de Noël, ou l'influence qu'ils pourraient exercer sur le choix des fournisseurs de la cantine d'entreprise ou... des machines à café.

Vous avez dit alternatif ?

Nombre d'initiatives et d'expériences affichent leur caractère alternatif, autrement dit une volonté de rupture. Le fait est qu'elles rompent avec la logique de rentabilité à tout prix qui caractérise le capitalisme financier. Pour autant, elles ne rompent pas avec l'économie marchande. Nombre d'initiatives sont en fait complémentaires en s'efforçant de combler le vide laissé par l'économie marchande et le secteur public. Exemplaires à cet égard sont les initiatives relevant de l'économie sociale et solidaire.

En outre, des initiatives qui relèvent apparemment de logiques différentes peuvent se combiner ou se révéler utiles au développement d'une autre pratique. Il en est ainsi du tourisme solidaire, qui se révèle complémentaire avec le commerce équitable dans la mesure où il peut être l'occasion de favoriser la rencontre entre producteur et consommateur et de se passer des intermédiaires.

Au-delà, comme on l'aura souligné à maintes reprises, elles peuvent jouer un rôle d'aiguillon qui peut amener le capitalisme à s'amender. On l'a vu notamment avec l'exemple de la consommation citoyenne ou du commerce équitable.

On retrouve à travers ce constat (sur le rôle d'aiguillon des initiatives) l'hypothèse formulée par Luc Boltanski et Ève Chiapello dans leur ouvrage *Le Nouvel Esprit du capitalisme*[6], à savoir la capacité du capitalisme à faire siennes les valeurs qu'on lui oppose, pour survivre. Hypothèse que les auteurs vérifient à partir d'une analyse de la littérature néomanagériales des années 1990 en montrant que le capitalisme contemporain s'est approprié les valeurs héritées de mai 1968 : autonomie, développement personnel, etc.

Pour changer les choses, il ne faudrait donc pas nécessairement remettre en cause le système, mais s'appuyer sur les règles de fonctionnement du marché pour le réorienter vers des modes de production et de consommation durables. En lui-même, le marché ne peut s'autoréguler. Il ne tient qu'à une collectivité d'en faire un instrument du progrès social, économique.

---

6. Paris, Gallimard, 1999.

Un État qui n'a pas dit son dernier mot

Plusieurs initiatives témoignent de la capacité des acteurs économiques et de la société civile à définir de nouvelles règles, par le bas en somme. L'État, avec ses administrations, sa fonction législatrice, n'en reste pas moins un acteur essentiel. Seulement, d'un « État qui fait » (tout ou presque), on tend à passer à un « État qui fait faire », selon l'expression reprise par l'anthropologue Jean-Michel Servet dans son analyse des systèmes de microfinance. Robert Rochefort, directeur du Crédoc et économiste de formation, qui analyse, lui, la consommation citoyenne, ne pense pas autrement en considérant que c'est à l'État de fixer les nouvelles règles du jeu en la matière, afin de concilier intérêt du consommateur et intérêt général. Un « État régulateur », en somme, pour reprendre une formule mise en avant dès les années 1990. Un exemple récent témoigne de cette évolution : l'adoption de la loi sur les nouvelles régulations économiques (NRE) qui oblige les entreprises cotées en Bourse à faire le point sur leurs actions dans le domaine environnemental et sociétal.

Pour conclure, on soulignera la dimension souvent contradictoire des initiatives qui ont été évoquées tout au long de ces pages. Contradictoire en ce sens que, tout en s'inscrivant dans une logique (éthique, citoyenne...), elles participent parfois à ce qu'elles dénoncent. On l'a vu à travers les objections adressées au commerce équitable qui, sous prétexte de réduire les inégalités entre les producteurs du Sud et ceux du Nord, n'en participe pas moins à la dégradation de l'environnement par le transport maritime ou aérien qu'il occasionne, sans compter qu'il soumet les produits locaux à la concurrence des produits importés, etc. Et que dire des contradictions entre les intentions affichées (la citoyenneté, l'éthique, etc.) par bien des initiatives, en un mot le discours, et la réalité de ces pratiques ?...

Le fait de souligner le caractère contradictoire des nouvelles manières de pratiquer et de concevoir l'économie ne doit pas être compris comme un motif de suspicion. Ces initiatives sont ce qu'elles sont : des réponses à une réalité elle-même contradictoire, pour ne pas dire complexe, et qui, au-delà, bousculent nos manières de voir, de penser. Or, en l'absence de concepts adaptés, les acteurs n'ont que les catégories traditionnelles pour penser leur pratique. Il est touchant de voir comment ils s'empêtrent parfois dans ces contradictions, escamotent le décalage entre les grands principes et la réalité, tentent de rabattre l'analyse de l'observateur extérieur sur un discours où l'énoncé de belles intentions est censé relativiser les imperfections.

Ces initiatives s'inscrivent rarement dans une vision globale de la société comme de grandes idéologies ont pu en produire. Sans doute est-ce une faiblesse qui les condamne à un tâtonnement, à des utopies à taille humaine. Mais sans doute est-ce là aussi que réside leur force, car, en cela, elles sont en phase avec le besoin des individus d'œuvrer à des changements sans aliéner leur besoin d'autonomie et de différenciation[7].

7. Sur ce point, on renverra le lecteur aux débats autour des nouvelles formes d'engagement, d'une part, et de l'hypermodernité, d'autre part (notamment, François Ascher, *La Société hypermoderne*, La Tour-d'Aigues, Éditions de l'Aube, 2005).

INDEX

TABLE DES MATIÈRES

Achevé d'imprimer en août 2005 par l'imprimerie Corlet
à Condé-sur-Noireau (Calvados), France - N° 85923
pour le compte des Éditions Autrement,
77, rue du Faubourg-Saint-Antoine, 75011 Paris
Dépôt légal : septembre 2005. ISBN : 2-7467-0729-2.